文澜学术文库

神话美学与艺术

MYTHOLOGICAL
AESTHETICS AND ART

姜金元 著

社会科学文献出版社
SOCIAL SCIENCES ACADEMIC PRESS (CHINA)

神话是缪斯的原乡。

——坎贝尔

总　序

中南财经政法大学新闻与文化传播学院建院虽然只有十余年，但院内新闻系、中文系和艺术系所辖学科专业都是学校前身中原大学 1948 年建校之初就开办的，后因院系调整中断，但从首任校长范文澜先生出版《文心雕龙讲疏》开始其学者生涯，到当代学者古远清教授影响遍及海内外的台港文学研究，本校人文学科的研究可谓薪火相传、积淀丰赡。

1997 年，学校重新开办新闻学专业，创建新闻系，相关学科专业建设开始步入新的发展阶段。2004 年，新闻与文化传播学院组建。近年来，在学校建设"高水平、有特色的人文社科类研究型大学"的发展目标的指引下，中文系和艺术系相继在 2007 年和 2008 年成立，人文学科迅速得到恢复和发展。

为了检阅本院各学科研究工作的实绩，进一步推动研究的深入和学科的发展，我们将继续编辑出版本院教师系列学术论著"文澜学术文库"丛书。

丛书以"文澜"命名，一是表达我们对老校长范文澜先生的景仰和怀念，二是希望以范文澜先生的道德文章、治学精神为楷模自律自勉。

范文澜先生曾在书斋悬挂一副对联："板凳要坐十年冷，文章不写一句空。"这种做学问的自律精神在今天更显得宝贵和具有现实意义。《文心雕龙讲疏》是范文澜先生而立之年根据在南开大学的讲稿整理完成的第一部学术著作，国学大师梁启超为之作序："展卷诵读，知其征证详核，考据精审，于训诂义理，皆多所发明，荟萃通人之说而折衷之，使义无不明，句无不达。是非特嘉惠于今世学子，而实大有勋劳于舍人也。"学术研究之意义与价值，贵在传承文明、承前启后、继往开来、推陈出新。范文澜先生之《文心雕龙讲疏》后又经多次修订，改名《文心雕龙注》以传世，作者有着严谨的学风、精益求精的精神，实为吾辈楷模。正因如此，其著作乃成为《文心雕龙》研究史上集旧注之大成、开新世纪之先河的里程碑式的巨著。

先贤已逝，风范长存。高山仰止，景行行止。虽不能至，然心向往之。

是为序。

胡德才

2015 年 7 月 6 日于武汉

目　录

前　言

　　神话是人类文明的渊薮。人类后续的种种文明形式（历史、哲学、宗教、政治等）均发端于神话，就连科学也源自神话。德国哲学家恩斯特·卡西尔说："几乎所有的自然科学都不得不通过一个神话阶段。在科学思想的历史上，炼金术先于化学，占星术先于天文学。"① "一切科学的实际起点，即科学由之出发的直接性，与其说是在感觉领域，不如说在神话直觉领域。……只有表明科学如何在神话直接性领域中发生，又如何把自己解脱出来，并说明这一运动的方向和规律时，才是对科学发展的洞见。"②

　　神话是历史的源头。意大利历史学家、美学家维柯（Giambattista Vico，1668－1744）指出："凡俗的世界通史前此都缺乏开头，而且由于缺乏诗性历史的合理的时历，也就缺乏历史的赓续性。"③ 所以，他研究历史着眼于历史的完整性、连续性，特别补上那个伟大的"开端"，在向人类童年的顾盼中瞥见了别样的历史。他将历史分为三个时代：第一，"神的时代"，荷马史诗以及"许多类似的神话故事其实都是原始民族的历史"，此时人们相信一切都直接

---

① 〔德〕恩斯特·卡西尔：《人论》，甘阳译，上海译文出版社，1985，第 265 页。
② 〔德〕恩斯特·卡西尔：《神话思维》"序言"，黄龙保、周振选译，中国社会科学出版社，1992，第 5 页。
③ 〔意〕维柯：《新科学》，朱光潜译，人民文学出版社，1987，第 176 页。

受神的统治，神借助预兆和神谕来告示人类；第二，"英雄的时代"；第三，"人的时代"。我国伟大的历史学家司马迁尽管认为远古的神话传说"其言不雅驯"，但还是记录了不少神话传说内容以建构远古历史。也许站在理性时代的人们的立场上看这种历史书写是虚妄的、本末倒置的，但从实际来考察神话显然比现代意义上的历史更古远，更接近历史的源头。卡西尔认为，"一个民族的神话不是由它的历史确定的，相反，它的历史是由它的神话决定的"。①日本历史学家、神话学家白鸟库吉（1865～1942）认为，"传说仍有其属于历史之一面。不论传说如何荒唐无稽、难以置信，亦无非该国历史之产物，一国传说若离开其历史，即不能存立。凡传说必有其主角，其人是否真如所传，固值怀疑，然而传说乃事实与虚构结合而成，其形成之经过，却依然传出事实真相。加之凡国民必有其理想，而古传说又必包含此理想，故欲研究一国国民之历史并论及其精神，必须探讨其国民固有之传说，加以妥当解释。因此传说之历史研究，决不应等闲视之。欲彻底了解中国之哲学宗教，必须考察其古传说。"②白鸟库吉注意到了神话传说和历史的连续性，但他仍是以凡俗的历史、理性的历史为本位，往史前追溯神话传说，判定神话传说为不真，为荒唐无稽。然而当我们超越理性化、学理化的历史观念，神话难道不是更真实的历史吗？

神话也是哲学的渊源，如果缺少了神话，人类的认识活动就成了无源之水、无本之木。按照卡西尔的说法，人是符号的动物，人凭借符号认识世界并给世界赋形。人类的认识活动不单单是一种理性的综合功能，也包含超越理性和逻辑的更深邃的认识能力。而神

---

① 〔德〕恩斯特·卡西尔：《神话思维》，黄龙保、周振选译，中国社会科学出版社，1992，第6页。
② 〔日〕白鸟库吉：《中国古传说之研究》，载刘俊文主编《日本学者研究中国史论著选译》（第1卷），中华书局，1992。

话就是最本原性的符号，神话思维是人类最幽深的认识。卡西尔正是借助神话、艺术等形式建立起"扩大了的认识论"。"就其本质而言，认知始终旨在达到这个本质目的，即将特殊事物归结入一个一般的法则和序列。然而，除了这种在一科学概念的体系之中发挥作用而表现自己的理智综合功能之外，作为一个整体的人类精神生活还有其他一些形式。这些形式也可以称为'客观化'的方式：亦即是说，也可以作为将特殊事物提高到普遍有效层次上的手段，只不过它们取得这种普遍有效性的方法与逻辑概念和逻辑规律不同而已。人类精神的每一种真正功能都与'认知'一样地具有这一决定性特征：它不单纯地摹写，而是体现出一种本原性的、赋予形式的力量。它不是被动地表示出某种事物在场这一单纯的事实，而是包含着一种独立的人类精神能量，通过这种能量，现象的单纯在场获得了一种确定的'意义'，获得了特殊的、观念化的内容。这一点对认知来说如此，对艺术来说也是如此；对神话来说如此，对宗教也是如此。"[1] 神话的本质就是人类生命的能量。因此可以说，缺少了神话，认识论是不完善的，是无根的。按照逻辑思维的规则，人类是这样形成概念的：首先将一定数量具有共同属性或者说在某些方面具有相同点的对象汇集在思想中，然后进行抽象、概括，排除差异，最后再反思保留下来的相似之处，这样，关于某类对象的一般观念便在心智中形成了。但在卡西尔看来，这种认识模式的最大问题是无法回答其预设的"属性"是怎样得来的。卡西尔强调，"属性"不能先于语言，"属性"须借助语言"命名"才能被认识；而语言命名最初与神话思维联系在一起。例如在印第安原始部族中，"舞蹈"和"农作"用同一个词来指称，因为他们相信人跳得高农作物就长得高。"在人类运用逻辑概念思维之前，他借助于清

---

① 〔德〕恩斯特·卡西尔：《语言与神话》，于晓等译，生活·读书·新知三联书店，1988，第 209 页。

晰的、个别的神话意象来持存他的经验。"①

如何理解和评价先民的神话，一直是哲学家、美学家和艺术家关注的重大问题之一。对于文明时代的人们而言，神话往往被视为先民不发达思维的产物，是虚幻的梦呓。1724年，法国哲学家丰特奈尔（Bernard Le Bovier de Fontenelle，1657－1757）在《神话的渊源》（*De l'origine des fables*）中认为，神话乃是"妖孽，眩惑以及荒诞"，他要将神话钉上历史的耻辱柱。"启蒙"即消除蒙蔽、野蛮，使人进入人性的光辉之中。而启蒙主义的人性就是理性，于是"启蒙"就是用理性检验一切，凡是不合理性原则的东西，一律清除。启蒙的本义在消除神话的盲目和愚昧，"要唤醒世界，祛除神话，并用知识替代幻想"。②

从进化论的立场上看，神话是人类文明的稚气的表现。理论家大多从文明较高级的形式出发来解读神话，得出了种种神话观。神话或者被视为真实历史的转述，或者被视为服务于远古社会的工具，或者是语言的误用，或者说是集体的梦。西方学界采用了语言学、历史学、人类学、心理学等方法，力图找到穿越神话迷宫的线索。

神话研究的语言学派将比较语言学的基本方法用于解释神话。语言学家、神话学家麦克斯·缪勒（Max Muller，1823－1900）是印度最古老诗集《梨俱吠陀》的译者，他从吠陀神话与希腊神话的比较中，推知神名的原意，并以此神名为基础，来解释神话的意义。在缪勒看来，神话的世界是一个充满幻象的世界，一旦我们找到产生这种幻象的根源，就能对此做出解释。缪勒认为，幻象的根

① 〔德〕恩斯特·卡西尔：《语言与神话》，于晓等译，生活·读书·新知三联书店，1988，第63页。
② 〔德〕马克斯·霍克海默、西奥多·阿道尔诺：《启蒙辩证法》，渠敬东、曹卫东译，上海人民出版社，2003，第1页。

源是心智的自我欺骗，而心智的自我欺骗又根源于语言，语言总是喜欢欺骗人的心智。因此，可以说一切神话皆由于"语言疾病"（The Disease of Language）。"什么叫着语言的毛病呢？原来语言的特质有'性'（Gender），'多名使用'（Polyonymy），'同义语使用'（Synonymy），及'诗的隐喻'（poetical metaphor）诸点。随着时代的变迁与人性的健忘，这些意义遂逐渐发生混乱和误解的现象。因此之故，由言语所表现的叙述必然地与其本来面目大相径庭，这种混乱现象一延长下去，变为固定，人们遂将错就错地视之为神话或神事。"[①] 例如，希腊神话中的宙斯（Zeus）、罗马神话中的朱庇特（Juppiter）、北欧神话之吉乌（Ziu），均与印度天神戴欧斯（Dyaus）有亲缘关系，它们均由 Div（光辉）之义孳乳而出，后来本义模糊了，便有了种种天神的故事。又如"普罗米修斯"（Prometheus），这个词在梵语中是"钻木取火的人"，后来钻木取火的古老方法废弃了，原初的意义也就不为人知了，于是就从中误读出盗火英雄的神话。中国神话学界也做了语言学的探求。神话学家孙作云先生敬服缪勒等语言学派的神话学方法，"研究神话首先要研究神名的得义，若能把神名的初义解释清楚，无疑地就等于把这个神话了解了大半，而比较语言学是很能做到这一点的"[②]。他从文字音韵入手研究中国神话，并将此法认定为研究神话的首要之法，在《飞廉考——中国古代鸟族之研究》（1943）中他提出："我这几年对于中国古代神话颇有所考订，对于每种神话在考证事迹或解释内容之前，必先推寻得名的初旨。这种推寻的方法大概从两方面下手：一是从音韵学上求其音读，二是从文字学上求其形

---

① 孙作云：《中国古代神话传说研究》（下），载《孙作云文集》（第 3 卷），河南大学出版社，2003，第 456 页。
② 孙作云：《中国古代神话传说研究》（下），载《孙作云文集》（第 3 卷），河南大学出版社，2003，第 458 页。

义；行之既久，颇有领悟，深信这是研究中国神话的首要之途。"①
孙作云先生采用了语言学派的另一代表人物库恩（Adalbert Kuhn，
1812－1881）的方法，立足比较语言学，同时还引用民俗学的知识
来解释神话，他将这种方法称作"历史的或民俗学的训诂法"。然
而，语言学也罢，历史学也罢，人类学也罢，要在神话中发现阿里
阿德涅的线团②并不容易。种种神话的研究方法，基本上是理性主
义的。不论是"点"的文字考证还是"线""面"的历史文化考
证，都具有科学主义的特征。

我们认为，神话固然可以从科学理论上加以分析论证，可以建
立各种神话之"学"。然而，"神话"似乎与"学"不那么容易黏
合。但凡学问都是严肃的事情，须有事实证据，而"神话"则属荒
诞无稽之谈、虚妄之言。"无参验而必之者，愚也；弗能必而据之
者，诬也。"（《韩非子·显学》）不能用事实加以验证的对象却
一定要把事实当作依据，这只能是欺骗。实际上这涉及对神话的
定位。当我们以参验的标准来看待神话，或者说从科学认识的立场
看待神话时，这个立场和标准本身就存在问题。靠理智还原的方法
来理解神话是难以接近神话世界的，因此欧赫美尔主义（Euhemer-
ism）③ 等理论的基点是存在问题的。神话也许蕴含理论的要素，
但单靠理性是难以深入神话内部的。卡西尔指出，"所谓神话的理
论从一开始起就充满着困难。神话就其本义和本质而言乃是非理论
的。它对我们的基本思想范畴公然提出挑战。它的逻辑——如果
它有什么逻辑的话——是与我们关于经验真理或科学真理的一切

① 孙作云：《中国古代神话传说研究》（下），载《孙作云文集》（第 3 卷），河南大学出
版社，2003，第 459 页。
② 阿里阿德涅：希腊神话中克里特国王米诺斯之女，借助她的线团，雅典王子忒修斯杀死
了牛头怪，成功走出米诺斯迷宫。
③ 欧赫美尔主义：以古希腊思想家欧赫美尔之名命名的理论，该理论认为神是死后被人们
膜拜的历史上实有的英雄，神话是英雄事迹的记录，因此，神话可以依据真实的历史加
以解释。故该理论也被称为"神话史实说"。

概念风马牛不相干的"。① 卡西尔认为在人类文化的所有现象中，神话和宗教是最难相容于纯粹的逻辑分析的，一切使神话理智化的企图都是彻底失败的。"单单依靠理性我们不可能深入信仰的神秘中去。"②

神话的特征在很大程度上取决于那种理性思维尚不发达的思维方式，这种思维因理性的匮乏而具有可感的形象、充沛的感情和丰富的想象力。其时的人们往往将自身的属性移于周围世界的事物，将万物生命化。神话是人类创造性活动中极其重要的一环，这种创造活动富于艺术性和诗意。黑格尔指出："古人在创造神话的时代，就生活在诗的气氛里。所以他们不用抽象思考的方式而用凭想象的方式，把他们的最内在最深刻的内心生活变成认识的对象。"③ 神话展示了人的本质的幽深背景，它显示出人性的神性、神奇、神秘、神圣。神话是诗性思维的产物，对于神话我们也应该以诗性的方式、艺术的方式接近它，从想象和感受角度切入神话，恢复神话的超理性特征。

神话不单单是一种认识活动，还是一种审美活动、艺术活动。也许从艺术的角度从审美活动的角度更能接近神话。英国作家伊利亚斯·卡内提（Elias Canetti, 1905－1994）反对列维－斯特劳斯的结构主义神话研究方法，在他看来神话研究重要的不是体系化、程式化，不是寻求神话背后普遍有效的结构，而是现代人与神话的精神交流，是现代人对神话的感受、体验。神话不是引导我们去认识，而是引导我们去体验。

现代社会传播媒介丰富，传播技术发达，这些为人们提供了丰富的信息，帮助人们过上便捷的生活，但同时也将人们的注意力引

---

① 〔德〕恩斯特·卡西尔：《人论》，甘阳译，上海译文出版社，1985，第94页。
② 〔德〕恩斯特·卡西尔：《人论》，甘阳译，上海译文出版社，1985，第92页。
③ 〔德〕黑格尔：《美学》（第2卷），朱光潜译，商务印书馆，1979，第18页。

向外在事件而较少关注心灵的体验。"当今社会的问题之一是，人们对心灵的内涵并不熟悉。反而只对每天、每小时发生的事情感兴趣。"① 随着物质财富的增加，消费时代的降临，人类精神空间受到挤压，灵性世界变得越发逼仄。而技术理性的统治，人类想象的能力越发低下，想象的空间越发促迫。在诸神远遁的时代，人为物质所困，在技术理性野蛮扩张的现代社会，人被约化为单面的人。随着人类的精神世界日益僵化，艺术活动也变得机械，艺术被纳入各种"学"之中。丹纳在《艺术哲学》中将精神现象视为与物理现象近似的存在，可以还原为几个普遍的原理。人被构陷进铁的必然性之网之中，如同被捆绑在普罗克鲁斯忒斯的铁床之上。② 美国神话学家约瑟夫·坎贝尔（Joseph Campbell，1904–1987）指出："人类一直汲汲于追求外在价值，却忘了本来便存在的内在价值，这种内在价值就是存在本身的喜悦，也就是生命的意义。"③ 生命的意义不在于名利，不在于对外部世界的把握，"人类真正追求的是一种存在的体验。因为这种体验，我们一生的生活经验才能和内心的存在感与现实感产生共鸣，我们才能真正体会到存在的喜悦。那就是生命，神话是帮助我们发现内在自我的线索。"④ 神话绝非仅仅是过去的蒙昧的故事，它为人的诸多可能开启新的航线。神话应该成为现代人克服生命固化的有力资源。

总之，神话作为人类文明的母体和开端，孕育了众多的文明形

---

① 〔美〕约瑟夫·坎贝尔、比尔·莫耶斯：《神话的力量——在诸神与英雄的世界中发现自我》，朱侃如译，浙江人民出版社，2013，第 13 页。

② 普罗克鲁斯忒斯（Procrustes）相传为海神波塞冬（Poseidon）之子，暴虐的劫匪。他设置一长一短两张铁床，强迫行人躺在铁床上，身矮者睡长床，强拉其躯体使与床齐；身高者睡短床，用利斧把旅客伸出床外的腿脚截去。后被希腊英雄雅典国王忒修斯（Theseus）所除。

③ 〔美〕约瑟夫·坎贝尔、比尔·莫耶斯：《神话的力量——在诸神与英雄的世界中发现自我》，朱侃如译，浙江人民出版社，2013，第 17 页。

④ 〔美〕约瑟夫·坎贝尔、比尔·莫耶斯：《神话的力量——在诸神与英雄的世界中发现自我》，朱侃如译，浙江人民出版社，2013，第 16 页。

态，蕴含着后来的一切文化形式，艺术、文学、法律和科学等都源自神话。"一旦我们考虑到文化生存的基本形式起源于神话意识，神话在这个整体中以及对这个整体的重要意义就显而易见了。这些形式都不是始于独立的存在，也没有明确规定自己的原则，相反，在发轫之时，它们每一个都掩映于某种神话形式。几乎没有任何客观精神的领域不能被证明曾经有过这种与神话的融合、具体的统一。"①

在科学、历史、宗教、艺术、语言、神话等文化形式构成的人类文化有机体中，神话与艺术的关联尤为密切，不论是在思维方式还是情感方式上，不论是在内在机制还是表现形态上，神话与艺术都有着内在的一致性和密切的联系。神话具有丰厚的艺术价值和美学内涵。

---

① 〔德〕恩斯特·卡西尔：《神话思维》，黄龙保、周振选译，中国社会科学出版社，1992，第 5 页。

第一章

神话与美学

第一节　神与神话

一　神、灵魂崇拜

可以推想，在远古苍莽的大地上，忽起惊雷，初民惶恐向天，随即人们在森林里、在原野上奔突、呼号，在他们的心目中，电闪雷鸣的天空是一个巨大的有生命的物体，雷鸣是天空愤怒的吼声。雷电在闪现中揭开了天幕的秘密，旋即又将神秘隐藏。于是，对雷电的敬畏产生了，天神、雷神也许就此而生。

世界各地都普遍存在雷神崇拜，如古代日耳曼人的雷神托尔、马来半岛色曼人的雷神克雷等。雷神在许多民族的神祇崇拜体系中占据十分崇高的地位，希腊神话中的雷电之神宙斯是众神之王。"有些民族除了'雷'一字之外，没有其他字眼来表示神。"① 斯拉夫人相信雷电之神是万物之主，是世间唯一的神。

汉字的"神"从"示、申"，"申，神也"（《说文解字》）。"申"即"神"字之初文。在甲骨文中，"申"写作$、$，由一条

---

① 〔德〕费尔巴哈：《宗教本质讲演录》，林伊文译，商务印书馆，1937，第30页。

S形的主线和两条从主线上生发出的曲线组成，为闪电之象形。早期的雷神多为兽形或半人半兽形，中国最早的神话典籍《山海经》中的雷神是蜿曲的龙的身躯与人首的组合："雷泽中有雷神，龙身而人头，鼓其腹。"（《山海经·海内东经》）后期的雷神则多以人形出现，据汉王充《论衡·雷虚》所记载："图画之工，图雷之状，累累如连鼓之形。又图一人，若力士之容，谓之雷公，使之左手引连鼓，右手推椎，若击之状。"希腊神话中，雷神宙斯已经是人化的形象了。

在理性时代的人们眼中的现实之物，对于早期人类而言却具有超自然的、神秘的力量。譬如，自然界的闪电，现代人可以用理性看待，用科学来加以解释。然而，先民眼中的闪电迅猛怪异，他们认为其背后有一种神秘的主宰者——雷电之神。

在原始先民看来，不仅闪电为神秘者的表征，自然界的万物背后均有其神秘的主宰者。"山林、川谷、丘陵，能出云，为风雨，见怪物，皆曰神。"（《礼记·祭法》）古希腊诗人赫西俄德（Hesiod）说："在哺育万物的大地之上有三万个神灵。"① 时至今日，仍然有一些原始部落的人们相信在自然界事物的背后有超自然的主宰者，并对这些神化的自然物加以膜拜。

先民控制自然力的能力十分有限，便将自然力神秘化，将超自然的神力投射到自然物身上，这就是自然神的产生机制。为了祈求自然神力的庇护，人们对自然界的万物，特别是与自身生产生活关系密切者加以膜拜、祭祀。因此，神话与宗教具有共同的源头。宗教是对超自然力的神灵崇拜及其思想体系。恩格斯指出："一切宗教都不过是支配着人们日常生活的外部力量在人们头脑中的幻想的反映，在这种反映中，人间的力量采取了超人间的力量的

---

① 〔古希腊〕赫西俄德：《工作与时日　神谱》，张竹明、蒋平译，商务印书馆，1991，第8页。

形式。在历史的初期，首先是自然力量获得了这样的反映，而在进一步的发展中，在不同的民族那里又经历了极为不同和极为复杂的人格化。"① 此后，社会力量，同样是作为一种异己的力量也参与到神的形象中来，"最初仅仅反映自然界的神秘力量的幻想的形象，现在又获得了社会的属性"。② 再后来，一个万能的神取代了众多的神，一神教便诞生了。

在古希腊早期，"神"（theos）被视为自然力量的象征，最先出现的是天空、大地、太阳、月亮、黎明、黑夜、河流、大洋等自然神，然后才产生了不和女神、复仇女神、正义女神等人格化的神。宙斯是雷电之神，也是天空之神，他统治着整个神界，也左右着人类。古希腊神话与奥林匹斯信仰在某种意义上是一体的。

中国古代的神最初也是自然神，人们对其加以祭祀。《左传·昭公元年》："山川之神，则水旱、疠疫之灾，于是乎禜之；日月星辰之神，则雪霜、风雨之不时，于是乎禜之。"人们借助祭祀，祈求神灵相助，以获得间接控制自然的力量。丁山先生指出："中国古代也是多神教；神的发现，不是由'灵魂主义'求什么死后解脱，而实由于草木会春生、秋凋，人也会有生、老、病、死，古代人不明'新陈代谢'的自然规律，疑惑有神灵在暗中主持，所以发生祈禳的祭典。尤其深山大泽多虫蛇猛兽，在一片的原林阴影之下，又疑若有那些魑魅魍魉，都为害于人类，因而产生一种以山魈为图腾的信仰。图腾祭，显然是纯自然经济时代渔猎为生者的宗教。到了新石器时代，古代人开始经营农业，水旱之灾，霜雪不时，时常威胁人类本身与其劳动生产品，于是乎由地神到天神，无

---

① 恩格斯：《反杜林论》，载《马克思恩格斯选集》（第 3 卷），人民出版社，2012，第 703 页。
② 恩格斯：《反杜林论》，载《马克思恩格斯选集》（第 3 卷），人民出版社，2012，第 704 页。

神不祭。"①

自然神的产生与先民的灵魂观念密切相关。灵魂观念是原始人类意识的主要内容，在先民看来，人类自身有其肉身之外的神秘存在，人类生命体有"神灵""灵魂"。"生之来谓之精，两精相搏谓之神，随神往来者谓之魂，并而出入者谓之魄。"（《黄帝内经·灵枢·本神》）大概先民从做梦等经验中推测肉体消亡后，灵魂依然继续存在。睡眠过程中伴随着"梦"，先民依此认为在现实的世界之外还存在另一个世界，于是他们认定除了肉体以外，还有一个独立于肉体的"灵魂"存在。

"原始人根本不难于把死人想象成既是建立了与活人的社会完全不同的彼世的社会，又是处处混在活人的社会的生活中。"② 先民认为人死了以后其肉体虽然已经消失了，但是他的灵魂却依然存活在另一个世界，"神"也指鬼神。《说文解字》："鬼，人所归为鬼，从人，象鬼头，鬼阴气贼害，从厶。"神的异体字"魌"，表明神与鬼的一体性，亡故的先人就存活在那个世界。在原始氏族中，亡故的祖先也被作为神来崇拜。日语中的"神"（かみ）既指自然物的灵，也指氏族的祖先或已逝的英雄之灵魂。有人类学家认为，"神"是伴随着祖先崇拜出现的。

在原始社会解体阶段，氏族成员出现分层，出现了领袖人物，这些领袖作为权力的象征，也受到成员的崇拜，这便是氏族神、部落神崇拜。这些领袖有的生前就被当作崇拜对象，有的死后被封为神。在非洲西部流行将领袖奉为部落神，达荷美、阿山蒂等国，国王就是活的神。

古希腊人相信灵魂既可以与肉体结合在一起，也可以离开肉体自由行走。荷马史诗中时常有牺牲的英雄的灵魂在人间、冥界游荡

---

① 丁山：《中国古代宗教与神话考》，上海文艺出版社，1988，第573页。
② 〔法〕列维-布留尔：《原始思维》，丁由译，商务印书馆，1985，第296页。

的情景。在特洛伊战争最关键的时刻，大英雄阿喀琉斯（Achilles）与希腊联军主帅阿伽门农（Agamemnon）发生了矛盾，阿喀琉斯拒绝出战，希腊联军死伤惨重。阿喀琉斯的挚友帕特洛克罗斯（Patroclus）力劝阿喀琉斯出战，但没有效果。于是，帕特洛克罗斯穿上挚友的盔甲，假扮成阿喀琉斯出征，杀敌方勇士数十人，希腊联军士气大振。后来特洛伊联军的主帅赫克托耳（Hector）在太阳神阿波罗（Apollo）的帮助下杀死了帕特洛克罗斯。死后的帕特洛克罗斯，其幽魂来到熟睡的阿喀琉斯面前，告诉阿喀琉斯尽快将其火葬，否则他的灵魂无法安息。

荷马史诗还描述了灵魂的居所。《奥德赛》的主人公奥德修斯（Odysseus）返乡途中，流落到埃阿亚岛（Aiaia）。该岛的主人是太阳神的女儿喀耳刻（Circe，也译为塞西），她美貌动人，擅长巫术，她用和着药物的食品让人们忘记自己的故乡，变成猪崽。奥德修斯由赫耳墨斯（Hermes）暗中相助，躲过了喀耳刻的暗算，救出了他的士兵，使他们恢复了人形。赫耳墨斯是宙斯之子，是众神的信使，也是引导灵魂回归者。灵魂的归处是冥界——哈得斯（Hades）的居所。

关于灵魂的居所，《奥德赛》中有一段生动的描述。

喀耳刻的温柔之乡也没能阻止奥德修斯回家的脚步，临行之前，喀耳刻对奥德修斯说，"我不勉强留你在我家。不过在送你回去以前，你须到另外一个地方走一趟，到哈得斯和可怕的珀耳塞福涅（Persephone）的殿里，去请教先知忒瑞西阿斯（Teiresias）的亡魂"。① 珀耳塞福涅是谷物之神得墨忒耳（Demeter）的女儿，被冥王哈得斯掳去冥界，成为冥后，与哈得斯共同管理冥界。在冥界，珀耳塞福涅只让盲人先知忒瑞西阿斯保存理智，其余的只是

① 〔古希腊〕荷马：《奥德赛》，曹鸿昭译，吉林出版集团有限公司，2010，第142页。

"飞来飞去的影子"。喀耳刻告诉奥德修斯，驾着黑船，张起白帆，让北风吹着它，渡过洋川，来到一处荒凉的海岸和珀耳塞福涅的园林，那里长着高大的白杨和果实随絮飘逸的柳树。沿着岸边再往前行就到了哈得斯的王国，在那里，火焰河和冥河的支流泣河汇合在一处山峰下。顺着喀耳刻的指引，奥德修斯到了冥界，他挖了一个坑，原先进入地下的死者的亡魂，便从地底成群涌上来，"其中有新妇、未婚的青年、饱尝人生痛苦的死者，仍在怀念首度烦恼的青年女子，还有成群的死在战场的战士，他们的枪伤仍在豁裂着，盔甲上沾着血污。这一大群亡魂在壕沟周遭游来荡去，从其中传来了一阵可怕的呻吟声"。①

人类进入理智时代之后，"神"作为形而上者和绝对者被哲学家改造、提炼为万物的始基或本原。西方自苏格拉底开始，哲人们对神加以改造，神成了思辨中的绝对者，成为最高的精神实体。柏拉图承续苏格拉底的思想，将"理念"视作最本源的存在，而最高的理念——善就是神。中国道家哲学的创始人老子认为"神"是化生万物的神秘的本源。"谷神不死，是谓玄牝。"（《老子》第六章）"神，引出万物者也。""祇，地祇，提出万物者也。"（《说文解字》）徐灏《笺》云："天地生万物，物有主者曰神。"

神的观念是不断演变的，从人的灵魂，到自然界的神，再到作为万物的始基，"神"的观念经历了不同的阶段，具有不同的意义。"在古代世界，神的概念远远说不上有什么清楚的限定，使用这个概念也说不上有什么苛刻的条件。"② 即便如今，神的概念依然含混多义，这才符合神的本性。我们借用美国神话学家约瑟夫·坎贝尔的一段文字来概括神的意义。

---

① 〔古希腊〕荷马：《奥德赛》，曹鸿昭译，吉林出版集团有限公司，2010，第146页。
② 〔美〕约翰·希克：《上帝道成肉身的隐喻》，王志成、思竹译，江苏人民出版社，2000，第47页。

什么是神？神是一种引发动机的力量或一套价值系统的人格化表现，这两者会同时在人类生活及宇宙中起作用——表现出来就是你体内的力量和大自然的力量。神话不仅隐喻着人类心灵层面的潜力，同时也是赋予人类生命活力的力量，赋予宇宙万事万物活力的力量。①

二 神话

"神话"（Myth）一词源自希腊语 muthos 或 mythos。其词根为"mu"，表达用嘴发出声音的意思，即"咕哝"，泛指话语。希腊语 muthos 一词意指"话语"或"被说的一些故事"。

我们先给神话下一个最低限度的定义：神话是关于"神"的叙事；神话是"神性"的叙事。我们还可以将神话的范围做一些扩容，将神话界定为"神异""神奇"的故事。

神话是关于"神"的故事，神话的主人公主要是诸神，凡人只是诸神显示其力量的配角。

《山海经》是中国神话记载最丰富的典籍，是神怪之渊薮。它所记录的多是"异物飞走之类"（朱熹《记山海经》）。《山海经》中的神灵主要分三类。

一类是主宰天地人间，拥有至高无上权威的"天帝"，即至上神。"刑天与帝至此争神，帝断其首，藏之常羊之山。乃以乳为目，以脐为口，操干戚以舞。"（《山海经·海外南经》）

一类是拥有某种职能的"功能神祇"，如日月、山川、风云、雷电之神等。

---

① 〔美〕约瑟夫·坎贝尔、比尔·莫耶斯：《神话的力量——在诸神与英雄的世界中发现自我》，朱侃如译，浙江人民出版社，2013，第40页。

> 又西二百里，曰符惕之山，其上多棕楠，下多金玉，神江
> 疑居之。是山也，多怪雨，风云之所出也。（《西山经》）

江疑神居住在符惕山上。这座山常出怪雨，是风神和云神作用的结果。而昆仑山更是神灵汇聚的地方。

> 海内昆仑之虚，在西北，帝之下都。昆仑之虚，方八百
> 里，高万仞。上有木禾，长五寻，大五围，面有九井，以玉为
> 槛。面有九门，门有开明兽守之，百神之所在。在八隅之岩、
> 赤水之际，非仁羿莫能上冈之岩。（《海内西经》）

《山海经》中这类古老自然神较多，神的形象以兽形或人兽组合为主。

还有一类是祖先神，如女娲、炎帝、太皞、少皞等。

与中国上古神话零散叙述不同，希腊神话将众神及其家族故事作为一个整体展现在我们面前。古希腊诗人赫西俄德在《神谱》中将早期纷繁的神纳入统一的谱系之中：最早的神是混沌之神卡俄斯（Chaos），从卡俄斯中自行诞生了大地之神盖亚（Gaia）、爱神厄洛斯（Eros）、地狱之神塔耳塔洛斯（Tartarus）、黑暗之神厄瑞玻斯（Erebos）和黑夜女神倪克斯（Nyx）。盖亚是真正意义上的创世神，她独自生产了天空之神乌拉诺斯（Uranus）、海洋之神蓬托斯（Pontus）和山脉之神乌瑞亚（Ourea）。盖亚还与乌拉诺斯结合生出了十二个泰坦巨神和三个独眼巨人以及三个百臂巨神。泰坦巨神中最年轻的克洛诺斯（Kronos）在母亲的怂恿下用镰刀割下了乌拉诺斯的生殖器，乌拉诺斯流出的鲜血变成了复仇女神厄里倪厄斯（Erynnyes）、巨人神族癸干忒斯和墨利亚仙女，从乌拉诺斯生殖器溅起的浪花中诞生了美神阿芙洛狄忒（Aphrodite）。克洛诺斯取代

乌拉诺斯成了众神之王之后，担心自己也被孩子推翻，便将新生的子女一个一个吞进肚子里。瑞亚（Rhea）生下宙斯，担心被吃掉，便用布裹住一块石头谎称这是新生婴儿，克洛诺斯便将石头一口吞下肚去，于是，宙斯躲过一劫。成年后的宙斯设计让克洛诺斯吐出众兄弟姐妹，推翻以克洛诺斯为首的泰坦众神，成了新一代众神之王。宙斯繁衍子嗣，形成庞大的奥林匹斯神族。众神享受着令世人企慕的生活，彼此之间也有诸多矛盾，衍生众多神话故事。

神话也讲半神式的英雄的传奇故事。鲁迅在《中国小说史略》（1920）中指出，神话以神祇为中枢，传奇则以英雄为中枢。

> 昔者初民，见天地万物，变异不常，其诸现象，又出于人力所能之上，则自造众说以解释之：凡所解释，今谓之神话。神话大抵以一"神格"为中枢，又推演为叙说，而于所叙说之神，之事，又从而信仰敬畏之……迨神话演进，则为中枢者渐近于人性，凡所叙述，今谓之传说。传说之所道，或为神性之人，或为古英雄，其奇才异能神勇为凡人所不及……①

"神话"（Myth）与"传说"（Legend）就讲述的主体而言有区别。维柯在《新科学》中将历史划分为"三个时代"：神的时代、英雄的时代、人的时代。"神话"产生于神的时代，"传说"产生于英雄的时代。杜正胜认为，区分"神话"与"传说"的标准在"人"，凡是人的成分重的，属于传说，反之属于神话。② 茅盾一方面重视区分"神话"与"传说"，但同时也认为将"传说"包含进"神话"之中有其一定的依据："因二者同是记载超乎人类能力的奇迹的，而又同被古人认为实有其事的，故通常也把传说并入神话

---

① 《鲁迅全集》（第9卷），人民文学出版社，1981，第17页。
② 杜正胜：《古代社会与国家》，台北允晨文化实业股份有限公司，1992，第68页。

里，混称为神话。"① 袁珂先生认为古典主义的神话观过于狭隘和理想化，如果依照狭义神话观，那么中国神话就大大缩水了。"如果要这样（如鲁迅所言）严格地区分神话与传说，那么像黄帝与蚩尤战争神话，羿射日除害神话，禹治洪水神话，乃至于夸父追日神话等等，都只能算是传说，不能算是神话了。因为这些神话所讲述的黄帝、蚩尤、羿、禹、夸父等'为中枢者'，实在已经渐近于人性。"②

神话最初以"神"为中枢展开叙说，随着人类自我意识渐次觉醒，中枢渐近人性，被神祇占据着的中心位置开始容纳"半神"的古代英雄。神与凡人结合孕育半神半人的英雄，希腊神话中最伟大的英雄是赫拉克勒斯（Hercules）。他的父亲是宙斯，母亲是希腊重要城邦忒拜（Thebes）国王安菲特律翁（Amphitryon）之妻阿尔克墨涅（Alcmene）。宙斯乘安菲特律翁外出打仗之机诱奸了阿尔克墨涅，生下赫拉克勒斯。阿尔克墨涅畏惧天后赫拉（Hera），便将孩子遗弃在野外，赫拉和智慧女神雅典娜（Athena）刚好经过此地，雅典娜看到被遗弃的孩子，心生怜爱，劝赫拉给孩子喂奶。这孩子一口咬住赫拉的乳头，贪婪地吮吸着乳汁，从此脱离了凡胎，力大无比。赫拉很快就知道了赫拉克勒斯的身份，便派出两条毒蛇去杀害他，可是尚在襁褓中的赫拉克勒斯竟将两条毒蛇制伏。长大后的赫拉克勒斯智勇双全，完成了凡人无法完成的众多伟绩。

神话中也会出现动物或植物。动物在原始初民眼中既是食物的来源，同时又是高度神化了的神性之物，动物成了神话的主角。美国民俗学家斯蒂·汤普森（Thompson，1885－1970）指出，"在所有通俗故事中，动物都起着巨大的作用。它们出现在神话中尤其是那些原始民族的神话中。在那里，文化英雄往往有动物形象，虽然

---

① 茅盾：《神话的意义与类别》，载《茅盾说神话》，上海古籍出版社，1999，第152页。
② 袁珂：《中国神话传说》，中国民间文艺出版社，1984，第47页。

他可以有着像人一样的行为和思想，有时还有人的形体。"① 坎贝尔介绍北美黑足部落的传说：

> 冬天快到了，黑足部落的印第安人发现他们无法为过冬储存水牛肉，因为这些动物们拒绝被他们赶下山坡跌死。即使它们被赶向悬崖，也会沿着悬崖边拼命向左右两边逃窜。
>
> 一天清晨，一个在山崖下的年轻女子出去给家人找水。她发现山崖上有一群动物在吃草，于是她喊道，如果它们跳入畜栏，她就会嫁给其中的一位。让她惊喜的是，这些动物开始争先恐后地从悬崖上跌跌撞撞地拼死向下跳。一头大公牛撞开了畜栏的围墙，小跑着来到她跟前，把她吓了一跳。"过来吧！"它说。"哦，不！"她向后退了几步。但是，由于她必须兑现之前的承诺，这头公牛带着她奔上悬崖，离开了。

坎贝尔指出，"那头公牛是牛群的领袖，它是一个神话维度的形象，而不是一个物质维度的形象。我们可以在原始猎人的传说中随处发现与它相似的形象——一半是人，一半是动物，具有萨满文化的特征（就像伊甸园中的蛇）。我们很难将它画为动物或者人，但在故事中，我们可以很自然地接受它们人与动物混合的形象。"②

在原始民族的心目中，动物往往是神圣的。按照安德烈斯·隆梅尔（Andres Lommel）的观点，萨满通常有一种动物形象的世界观，所有事物在他们看来都具有一种动物的形式。北美印第安的神话中有大量动物神话。北美印第安人在白人殖民者到来之前以采集

---

① 〔美〕斯蒂·汤普森：《世界民间故事分类学》，郑海等译，上海文艺出版社，1991，第10页。

② 〔美〕约瑟夫·坎贝尔：《指引生命的神话》，张洪友等译，浙江人民出版社，2013，第34页。

捕猎为生，他们与动物之间有亲密的接触。他们当时处于自然崇拜阶段，信奉万物有灵，自然界的一切，包括羚羊、熊、野牛、鹿、松鸡等动物无不具有灵魂，都成为他们膜拜的对象。在印第安人的创世神话中，动物充当重要的角色。在易洛魁人的神话中，"人类的始祖母阿塔思特西克（阿温哈伊），从动物所栖居的上界跌落，借一些动物（海狸、麝鼠、水獭、乌龟）之力，置身于瀛海上；其中麝鼠潜至水底，捞起一团泥，放在龟背上；泥团越来越大，是为陆地之由来"。① 在阿乔马维人神话中，郊狼创造了山，但还不够高，鹰又堆起了山脊。鹰从山顶飞过，羽毛掉落在地上，生了根，长出草木。郊狼与狐狸一起造了人，它还去西方取来火种。在苏族人（Sioux）神话中，有一则关于水牛的神话传说：一个猎人看见一群女子在水中洗澡，岸边放着一排水牛皮，他便拿了最好看的一张。女子们上岸穿上水牛皮变成水牛，只剩下那个丢了水牛皮的女子，最后猎人娶她为妻并生一子。苏族人认为在人类出现之前，大地上就有各种动物在栖息、奔跑，动物身上具有的神秘力量能传导给人。在一则神话中，一个女人被黑熊掠走，与黑熊首领之子结合并生下两个孩子，数年后两个孩子随母亲返回人群，他们身强体壮，力大无比，成为部落的英雄。

希腊神话中也有大量的植物神话。植物神阿多尼斯（Adonis）其原型是西亚的植物神。阿多尼斯为希腊美女密拉（Myrrha）乱伦所生。密拉因美而受到维纳斯的诅咒，爱上了自己的父亲塞浦路斯王卡尼拉斯（Cyniras），她趁着夜色与父亲幽会，并怀上了孩子。当卡尼拉斯得知自己的情人竟是自己的女儿时，决计杀死密拉，密拉一路狂奔，变成一棵没药树（myrrh），阿多尼斯就出生在树中。植物崇拜是原始崇拜的重要内容。中国苗族人认为蚩尤是其祖先，

---

① 〔苏〕A. B. 瓦先科：《北美印第安人的神话》，载〔苏〕托卡列夫等编著《世界各民族神话大观》，魏庆征等编译，国际文化出版公司，1993，第133～134页。

枫树在苗族人的心目中具有崇高的地位，相传枫树为蚩尤的桎梏所化。蚩尤兴兵与黄帝作战，战败被杀。"宋山者，有赤蛇，名曰育蛇。有木生山上，名曰枫木。枫木，蚩尤所弃其桎梏，是为枫木。"（《山海经·大荒南经》）郭璞注："蚩尤为黄帝所得，械而杀之，已，摘弃其械，化而为树也。"

总之，就叙述对象而言，神话包括神祇、始祖、英雄和神性动植物。"神话是有关神祇、始祖、文化英雄或神圣动物及其活动的叙事。"①

（一）神圣性的叙事

古代神话对所叙说之神或半神的故事抱着信仰、敬畏之意，因而神话叙事是神圣的。神圣性往往被视为神话的本质特性，是神话区别于其他文化形式的核心标准。美国人类学家阿兰·邓迪斯（Alan-Dundes，1934－2005）给"神话"下了如下定义："神话是关于世界和人怎样产生并成为今天这个样子的神圣的叙事性解释。"② 从大量民俗资料来看，原始部落成员在讲述神话故事时，气氛肃穆庄严。

随着人类文明的进展和理性的发达，这种原始信仰会慢慢淡化，神话的神圣性也会减弱。美国作家伊迪丝·汉密尔顿（Edith Hamilton，1867－1963）比较了古罗马诗人奥维德（Ovid，B. C. 43－A. D. 17）与古希腊诗人的差异："这些在早期希腊诗人赫西俄德和品达心目中是确凿而庄严的真理、在希腊悲剧作家心目中是传播深刻宗教真理之媒介的故事，到了他（指奥维德）的手里却变成了无稽的传说。在他的作品中，有的地方诙谐有趣，但是很多地方

---

① 杨利慧：《神话与神话学》，北京师范大学出版社，2009，第5页。
② 〔美〕阿兰·邓迪斯编《西方神话学读本》，朝戈金译，广西师范大学出版社，2006，第1页。

却充斥着多愁善感的语调和令人难受的华丽修辞。希腊神话作家并不是修辞家，而且完全没有多愁善感的文风。"① 奥维德以轻松的态度、诙谐幽默的风格和华美的修辞来讲述神话，古典的神话只是他讲述的素材。在他的心目中，神话纯属无稽之谈，是古代诗人编造的虚假、离奇的故事。

神话往往是在与世俗的对立中得以存在和显现的，学者们往往在神圣性与世俗性的对立中辨认神话，神话联系着神圣性。

不过，如何认定"神圣性"，这是一件颇为困难的事情。神圣性既可以指一种虔敬的信仰体系、情感体验，也可以是一种超越的精神。另外，我们现代人认为"神圣性"的事项，在古人看来也许就是世俗性的，例如古代的许多禁忌原本是原始初民日常生活的一部分。现代人认为是纯幻想的、纯精神的，而原始先民则往往认为是实用的。反之，我们现代人认为世俗的事项，在古人或土著人的世界中也可能是神圣的。更主要的是，神圣与世俗并非水火不相容，在日常的器具中也会有天、地、人、神的聚集。

让我们看看北美印第安苏族人心目中的旧汤锅。

> 我的朋友，你在这里看到了什么？只是一个普通的被油烟熏黑且满是瘿坑的旧汤锅。它坐在老柴炉的火上，水在沸腾，推动着锅盖，白色的蒸汽飘向屋顶。锅里是开水、肉排和好多的土豆。
>
> 这汤锅似乎没包含什么信息，而且我想你根本不会去考虑它，除非汤味诱人使你想起自己饿了。你也许会担心这是狗肉汤。别担心，这只是牛肉，不是为了特殊仪式用肥狗做成的。这只是一顿普通的家常便饭。

---

① 〔美〕依迪丝·汉密尔顿：《神话：希腊、罗马及北欧的神话故事和英雄传说》，刘一南译，华夏出版社，2010，第10页。

但是，我是一名印第安人。我思考诸如锅这样的普通平凡之物。沸腾的开水来自施雨的云，它代表着天空。火来自温暖我们所有的人、动物和植物的太阳。肉代表四足生物，我们的动物兄弟，它们付出了自己而使我们得以延续。蒸汽是活生生的气息。它原来是水，现在升腾上天，再次变成一朵云。这些东西是神圣的。看着那个装满好汤的锅，我在思考着大神（Wakan Tanka）是如何以这种简单的方式照料着我。我们苏族花费许多时间来思考日常诸物，而这些在我们的心中是与精神相混合的。我们在周遭世界中看到许多教给我们生命意义的象征。

我们有这样的说法，白人看到的如此之少，他一定是仅用一只眼在看。我们看到许多你们不再关注的东西。你们如果愿意，本来也可以注意到，但你们往往过于忙碌。我们印第安人生活在一个充满象征和意象的世界中，在这个世界中精神性的东西与平凡的东西是一体的。①

印第安苏族人信仰万物有灵，自然界的一切无不具有生命。他们将日常生活神圣化，一个再普通不过的旧汤锅，在印第安人的眼中却是神圣之物，在实物之上开启了一个精神性的空间，其中聚集着天、地、人、神，这让人联想起德国哲学家、美学家海德格尔对艺术作品的本源的论述。

关于神话的叙事风格，我们既认可神圣性的规定，但也不局限于神圣性叙事。台湾神话学家王孝廉对"神圣性"叙事做了某些修正，将"俗性"的叙事也纳入神话范围："神话是持有非开化心意的古代民众，以与他们有共生关系的超自然威灵的意志活动为基

---

① 转引自〔墨西哥〕卡佳·曼多基：《大地感：日常美学》，杜鹃译，《第欧根尼》2013年第1期。

底，而对周围自然界及人文界的诸现象所做的叙述或说明所产生的圣性或俗性的故事。"① 我们甚至可以持宽泛的视角，将现代人所写的科幻等也视为神话，中国神话学家袁珂正作如是观。

神圣与人类的信仰密切相关。神圣是不容人轻易接近而令人敬畏的。在西方，"神圣"首先是一个与宗教密切相关的概念。宗教的基本含义是对神圣事物（the sacred）的信仰。在原始宗教观念浸染下的先民看来，宇宙间的一切事物充满神圣性，令人敬畏。后来的基督教将神圣的彼岸世界与世俗的此岸世界做了二元划分。美国学者米尔希·埃利亚德将人类的存在及生活环境划分为两种模式：神圣的和世俗的。近代以降，世俗的空间逐步扩大，神圣的领地逐步萎缩。

仪式（不论是神圣的仪式还是世俗的仪式）都具有不同凡响的意蕴，它往往将人带入超凡入圣的境界。所以，神话与信仰和仪式密切相关。甚至有些学者认为仪式是神话的源头，或将神话视为仪式行为（dromenon）的语言解释。英国人类学家詹姆斯·乔治·弗雷泽（James George Frazer，1854–1941）认为仪式先于神话。我们暂且搁置神话与仪式孰先孰后的争论，可以肯定的是，神话与仪式具有内在的联系。人类的神圣体验来自仪式，在集体仪式中人们切断了与熟悉的事物或曾经习惯了的事物的关系，对日常的经验对象产生了变形、幻化，拥有了不同寻常的属性，即在世俗生活之上又临时设置了一个神圣的世界。

神圣性不仅体现在宗教中，也体现在道德、社会、自然界和艺术中。就艺术的神圣性而言，黑格尔曾说过："艺术首先要把神性的东西当作它的表现中心。"② "只有在它和宗教与哲学处在同一境界，成为认识和表现神圣性、人类的最深刻的旨趣以及心灵的最深

---

① 王孝廉：《神话的定义问题》，载《民俗曲艺》（第27辑），1983，第27页。
② 〔德〕黑格尔：《美学》（第1卷），朱光潜译，商务印书馆，1979，第223页。

广的真理的一种方式和手段时，艺术才算尽了它的最高职责。"① 在荷马史诗中，美是属于神的，具有神圣性的事物才具有美的品质，而诗人是道说神圣者的人，真正的诗人其本质在于吟唱着去摸索远逝诸神的踪迹。

神圣性与崇高、超越性相关联，从某种意义上讲，神圣性是人的精神追求的体现。中国古代社会，神圣往往不是宗教概念，儒家的"仁"是神圣的，"仁者以天地万物为一体"（《孟子·梁惠王》）；道家的"道"是神圣的；陶潜眼中的"南山"是神圣的；嵇康手中的"琴"是神圣的。而且中国古代并非在神圣与世俗两离的格局下理解神圣，而是神圣即世俗，在世俗事物中寻找精神寄托和精神自由。当代作家史铁生在《"足球"内外》中指出：神圣并不蔑视凡俗，更不与凡俗敌对，神圣不期消灭也不可能消灭凡俗，任何圣徒都凡俗地需要衣食住行，也都凡俗地难免心魂的歧路，唯此神圣要驾临俗世。

神性常常会被遮蔽，这种情形在后世文明进程中尤为突出。在一切事物中寻找"神性"，就是将潜藏在生活中的丰富性和张力释放出来。法国文论家罗兰·巴特说："每件事情都可以是神话吗？是的，我相信如此，因为宇宙的启示是无限丰沛的。"② 专注的生活本身就是神圣的，在日常生活中也能让神话运行，正如苏联哲学史家阿尔森·古留加所言：

> 有这样的神话，它是人自己为自己创造的，因而也是不会再重复的。坠入情网的人就生活在神话之中，他为自己创造一种神，因而遭到别人的讪笑。有许多纯属日常生活性质的神

---

① 〔德〕黑格尔：《美学》（第 1 卷），朱光潜译，商务印书馆，1979，第 10 页。
② 〔法〕罗兰·巴特：《神话学》，许蔷蔷、许绮玲译，台湾桂冠图书股份有限公司，1997，第 169～170 页。

话，它是在家庭、工作、休息中产生的一种不受控制的一种相互关系。有一种完全限于厨房范围之内的"神生过程"。时髦是神话意识的最鲜明的例子。①

（二）永恒的神话

现代经典的神话定义将神话的时间上限定于上古。具体而言，大多数学者将神话存续的时间追溯到原始社会母权制时期（旧石器时代晚期）至奴隶社会初期（新石器时代）。美国人类学家摩尔根（1818～1881）在《古代社会》一书中将人类社会的历史分为三个进化阶段："蒙昧""野蛮""文明"，并推断神话起源于原始社会的野蛮时代。野蛮阶段的初期，人类有了对自然力的崇拜以及对大神的模糊认识。野蛮阶段的中期，进一步产生了人格化的神和祭祀体系。到了野蛮阶段的晚期，人类开始了诗歌创作，有了结构精密的古代神话以及奥林匹斯诸神，有了神庙的建筑等。

摩尔根的思想直接影响了马克思的神话观。"在野蛮期的低级阶段……想象，这一作用于人类发展如此之大的功能，开始于此时产生神话、传奇和传说等为记载的文学，而业已给予人类以强有力的影响。"② 马克思主义经典作家认为，神话是生产力发展到一定阶段的产物，即在原始社会的一定的时期，生产力有了某种程度的发展，这种发展使得人们逐渐从蒙昧状态下挣脱出来，引发了人们征服自然的强烈愿望。但此时的生产力的发展状况和人类制造的工具还不足以满足人们征服自然的需求。于是，人们开始寻求"超人间的力量"，神话便由此产生。

---

① 〔苏〕阿尔森·古留加：《谢林传》，贾泽林等译，商务印书馆，1990，第245页。
② 〔德〕卡尔·马克思：《摩尔根〈古代社会〉一书摘要》，中国科学院历史研究所翻译组译，人民出版社，1965，第55页。

泰勒认为神话发生于蒙昧时代，"神话发生在全人类于遥远的世纪里所经历过的蒙昧时期。它在现代那些几乎没有离开原始条件的非文明部落中仍然无甚变化。同时，文明之最高和最近的阶段，部分地保留着神话的真正的原则，而部分地发展了神话所继承的那些祖先传说形式中的神话创作的结果。同时，这个文明阶段不仅仅是以迁就的态度，而且是以尊敬的态度继续保存了它"。① "我们越是把各种不同民族的神话虚构加以比较，并努力探求作为它们相似的基础的共同思想，我们就越是确信，我们自己在童年时代就处在神话王国的门旁。儿童是未来人的父亲……蒙昧人是全人类的童年时代的代表。"②

中国神话学者对神话的界定也往往将其限定在心智未开的上古之世。

> 神话是一种流行于上古时代的民间故事。③

> 神话是持有非开化心意的古代民众，以与他们有共生关系的超自然威灵的意志活动为基底，而对周围自然界及人文界的诸现象所做的叙述或说明所产生的圣性或俗性的故事。④

中国人类学家杨堃先生认为神话的上限可追溯到新智人时期。神话是宗教的重要组成部分，是伴随着宗教的出现而出现的，神话甚至是宗教的条件，假若神话没有出现，那么宗教是不会出现的。

---

① 〔英〕爱德华·泰勒：《原始文化：神话、哲学、宗教、语言、艺术和习俗发展之研究》，连树声译，广西师范大学出版社，2005，第232页。
② 〔英〕爱德华·泰勒：《原始文化：神话、哲学、宗教、语言、艺术和习俗发展之研究》，连树声译，广西师范大学出版社，2005，第233页。
③ 茅盾：《中国神话研究》，《茅盾全集》（第28卷），人民文学出版社，1993，第1~2页。
④ 王孝廉：《神话的定义问题》，载《民俗曲艺》（第27辑），1983。

他将原始神话的产生时代上限推至四五万年前至一两万年之前的旧石器时代晚期，亦即母系氏族社会的初期。这比摩尔根所说的野蛮社会初期还要早。杨堃先生还认为，只要宗教存在一天，神话就不会消失。

神话学家袁珂从神话思维的角度推断，神话产生的时代可上推到旧石器时代的中期，按摩尔根的分期法属于蒙昧时代的中期。其时，母系氏族公社尚未出现，还属于原始公社制的发生期。原始神话与原始宗教同时诞生。

远古年代绵眇，神话具体何时产生也无从考证，应该说自从有了人类，神话就产生了。美国神话学家约瑟夫·坎贝尔指出：

神话与人类相伴而生。换句话说，当我们追溯过去，找到关于人类物种起源的零星证据时，种种迹象表明，神话早已塑造着智人的艺术和世界。……人类最显著的特征就是我们首先依据神话来组织生活结构，然后才考虑发展经济并制定规则。在吃、喝、繁殖和筑巢等方面，人类和猿没有多大的差别。可是，人类却实现了猿不能完成的事情。比如，人类建造了金字塔和中世纪大教堂；印度人的居住地周围有大量可食用的牛群，但他们却宁愿饿死；还有，以色列自第一代国王扫罗（Saul）以来的历史，又有何经济方面的含义呢？如果要说出人类区别于动物的心理特征，那就是人类的经济用途从属于神话。若有人问，这种精神本能为什么，以及如何主宰了人类的物质生活秩序，答案就是人脑产生了其他灵长类难以得到的认识，即个体自身能清醒地意识到人最终会死亡，还认识到他所在意的一切也会随之消逝。

人类对肉体必死的认识以及超越死亡的愿望是神话产生的原动力。人类还意识到，人生来就处于社会群体中，个体从出生到死亡会不断地得到社会的滋养和保护，而个体在其生命的大部分时间里，也要尽可能地滋养和保护社会。社会群体不会因个体的出生或死亡而改变，它早在个体诞生前就已繁荣地发展着，在个体消亡后它依然存在。也就是说，人类每个成员不仅要认识到人类必死的命运并坦然面对，而且还必须努力使自己适应其所处社会群体的生活秩序，这一秩序是高于个体的生活秩序的。在这个超有机整体中，个体要融入其中并积极参与，才能逐渐了解超越死亡的生活。在漫长的史前时期和有记载的历史时期，各种各样的神话体系在世界各个角落产生并发展，所有这些神话体系都蕴含了两种基本认识，即人类死亡的必然性和社会秩序的永久性。两者象征性地结合在一起，组成了宗教仪式的核心结构，并由此组成了社会的核心结构。①

　　与神话产生的时间相对应的是神话存续的时间及其下限。普遍的理解是，当人类文明进一步发展，人们的智力水平进一步提高，社会生产力的水平也得到提高，人们具备了曾经所幻想的超自然的力量。随着这些幻想的自然力实际上被支配，充沛的想象力也被理性所取代，神话也随之消失了。神话产生于落后的生产力并且只能产生于此。马克思经典作家认为神话是与落后的生产力相适应的幻想形式，"成为希腊人的幻想的基础、从而成为希腊〔艺术〕的基础的那种对自然的观点和对社会关系的观点，能够同走锭精纺机、铁道、机车和电报并存吗？在罗伯茨公司面前，武尔坎又在哪里？在避雷针面前，丘必特又在哪里？在动产信用公司面前，海尔梅斯又在哪里？"② 武尔坎为罗马神话中的火神，相当于希腊的赫菲斯托

---

① 〔美〕约瑟夫·坎贝尔：《指引生命的神话》，张洪友等译，浙江人民出版社，2013，第20～21页。
② 《马克思恩格斯选集》（第2卷），人民出版社，2012，第711页。

斯（Hephaestus），司掌破坏性的火。丘必特当为 Jupiter，又译作朱庇特、丘比特，罗马神话中的主神，光明之父，又是司雷电之神。赫耳墨斯（海尔梅斯）是希腊神话中众神的信使，也是商人的保护神。传说他十分狡诈，是欺骗之术的创造者，他还把诈骗术传给了自己的儿子。在神话时代，这些神在各自的领域承担着不同的功能。随着社会的进步，这些幻想的功能消失了，神也就从人们的信仰体系中隐退了。"任何神话都是用想象和借助想象以征服自然力，支配自然力，把自然力加以形象化；因而，随着这些自然力实际上被支配，神话也就消失了。"[①]

神话的时间下限可不可以修正呢？我们认为是可以的。马克思关于神话的上述论述是以意识形态与生产关系的理论为基础，同时着眼于神话的工具性指向——"征服""支配"自然力。以此为视点，神话的确只与原始时代相对应，一旦人们自身具有实际征服、支配自然力的能力，神话的功能就丧失了，神话势必也就退出历史舞台。

然而，难道神话仅仅是为其工具性而存在的吗？在实际功能（"征服""支配"自然力）丧失的后原始时代神话就完全失去作用了吗？显然不是。神话在远古并非纯粹的幻想，而是具有实用功能的，是初民以想象的形式征服自然力的一种方式。当这种征服自然力的愿望有了实际的力量支持之后，想象征服的对象或内容不存在了，或丧失其意义了，但"想象"这种形式依然在发挥作用。马克思主义经典作家在超越工具性的层面上，特别是在审美的意义上肯定了神话的永恒的价值。神话一直都在，希腊神话"仍然能够给我们以艺术享受，而且就某方面说还是一种规范和高不可及的范本"。[②]

---

① 《马克思恩格斯选集》（第2卷），人民出版社，2012，第711页。
② 《马克思恩格斯选集》（第2卷），人民出版社，2012，第711页。

从社会发展的角度上看，人类在原始时代自然力方面的幻想也可能在人类后来的发展中转向其他的方面。神话在它成型之后也会经历一系列的变化发展。神话的功能也会由最初的"征服""支配"自然力转向审美、娱乐。在神圣性消失的时代，它依然存在于人们的生活中。以人类生存为基础的"幻想"不仅能创造出自然力的象征的诸神，也能创造出新的神。

实际上，中国许多神话都不在神话经典定义的下限之内。针对将神话固定在原始社会的做法，鲁迅采取了相对开放的态度。

> 中国之鬼神谈，似至秦汉方士而一变，故鄙意以为先搜集至六朝（或唐）为止群书，且又析为三期，第一期自上古至周末之书，其根柢在巫，多含古神话。第二期秦汉之书，其根柢亦在巫，但稍变为"鬼道"，又杂有方士之说。第三期六朝之书，则神仙之说多矣，今集神话，自不应杂入神仙谈，但在两可之间者，亦只得存之。[①]

鲁迅不赞成茅盾把神话范围仅限于原始的上古神话，他认为神话可以超出原始社会。1925 年，鲁迅在一封信中写道："中国人至今未脱原始思想，的确尚有新神话发生。……吾乡皆谓太阳之生日为三月十九日，此非小说，非童话，实亦神话，因众皆信之也。而起源则必甚迟，故自唐以迄现在之神话恐亦尚可结集。"[②]

针对这种理论定义与其研究的事物相分离的状况，我国著名神话学家袁珂提出了"广义神话"的概念。

> 神话产生于原始社会，并不是到了阶级社会它就消亡了。

[①] 《鲁迅全集》（第 11 卷），人民文学出版社，1981，第 438 页。
[②] 《鲁迅书信集》，人民文学出版社，1976，第 667 页。

到了阶级社会，它仍然通过群众的口耳相传，在流传，在发展，在演变。并且在阶级社会尤其是在我国长期的封建社会中，又随时产生了许多新的神话，但总归还是神话，这是谁也不能否定的事实。这类神话，非古典派学者狭义的界说所能概括，我们只好称之为"广义的神话"。……广义神话，其实就是神话，它不过是扩大了神话范围，延长了神话的时间；它只是包括了狭义神话，却没有否定狭义神话。狭义的神话，仍然可作为学者们研究的核心。①

广义神话观念认为不仅最初产生神话的原始社会有神话，进入阶级社会以后的各个历史时期也有神话。包括当今科技发达的时代，旧的神话没有消失，新的神话还在产生。袁珂先生将传说、仙话、科幻等纳入神话范围。

陈建宪基于广义的神话观提出神话的四种形态。第一，原生态神话——这是原始氏族公社时期及其以前的初民所创作和讲述的神话。第二，再生态神话——再生态神话产生于原始氏族公社及其以前时期，但流传于这一时期之后。例如中国著名的盘古开天、女娲造人、后羿射日、精卫填海等神话，既见于三国时期的文献，又在当时老百姓中口头广泛流传。第三，新生态神话——这类神话产生于原始氏族公社时期以后的各个时代，直到今天仍在不断产生。例如关于玉皇大帝、二郎神、孙悟空、观世音、灶神、土地神等的新神话，在中国许多地区都有流传。第四，衍生态神话——衍生态神话是上述三类神话在其他领域中运用和改编的衍生物。例如中国古代的神魔小说和西方当代魔幻主义小说、当代科学幻想、童话、乡土小说、各种造型艺术、商标广告乃至政治生活等，都常常借用神

---

① 袁珂：《再论广义神话》，《民间文学论坛》1984 年第 3 期。

话的形象、观念、术语或艺术手段，以达到特殊的效果，这些都是衍生态神话。

神话是初民创造并转化成民族精神、性格、习俗的文化形式，即使在科学技术已经控制了自然力，人们能对自然现象进行合理化解释的当今，它依然存在，并且将长久存在下去。《大不列颠百科全书》第十二版"神话"条目强调：假若有人已决定把神话看作一个已经结束的过去时期的产物，那么在确定这个过去时期结束的历史时间问题上，就会出现难以逾越的困难。要精确地说出某一神话主题何时变成了"纯粹的"文学主题，或者要总体确定从何时起不再创作神话，这实际上是不可能的。① 神话并非仅仅是上古初民的蒙昧之作，在人类的后续阶段都存在着神话。

卡西尔认为列维－布留尔《原始思维》中的两个预设是难以成立的：一是认为人类文化早就走出神话时代，而且这个时代一去不复返；二是在我们的心智和原始人的心智之间存在不可跨越的鸿沟。加拿大文论家弗莱在《智性的月光》这篇讲演辞中说：

> 每一个时代都有一个由思想、意象、信仰、认识假设、忧虑以及希望组成的结构，它是被那个时代所认可的，用来表现对于人的境况和命运的看法。我把这样的结构称为"神话叙述"，而组成它的单位就是"神话"。神话在这个意义上，指的是人对他自身的关注的一种表现，他在万事万物的体系中处于什么位置，他与社会、与上帝是一个什么样的关系，他最早的本源是什么，最终的命运又如何，不仅关于他个人，还包括整个人类等等。而神话叙述则是一种人类的关怀、我们对自身

---

① 参见中国民间文艺研究会研究部编《民间文学理论译丛》（第一集），中国民间文艺出版社，1986，第50页。

的关怀的产物，它永远从一个以人为中心的角度去观察世界。①

德国哲学家、美学家谢林（1775～1854）认为，神话不仅是真实存在的事件及其叙述，而且是人的一种理想的状态，"神话不仅应被阐释为现在或以前的，而且应理解为未来的"。②

也许，神话是人类的宿命，我们探讨的神话产生及存续时间不过是一个虚假的问题。德国生命哲学家鲍姆莱尔说过："人们一天不摆脱神话如何产生的问题，就一天没有希望解决神话问题。因为当人们问到神话的产生问题时，预先假定了一个人类发展的固定基础，所以才进一步问到神话是如何在历史之内产生出来的。这样的问题永远也不会得到满意的解答，因为它的提法根本是错误的。神话压根儿就是非历史的。……神话不仅深达原始时间，而且也深达人类灵魂的原始基础。"③

三　作为神性显现的神话

神话作为世界各民族文化的"开端"，是一种浑融体，因其内在的复杂性、隐秘的基因，需要从众多的角度加以论述，也可以从众多的角度来理解和界定神话。可以断言，所有的神话定义都是"各照隅隙"。芬兰民俗学家劳里·航柯综合各种观点，归纳为现代神话理论的 12 种维度。①作为认识范畴来源的神话。②作为象征性表述形式的神话。③作为潜意识投射的神话。④作为世界观和生

---

① 〔加〕诺斯洛普·弗莱：《现代百年》，盛宁译，辽宁教育出版社，1998，第 74 页。

② SCHELLING. *Werke Auswahl in drei Bänden，Herausgegeben von Otto Weiss.* Leipzig：*Fritz Eckardt Verlag*，1907，p. 62，参见张园《谢林神话学说的现代性突围》，《求是学刊》2010 年第 3 期。

③ 〔德〕鲍姆莱尔：《东方和西方的神话》，转引自〔匈〕卢卡奇《理性的毁灭》，王玖兴等译，山东人民出版社，1997，第 484 页。

活整合要素的神话。⑤作为行为特许状的神话。⑥作为社会制度合法化证明的神话。⑦作为社会契合的标记的神话。⑧作为文化的镜子和社会的组织的神话。⑨作为历史状况之结果的神话。⑩作为传播宗教的神话。⑪作为宗教形式的神话。⑫作为结构媒介的神话等。①即便再罗列100条神话的维度，也依然是挂一漏万，人类文明开端处的"神话"高耸云端，霞光万道。

对经典的神话做上述简要反思，并不是舍弃经典的神话概念，而是以此作为内核，同时向边缘域顾眄。我们既需要聚焦神话的中心，以获得其根本的规定性，又要注意其边缘的散光，在聚焦与扩散的多轮回合中把握神话。神话的经典定义将神话视为古代的文化现象，这为人们认识神话规定了明确的对象，为我们指认神话确定了最规范的样本。然而，它也忽略了神话的一些"边缘"事项，带有过度主题化和本质主义的倾向。从严格意义上讲，神话是人类儿童时期的创制，因此我们谈论神话首先关注和持续关注的就是这个领域，但我们也大可不必过于拘谨，不妨用余光扫视神话的边缘域和种种衍生形式。基于此，我们不妨给神话下一个定义，对神话做出一个易简的或最低限度的界说：神话是神性的显现，神话是神以及万物中所蕴含的神性的呈现。

这个界说或定义比袁珂先生的"广义神话"还要"广义"。袁珂先生"广义神话"所包括的九个项目都是带幻想性并出现超人间、超自然形象的口头创作。这主要从文学特别是民间文学的角度来界定神话。实际上，神性的呈现方式是多种多样的，此前人们只注意语言（口语、文字），忽略了身体、图像等。而且，就其历史发生而言，身体（舞蹈、仪式）、图像比文字更为古老。当我们突破文学神话学时，就有可能从更广泛的角度，从美学的角度趋近神话。

---

① 〔美〕阿兰·邓迪斯主编《西方神话学论文选》，朝戈金等译，上海文艺出版社，1994，第63~65页。

（一）神性

神话之所以在人类社会长期存在，是基于人性的超越特性，只要人类还存在，神话就会赓续。从功能上讲，神话借助神及其特性赋予世界以意义。人类离不开神话，或者离不开神性。

神不仅被用作名词，指称实体，还被用作形容词以描述事物变幻莫测的状态或隐秘的功能。神更像一种特殊的属性（property）——"神性"。

神（God）不等于神性（divin）。"神"是实体，从原始的自然神到上帝等精神实体；"神性"是功能性的。可以不信仰实体化的神，但人类应对神性充满敬仰。

古罗马哲学家西塞罗（Marcus Tullius Cicero，B. C. 106 - B. C. 43）在《论神性》中提到"有许多哲学问题一直还没有令人满意的答案，而诸神的本性问题就是其中最隐晦、最困难的一个。若能回答这个问题，则不但能彻底揭示我们自己的心灵的本性，而且也能为我们提供必要的宗教方面的基本指导"。①

神性与诸神相关联，神性产生诸神，诸神秉持着神性。神性是神圣者本身，它是涌现的能量，从中产生的诸多形态便是诸神。一旦诸神产生，人们便习惯于从诸神中反观神性，于是神成了主词，神性退化为神身上所附属的特性，将神性视为神的性质、能量、功能。例如，宙斯是众神之王，他司掌天空和雷霆。得墨忒耳是谷物之神，她能让谷物生长，但生气时也能让万物凋零。阿喀琉斯具有凡人不具备的力量，因为他是宙斯的后裔，他的父亲是色萨利国王珀琉斯（Peleus），而他的母亲则是伟大的海洋女神忒提斯（Thetis），阿喀琉斯的力量和神性主要来自其母亲。忒提斯想让自己的

---

① 〔古罗马〕西塞罗：《论神性》，石敏敏译，香港汉语基督教文化研究所，2001，第 2 页。

儿子不死，便在夜间把儿子放在天火中煅烧，白天用神浆给他擦拭身体。这为日后阿喀琉斯浑身刀枪不入奠定了基础。但因珀琉斯打断了忒提斯最后的计划，脚踵尚未煅烧（另一种说法是忒提斯握着阿喀琉斯的脚踵放在冥界之河里浸泡），脚踵便成了阿喀琉斯的软肋。

诗人从神灵那里获得神性。柏拉图在《伊安篇》中指出："凡是高明的诗人，无论在史诗或抒情诗方面，都不是凭技艺来做成他们的优美的诗歌，而是因为他们得到灵感，有神力凭附着。"① 神灵依附的迷狂有四种："预言的，教仪的，诗歌的，爱情的，每种都由天神主宰，预言由阿波罗，教仪由狄俄尼索斯，诗歌由缪斯姐妹们，爱情由阿芙洛狄忒和厄洛斯。"②

对于原始人类，万物不单单呈现出实用的属性，同时呈现出精神的属性。神性的主词不限于"神"，而是事物本身隐含的、处在人的认识之外的本性。山、水、日、月……这些事物中都具有神性。麦克斯·缪勒指出，原始人从三类自然事物中形成神灵观念。第一类是他们身边的、完全能把握的物体，如石头、花草等；第二类是能部分把握、半触知的物体，如河流、土地；第三类是可见但不可触知的物体，如苍天、太阳、月亮等。这三类物体第一类事物被赋予某种神秘性，成为拜物教的对象。第二类事物"提供了可称为半神之物的材料"，例如土地，原始人能看到周边的可见的土地，甚至远处的地平线，但还有他目力之外的地方；第三类物体人们可"找到用神的名字称呼的那种东西的萌芽"。③ 如太阳（作为膜拜的

---

① 〔古希腊〕柏拉图：《柏拉图文艺对话集》，朱光潜译，人民文学出版社，1988，第6页。
② 〔古希腊〕柏拉图：《柏拉图文艺对话集》，朱光潜译，人民文学出版社，1988，第151～152页。
③ Max Muller. *Lectures on the Origin and Growth of Religion*. AMS PRESS INC. NEW YOURK, N. Y. 1976. 186. 转引自刘素民《追问宗教起源的发生学意义——麦克斯·缪勒思想中的宗教的起源与发展》，《学术界》2006年第3期。

对象的太阳，而非视觉的对象的太阳）人们既不能触知，也不能理解，只好膜拜。第二类、第三类事物突破有限物体的限制，指向无限，因而更具神性。

神性不只是从宗教神学意义上而言，神性也蕴含于万物之中。神性不仅存在于彼岸世界，也存在于日常生活中。法国启蒙思想家让-雅克·卢梭（Jean-Jacques Rousseau，1712－1778）在没有神的时代却能感受到神性的存在，神性所在之处也是人间最美的景象。

> 啊，夫人，有时候我独处书斋，双手紧扣住眼睛，或是在夜色昏暗当中，我认为并没有神。但是望一望那边：太阳在升起，冲开笼罩大地的薄雾，显露出大自然的绚烂惊人的景色，这一霎时也从我的灵魂中驱散全部疑云。我重新找到我的信念、我的神和我对他的信仰。我赞美他、我崇拜他，我在他的面前匍匐低头。①

里尔克并不信仰上帝，但他在万物中感受到了神："像是蜜蜂酿蜜那样，我们从万物中采撷最甜美的资料来建造我们的神。"② 阿根廷作家博尔赫斯并不是基督徒，不相信上帝，但他的作品充满神性的光芒。在《巴别图书馆》中，他展示了图书馆的神性。图书馆是"神的作品"，与个体的人的衰老相比，图书馆是永恒的，"衰老和恐惧也许误导了我，但我以为独一无二的人类行将灭绝，而图书馆却会存在下去：青灯孤照，无限无动"。③ 图书馆贮藏着人类的

---

① 转引自罗素《西方哲学史》（下），何兆武、李约瑟、马元德译，商务印书馆，2001，第233页。
② 〔奥〕里尔克：《里尔克如是说》，生活·读书·新知三联书店，1987，第4页。
③ 〔阿根廷〕博尔赫斯：《博尔赫斯全集》（小说卷），王永年、陈泉译，浙江文艺出版社，1999，第122页。

秘密，预示或埋藏着世界发展的走向。一座图书馆对推崇它的人而言无异于一座圣殿，"只要把我颤抖的手写在一本书封面上的笨拙的符号，同书中准确、细致、漆黑和无比对称的字母作个比较，就能看出神人之间的距离有多么大了"。① "任何一个音节都充满柔情和敬畏；在那些语言里都表示一个神的强有力的名字，不然谁都不可能发出它的读音。"② 一座图书馆对于一个对书籍怀有皈依感的人而言无异于人间天堂，"对于我来说，被图书馆包围是一种非常美好的感觉。直到现在，我已经看不了书了，但只要我一挨近图书，我还会产生一种幸福的感受"。③

史铁生在《病隙碎笔》中这样区别神与神性：

> 在我看来，证明神性比证明神更要紧。理由是：没有信仰固然可怕，但假冒的"神"更可怕——比如造人为神。事实是，信仰缺失之地未必没有崇拜，神性不明之时，强人最易篡居神位。我们几时缺了"神"吗？灶王、财神、送子观音娘娘……但那多是背离着神性的偶像，背离着信仰的迷狂。这类"神明"也有其性，即与精神拯救无关，而是对肉身福乐的期许；比如对权、财的攀争，比如"乐善好施"也只图"来生有报"。这不像信仰，更像是行贿或投资。所以，证明神务先证明神性，神性昭然，其形态倒不妨入乡随俗。况且，其实，惟对神性的追问与寻觅，是实际可行的信仰之路。

神性不单单是作为实体的"神"的某些附属的"属性"，神性

---

① 〔阿根廷〕博尔赫斯：《博尔赫斯全集》（小说卷），王永年、陈泉译，浙江文艺出版社，1999，第 117 页。

② 〔阿根廷〕博尔赫斯：《博尔赫斯全集》（小说卷），王永年、陈泉译，浙江文艺出版社，1999，第 122 页。

③ 〔阿根廷〕博尔赫斯：《博尔赫斯七席谈》，林一安译，光明日报出版社，1996，第 63 页。

不单单存于神祇身上。"神性"不仅仅是神的谓词，它本身也是主词，它是万物各自以其自身的形式存在、不为人知的状态。可以说"神性"分布、播撒在万物之中，并成就万物本身。神性与物性融为一体，"物性"原本就是神奇的，科学也许能分析出物性的因素，如长度、硬度、质量，但分析不出物性本身。想想万物创生那么古老！在人类来到地球之前，它们就已经是那里的主人，在相互的顾盼牵扯中行走了亿万年。当我们超越一神教的神，神便泛在万物。当我们超越知识的眼光，万物便充满神性。

（二）神性与人性的审美敞开

神与人之间的关系是神话的基本主题。神话在神性、神秘的场域表现人的秘密。神性不仅与人的宗教情感相关联，也与人的审美情感相关联。

在神话中，人是神的产物。世界各民族的原始神话都涉及神创造世界，神造人的故事。

古埃及创世神话记载：世界之初始，一片茫茫的瀛海，叫作"努恩"（Nun）。努恩生下了太阳神拉（Re）。太阳神拉清晨时被称为阿顿（Aten，朝日神），黄昏时被称为阿图姆（Atum，落日神）。拉是宇宙万物的创造者，他先造出了风神舒（Shu）和雨神苔芙努特（Tefnut）以改变混沌的宇宙，风雨二位神是兄妹，又是夫妻，生下了天空女神努特（Nut）和大地之神盖布（Geb）。舒和苔芙努特逐渐建立起有序的神界，但自己却消失在黑暗之中。太阳神阿图姆挖出自己的眼睛来寻找舒和苔芙努特，当舒和苔芙努特再次出现在阿图姆眼前时，阿图姆流下了激动的眼泪，落在地上的眼泪就变成了人。

《圣经·旧约·创世记》：起初天地一片空虚混沌，神的灵在黑暗的渊面运行。神说，"要有光"，于是就有了光。神把光与暗分开了，光为昼，暗为夜。接下来神造出空气，分出天和地，让地面产生青草、菜蔬以及各种活物，让水底产生鱼类，让天空产生鸟雀，最后神说，"我们要照着我们的形像，按着我们的样式造人"，于是神动工了，便照着自己的形象造出人，照着自己的形象造男造女。神造出人并朝人的鼻孔里吹了吹气，人便有了灵气。

中国神话传说中有女娲造人，有盘古化人。据清人马骕《绎史》引徐整《五运历年记》记载，盘古开辟了天地，他身上的虫子被风吹拂，化成了人。

> 首生盘古，垂死化身。气成风云，声为雷霆，左眼为日，右眼为月，四肢五体为四极五岳，血液为江河，筋脉为地里，肌肉为田土，发髭为星辰，皮毛为草木，齿骨为金石，精髓为珠玉，汗流为雨泽，身之诸虫，因风所感，化为黎甿。

人是神所造的，尽管神是按照自己的样子造的人，相传女娲仿照自己抟土造人，但是造物主与被造之物并不一样，人与神有别。作为被造之物的人永远不能与造物主相媲美。神是永恒的，人则终有一死。

不过，神造人之时毕竟又参照了自身，因而神与人又有密切的关联。《圣经·创世纪》描述了神六天创世的过程。在神创论看来，天地万物都出自神之手，人也是神的造物。神按照自己的形象和样式造出了人，并且还向人的鼻孔里吹了一口气。因而人与神在外形上相同，在心气上相通。人性与神性彼此相关联。

神性与人性的关系体现在两个方面。

其一，神性内在于人性之中。万物皆有神性，而人更是聚集了神性，神性就其本身和内容而言是在与人性的关系中得到确认的。

德国哲学家费尔巴哈从唯物主义出发，认为神是人的本质的对象化，"属神的本质之一切规定，都是属人的本质之规定"。① 中国现代作家沈从文敬服生命，他要造一座希腊的小庙来供奉生命，而生命之所以值得敬服，是因为"神在我们生命里"（沈从文《看虹录》）。"什么是神？其实，就是人自己的精神！"②

其二，神性与人性有不可弥合的距离，神性是人性的理想境界，是人性充分敞开的天际线。

神是人类幻想出来的超现实的存在，神性是超人的、奇异的属性。神和神性总是在世俗人性的另一面，是人性的超越。神性引导向上之民在与现实生活的对峙中突破生活的种种限定，展现生命的潜能和自由。沈从文指出，"因美与'神'近，即与'人'远。生命具神性，生活在人间，两相对峙，纠纷随来"。③ "'人性'与'神性'是生命发展的两个阶梯。从'人性'到'神性'，这是生命的一种飞跃。"④

"超越"（transcendent）一词来自拉丁文 transcendere，原意指"跨越""超过"（某种界限）。超越是在绝对者与相对者、有限与无限、此岸与彼岸、现实与理想、必然与自由、人与神、个体与群体（社会乃至宇宙）等关系中展开的向上飞跃。张世英先生概括了"超越"的几点含义："一是指超感觉的、无形的东西，与感觉、有形、个体相对；二是指无限的东西，与有限相对；三是指在先。"⑤

马斯洛在《人性能够达到的境界》中指出：超越也意味着超越世人（merely human），变成神圣的（divine）或者神一样的（god-like）人。但在这里必小心，不要把这种说法理解为有任何超出人类之外（extra human）或在自然之上（supernatual）的东西。

---

① 〔德〕费尔巴哈：《基督教的本质》，荣震华译，商务印书馆，1997，第 44 页。
② 史铁生：《山顶上的传说》，载《史铁生作品集 1》，中国科学出版社，1995，第 296 页。
③ 沈从文：《潜渊》，载《沈从文全集》（第 12 卷），北岳文艺出版社，2002，第 34 页。
④ 凌宇编《中国现代文学名家研究》，湖南科学技术出版社，2001，第 249 页。
⑤ 张世英：《论超越》，《北京社会科学》1993 年第 2 期。

神是人类最早面临的绝对、无限的事物。神话是在人界与神界、物性与神性的二维结构中实现的人类精神的超越。神话从其发生动因来看，它是先民面对自然界的奴役而做的幻想，是先民针对在世之役使的首次超越。在神话的传播中，它也总是能让人们超凡入圣。中国古代祭祀中的"尸"，原本是生活中的人（一般由男童担任），但进入祭祀环境，他就转化成了祭祀对象——神像。直到如今，即便是很平常的事物，一旦进入某种仪式就会发生神奇的转换：平凡的变成神圣的、自然的变成超自然的。"显然远古的仪式和神话不仅仅是某种观念性的东西，它是一种实践性的意识形态，其基本功能是疏远人们与现实生活的距离，从而实现某种交流和沟通。"①

中国古代的超越性最集中体现为"天"及其属性。汉字"天"为指事字，由"一""大"组成，"大"为四肢伸展之人的形状，"一"表示界限——人的头顶。"天"指超出头顶的深邃空间，是超越"人"的领域。《说文解字》："天，颠也。至高无上，从一、大。""颠"即头顶，头顶是人的至高处，故"天"喻指高远。《释名》云："天，显也。在上高显。"又云："天，坦也。坦然高远。"古人借"天"的超越性来提升人的境界，不论是儒家德化的人生境界，还是道家与道为一的自然境界，都以"天"为最终参照和最高标准。

中国近代化之初，不少学者高扬科学、理性，崇尚实用知识，将神话和宗教信仰视为落后的现象。鲁迅先生从人类精神超越的角度为神话、宗教辩护。

夫人在两间，若知识混沌，思虑简陋，斯无论已；倘其不

---

① 王杰：《古代神话与现代美学——学习马克思〈人类学笔记〉中的美学论述》，《广西大学学报》（哲学社会科学版）1990 年第 1 期。

安物质之生活，则自必有形上之需求。故吠牾（指印度——引者注）之民，见夫凄风烈雨，黑云如盘，奔电时作，则以为因牾罗（印度神话中的雷神——引者注）与敌斗，为之粟然生虔敬念。希伯来之民，大观天然，怀不思议，则神来之事与接神之术兴，后之宗教，即以萌蘖。虽中国志士谓之迷，而吾则谓此乃向上之民，欲离是有限相对之现世，以趣无限绝对之至上者也。人心必有所凭依，非信无以立，宗教之作，不可已矣。……宗教由来，本向上之民所自建，纵对象有多一虚实之别，而足光人心向上之需要则同然。[①]

神话和宗教乃是"向上之民"超越有限和形下向无限和形上的精神奋进。

神、神性作为超越者和绝对者，它具有帮助人类反思自身的有限性从而开启人性的形上之维度的功能。"神性"乃不安于物质生活的人们的内在需求，超越是"向上之民"内在的本性。"内在超越"是理解神性与人性的关系的关键。

人的认识都有局限性，为"地下"人所发现的真理，决不能成为永恒的、普遍的标准。圣-琼·佩斯（Saint-John Perse，1887－1975）出生在法属瓜德罗普岛，岛上的风光熏染了佩斯的性情。他虽出身于一个信教之家，但对基督教及其原罪说并不信奉："我从不觉得自己是完全的基督徒；像岛上那些真正的孩子一样，我生下来就得救了。"[②] 然而，对"神"和"上帝"的拒斥并不妨碍他寻找"神性""绝对"，正是"神性"和"绝对"才能提升人性的高度，借助神性能反观人类的有限性并促使其不断超越自身。他说：

---

① 鲁迅：《破恶声论》，载《鲁迅全集》（第 8 卷），人民文学出版社，1981，第 29 页。
② 转引自秦海鹰《接纳神性，拒绝上帝——两个神秘主义诗人的宗教选择》，《欧美文学论丛》，人民文学出版社，2002。

　　在一切事物中寻找"神性"，这是潜藏在我的全部异教生活中的张力，在一切事物中，我无法容忍人性的限度。这种张力像癌症一样在我心中持续增长，它除了使我具备渴望的资格外，不会使我具备别的资格。也许只有您才能在我的诗作中看到那个使我的视野永远向前延伸的"大海之上的大海"的意义，但对您本人，我真的不想说什么。许多人都热衷于在您面前表现出真诚或虚假的"宗教危机"，我从未有过这样的危机。但我的全部生命都在不断地承受和加剧着精神匮乏的悲剧感，卑微地经受着对于绝对存在的最基本需要的折磨。①

　　"神"的观念产生于人类的童年时代，并经历了复杂的演变过程。早期人类面对严峻的自然条件，感到无能为力，于是想象出了"神"，帮助人类增强信心面对强大的自然力。随着人类的进步，实体意义上的"神"如明日黄花，但人类对不可见的世界的关注，对超越性的事物的信仰依然具有极其重要的价值。

　　神话是借助神话意象和语言符号对超出感觉领域的精神内容予以象征性的表达。神话中的时间、空间、主体无不具有超越性，这种超越性还遗存在后世的观念世界里，如庄子笔下的神人、至人、圣人，都是超越凡尘的人物。

　　藐姑射之山，有神人居焉。肌肤若冰雪，淖约若处子；不食五谷，吸风饮露；乘云气，御飞龙，而游乎四海之外；其神凝，使物不疵疠而年谷熟……之人也，之德也，将磅礴万物以为一，世蕲乎乱，孰弊弊焉以天下为事！之人也，物莫之伤，大浸稽天而不溺，大旱金石流、土山焦而不热。是其尘垢秕

---

① 参见《圣 - 琼·佩斯作品全集》，第 1019 ~ 1020 页。转引自秦海鹰《接纳神性，拒绝上帝——两个神秘主义诗人的宗教选择》，《欧美文学论丛》，人民文学出版社，2002。

糠，将犹陶铸尧舜者也，孰肯以物为事！（《庄子·逍遥游》）

此类神人、真人不论是生活空间还是生存方式都是世俗的另一方面，正是在对世俗的超越中实现了由物向神、由人向神的生成。

随着人类能力的增强，理性的发达，诸神远遁。启蒙运动将神性与人性相对立，近代科学技术极大提振了人类的自信心，"上帝之死"——一切都可以做。同时世界变成了人类认识的对象，世界日益"去神化"，出现如马克斯·韦伯（Marx Weber）所说的"世界的祛魅"（the disenchantment of the world）。欧洲文明从宗教神权社会过渡到世俗社会的现代性转型中，西方传统价值渐渐消解，信仰体系衰微，欧洲文明"笼罩着从未到场的上帝远去的阴影，即上帝的幽暗"①，西方文化出现了精神危机。

欧洲文化危机首先表现在科技理性的僭越，在现代技术的宰制下，物失去了其自身固有的本性和神秘性，变成高度度量化的对象，变成人的欲望的对象。当今社会毫无节制地实现技术化，导致人性的扭曲和扁平化。随着诸神远遁以及"上帝之死"，人的形上维度弱化，面对文化产业、商品化时代的挤压，人的丰富性进一步萎缩。

克服当今的人类危机有许多方法，"神性"在其中承担着不可或缺的功能。一些敏感的艺术家对诸神远遁痛心扼腕，并试图挽回日渐式微的神性，唤醒人们心中被遮蔽的神灵。德国诗人荷尔德林（Friedrieh Holderlin，1770－1843）说："不得不日复一日重新呼唤消失的神性。"（《致苏瑟特·孔塔德》）在《面包和酒》（第7节）中，诗人写道：

① 〔德〕汉斯·昆、瓦尔特·延斯：《诗与宗教》，李永平译，生活·读书·新知三联书店，2005，第293页。

可是朋友！我们来得太迟。诸神虽活着，

但却在高高的头顶，在另一个世界。

他们在那里造化无穷，好像不在乎

我们的存亡，然而天神很爱护我们。

因为脆弱的容器并非总能盛下他们，

只是有时候人可以承受神的丰盈。

天神之梦从此就是生命。然而这迷惘

有益，如眠息，困厄和黑夜诗人坚强，

直到英雄在钢铁摇篮里成长起来，

心已蓄满力量，如从前，与天神相像。

他们随即挟雷声降临。在此期间，我常常

思忖，长眠倒胜过这般苦无盟友，

这般守望，该做什么，在此期间说什么，

我不知道，贫乏的时代诗人何为？

但诗人就像，你说，酒神的神圣的祭司，

在神圣的夜里走遍故土他乡。[①]

　　在神性消失的岁月，连艺术也信息化、技术化了。鲁迅先生提出：“试稽自有文字以至今日，凡诗宗词客，能宣彼妙音，传其灵觉，以美善吾人之性情，崇大吾人之思理者，果几何人？上下求索，几无有矣。”（《摩罗诗力说》）“崇大吾人之思理”在神话以及宗教中体现得尤为充分。在中国文学艺术家中屈原也许算得上少有的能崇大吾人之思理，美善吾人之性情的文学家了，这是否源自他对楚民神秘巫文化的吸收？其问天问地的视界是不是由古老的神话

---

① 〔德〕荷尔德林：《追忆》，林克译，四川文艺出版社，2010，第63页。

开启的呢？神话能助人脱离有限的、相对的现实世界，"以趣无限绝对之至上者"（鲁迅《破恶声论》）。人类借助超越者打开"向上"之路，在不断向上的路途上渐次打开令其惊奇的视界，产生了美和伟大的艺术。艺术不是单纯的"技术"，从审美的角度看，需要一种超越者来崇大人的世界。

> 如果人生不是被一种更高的光辉所普照，在他们的众神身上显示给他们，他们能有什么别的办法忍受这人生呢？召唤艺术进入生命的这同一冲动，作为诱使人继续活下去的补偿和生存的完成，同样促成了奥林匹斯世界的诞生，在这世界里，希腊人的"意志"持有一面神话作用的镜子映照自己。①

神性在敞开人性的过程中，将人性之美释放出来，神能增加人生的美丽。沈从文在《凤子》中写道：

> 在哲学观念上，我认为神之一字在人生方面虽有它的意义，但它已成历史的，已给都市文明弄下流，不必需存在，不能够存在了。在都市里它竟可说是虚伪的象征，保护人类的愚昧，遮饰人类的残忍，更从而增加人类的丑恶。但看看刚才的仪式，我才明白神之存在，依然如故。不过它的庄严和美丽，是需要某种条件的，这条件就是人生情感的素朴，观念的单纯，以及环境的牧歌性。神仰赖这种条件，方能产生，方能增加人生的美丽。②

---

① 〔德〕尼采：《悲剧的诞生——尼采美学文选》，周国平译，生活·读书·新知三联书店，1986，第11~12页。
② 《沈从文全集》（第7卷），北岳文艺出版社，2002，第163~164页。

四　神性与自然美

时至今日，神性对于人类的意义还体现在对外协调人与自然的关系，展现自然之美。

人类与自然相遇，最初的方式是神话，之后才是科学、技术。神话式地接近自然，便将自然万物与人视为有亲缘关系的整体，敬畏自然，亲近自然。

> 原始人并不是以一个希望对事物分类以便满足理智好奇心的自然主义者的眼光来看待自然。他也不是以单纯实用的或技术的兴趣去接近自然。自然对他来说既不是一种单纯的知识对象，也不是他的直接实践的需要的领域。……他的自然观既不是纯理论的，也不是纯实践的，而是交感的（sympathetic）。如果我们没有抓住这一点，我们就不可能找到通向神话世界之路。①

神话应对自然原本不是为了美，然而正是其"交感"的方式催发了自然美。"交感"不同于二元论的对待自然，而是建立起人与世界万物的相互感发。外部世界在原始先民眼中并非对象性的存在，而是与自己一体的。这首先体现在图腾崇拜上。"图腾"（totem）是原始的宗教信仰。"totem"在北美印第安部落中的意思是"它的亲属"。在图腾崇拜的观念下，自然界的某种动物或者植物与自己具有亲缘关系，该自然物是本部落的保护者和象征，受到全体部落成员的爱护和信赖。自然是值得敬服的，这有助于建立起人与

---

① 〔德〕恩斯特·卡西尔：《人论》，甘阳译，上海译文出版社，1985，第105页。

自然之间的和睦关系。

在理性发达之后，自然成了人类征服和改造的对象。特别是近现代工业文明中，技术的飞速发展致使人类改造自然的能力快速提高，导致自然环境的恶化，带来人与自然关系的紧张。但在先民眼中，自然界的景物是充满神性的，令人敬服。大自然是神秘的，有其不为我们认识的一面。借助神，可以调和被科学主义、技术主义弄得极度紧张的人与自然的关系。如果我们将自然当作某种无灵魂的东西，就丧失了精神事物在其中和从其中得到发展的材料。

当代美学的重要领域之一即环境美学。环境美学的兴起固然与生态环境的恶化，人类开始以理性（非科技主义的工具理性）的态度对待自然有关，但环境美学绝非仅仅从实用角度考量和计算，它包含对自然的体认和感情。最强烈的体认和感情则表现为将自然视为神性的存在。北美环境美学的兴起正是借助了土著印第安人的自然观念，即神话式地看待自然的观念：自然万物是有生命的，自然是人类的亲属，自然是人类生命的保护者，自然是我们敬服的对象。体认自然的神性，这是环境美学的最深沉的动因。加拿大环境美学家托马斯·海德认为，自然审美体验不仅是为了获得审美愉悦，而且在某种程度上也可以激发出一种意识，促使我们去保护当前世界上尚存的相对来说未被触动的自然。

英国文化人类学家爱德华·泰勒（Edward Burnett Tylor, 1832 - 1917）搜集了大量有关原始部落的材料和相关文献，提出了"万物有灵"（animism）的假说。在泰勒的观念里，"万物有灵"主要包括两个方面。其一，人有灵魂，灵魂可以离开肉体而存在。其二，除了人以外，世界上任何生物都具有灵性或灵魂。"在记述亚洲和欧洲阿尔泰语系部落的万物有灵观哲学的时候，卡斯特林说，每一块土地、每一座山岳、每一面峭壁、每一条河流、每一条小溪、每一眼源泉、每一棵树以及世上的一切，其中都容有特殊的精灵。"①萨满教信仰万物有灵，认为人死后灵魂以另一种方式生活在世界上，并在梦中与活着的人交流。信仰萨满教的民族认为，神无处不在，日月、山川、草木、岩石、动物等无不具有灵魂，并对之加以崇拜。

荷兰哲学家斯宾诺莎（1632～1677）从哲学思辨的立场分析了原始初民体验到的自然即神。斯宾诺莎反对基督教神学将自然视为上帝的产物，将自然与神相分离的做法；他将自然和神统一起来，不把神同自然分开，"我对于神和自然有一种不同于近代那些基督徒所主张的观点。我认为神是万物的内因，而不是外因"。他采取了一种泛神论（pantheism）的理论形式来表达他的所谓的神："神即自然"，自然即神。他认为神是无限圆满的唯一实体，一切事物都存在于神之内。神、神性流溢于自然中，自然便不仅指物质的世界，也是物质以外的无限的东西，具有无限的属性。"自然是通过其自身，而不是通过任何其他事物而被认识。它是由无限属性所组成，其中每个属性在其自类中皆是无限的和完满的。存在属于它的本质，所以在它之外不存在有任何其他的本质或存在。因而它同唯一伟大的神圣的神的本质是完全一致的。"②

在审美活动和艺术生产中也常常看到自然的神圣与庄严。神性的自然及其内部流动着的生命之力（conatus）以其自身的节律存在着、变化着，不以人的喜好而转移。在神圣的自然面前，在永恒的自然秩序中，人类不过是沧海一粟。里尔克在《沃尔普斯维德》导言中指出大自然逸出人类文明之外的神圣与庄严，人类自认为是自

---

①　〔英〕爱德华·泰勒：《原始文化：神话、哲学、宗教、语言、艺术和习俗发展之研究》，连树声译，上海文艺出版社，1992，第553页。

②　〔荷〕斯宾诺莎：《神、人及其幸福简论》，洪汉鼎、孙祖培译，译林出版社，2012，第273页。

然的主人，然而，与自然的神奇、博大相比，人类这个"主人"显得渺小得多。

我们承认，风景对于我们是陌生的。身处吐露芬芳的树林中或潺潺的溪水间，人感到无比的孤独。……它对于我们毫不理会，熟视无睹，只顾庆祝自己的节日，而我们就像一群讲外语的不速之客，悻悻旁观着它的欢庆。当然，有些人可能会提出我们与大自然的渊源，说我们源自于它，说我们是这棵挺拔高大的树干上结出的最后一批果实。我们却也无法否认，倘若我们从自己发源的那一根树枝开始，一根枝干一根枝干、一个枝桠一个枝桠地向下清点我们很快就会迷失在一片黑暗当中。在这片黑暗中，栖踞着已绝迹的巨兽和充满敌意与仇恨的怪物，我们越回溯得远，遇见的生物就越发陌生和残忍，所以，我们不得不认识到，深藏于万物之后的大自然才是最最残酷和最最陌生的。即便是人类与自然几千年来的交往也改变不了这个事实。因为，这种交往相当片面。我们改造自然，我们谨慎地将一小部分自然力加以利用，而大自然对此似乎总是毫不知晓。我们在某些方面促使它的生机更加旺盛，而在另一些方面，又用城市的马路扼杀正在泥土中跃跃欲出的蓬勃春机。我们将河水引入工厂，河水却毫不了解自己推动的机器为何物。我们像玩火的儿童，与叫不出名的阴暗力量玩耍，在一瞬间，我们觉得，仿佛所有能量以前都白白可惜地伏在万物体内，直到我们来把它们消耗在自己短暂的生命中，满足我们的种种欲求。但是，几千年来，这些力量一次又一次甩掉我们给它们取的名称，像被压迫者一样起来反抗它们渺小的主人。其实，这根本算不上什么反抗，——它们只是站起来罢了。于是，文明从大地肩膀上跌落，大地重新变得广阔，它又独自与它的海

洋、森林和星辰相守了。……①

"自然"（nature），我们现在一般理解为日、月、山、河、花、鸟、虫、鱼等自然物，以及自然物的集合——自然界。然而，据海德格尔的考证，古希腊人的"自然"（physis）一词与后来英语世界的 nature 不同，它并非某种现成的自然物，而是对存在者整体本身的揭示。"physis 这个词说的是什么呢？说的是自身绽开（例如，玫瑰花开放），说的是揭开自身的开展，说的是在如此展开中进入现象，保持并停留于现象中。"② physis 是从自身中绽放的状态，它无所促逼地涌现、生成，又寂然返回自身之中。physis 的运作是明—暗、显—隐的张力关系。这与中国原始道家的"道法自然"概念相似。自然不是实体化的自然物，而是万物自身原本的样子，寂兮寥兮，独立而不改。从自身绽放，如其所是地存在，这意味着physis 逸出了人的认识视角，超越了人的偏狭意见。它不是认识的对象，更不是我们利用的某种具有实用价值的事物。因此，自然是神秘的、神圣的、庄严的。"一切生成的现象，不是人为的，而是由神来置，它常常是合理的，宽容的，美的"。③

然而，现代人，特别是理性化的人仅仅以实用和理性的眼光看待自然，只看到人类几百年来改造过的表象，对自然深处的神性却无法感知。"他几乎只专注于人，他的眼光只是顺带瞟一瞟自然，他把它视作某种天经地义的财产，必须尽量彻底地利用。"④

在西方近代文明进程中，浪漫主义率先以超越理性的态度观照自然界，在自然界中重新发现了神和神性。在古希腊，诗人像神一

① 〔奥〕里尔克：《里尔克散文》，叶廷芳选编，人民文学出版社，2008，第 133～134 页。
② 〔德〕海德格尔：《形而上学导论》，熊伟、王庆节译，商务印书馆，1996，第 16 页。
③ 《沈从文全集》（第 7 卷），北岳文艺出版社，2002，第 123 页。
④ 〔奥〕里尔克：《里尔克散文》，叶廷芳选编，人民文学出版社，2008，第 135 页。

样创造，他们给万物命名，具有神圣的地位。七弦竖琴既属于阿波罗，也属于头戴紫罗兰花冠的缪斯女神，"被她们赋予灵感的人远比任何祭司都更加神圣"。[1] 荷尔德林身处诸神远遁的时代，却不停地呼唤神性，在自然中感受神秘的力量和"圣美"。

> 于是诗人们处于适宜气候中
> 自然的轻柔怀抱培养诗人们
> 强大圣美的自然，
> 它无所不在，令人惊叹
> 但决非任何主宰。[2]

诗人在精神上与古希腊的世界相贯通，他们在大地上的万物中感受神性。如荷尔德林的《许佩里翁》中神性的风：

> 就这样鸢飞鱼跃，每一个生命奔向神性的空气，甲虫、青燕、白鸽和鹳鸟熙熙然，高下追逐，驰骛往来，对于大地上固定的东西，脚步变成了飞翔，骏马疾驰过沟壑，麋鹿飞跃过栅栏，鱼儿游出海底，蹦出水面。母亲般的空气沁入万物的心，举起它们，把它们揽入怀中。
>
> 人们走出家门，奇妙地感觉到这精神的吹拂，它如何轻轻撩动额上的细发，它如何使光线清凉，人们愉快地解开衣衫敞开胸襟，呼吸得更甘美……
>
> 如火如荼的精神，活在我们心中并统帅我们的心，啊，精

---

① 〔美〕依迪丝·汉密尔顿：《神话：希腊、罗马及北欧的神话故事和英雄传说》，刘一南译，华夏出版社，2010，第 31 页。
② 〔德〕荷尔德林：《如当节日的时候》，转引自孙周兴《说不可说之神秘》，上海三联书店，1994，第 195~196 页。

神的姊妹，神圣的清风！这是多么美，无论我走到哪里，你都
陪伴着我，普遍的现在，不朽！

这高尚的元素与孩子们玩得最美。

它悠闲自在地哼唱，一支没有节拍的歌滑出嘴唇，一种欢
畅发自敞开的喉咙；有的伸展自己，有的跃向高空；而另一位
则专心地信步漫游。

这一切是一种安宁的存在的语言，这一切是一种对令人神
驰的清风的爱抚的回答。①

美国生态美学家约翰·缪尔（John Muir，1838 – 1914）出生于
英国苏格兰东洛锡安的邓巴镇（Dunbar），1849 年随父母移民到美
国威斯康星州伯蒂奇附近的农场。他自孩提时代起就酷爱一切野性
的东西，在荒野领受一份自然教育。缪尔在威斯康星大学接受的自
然史教育和自然文学作品的浸润熏陶，又激发了他对大自然的热
爱。自然界的一切在缪尔心目中无不具有神性，其生态文学作品
《夏日走过山间》（*My First Summerin the Sierra*）展示了位于加利福
尼亚的塞拉山的奇景，在塞拉山的荒野中，一切都充满灵性，他在
旷野中看到了神，看到了人类的希望。缪尔在大自然中感受到生命
的一体，他把植物称作"植物的人们"（plant people），把动物称作
"我的有毛的兄弟"（my hairy brothers）。这显然有北美印第安部落
自然观的影响。西方当代环境美学家注意到神话、民间传说在环境
审美中的作用，神话思维的基本特性就是人与万物的亲缘关系，它
帮助现代人克服人类中心主义、功利主义、理性主义等对待自然的
偏狭态度。

---

① 〔德〕《荷尔德林文集》，戴晖译，商务印书馆，1999，第 46 ~ 47 页。

　　　大自然的一切与我们是如此的契合，好像是我们的部分和
　母体。阳光不再盘旋于我们头上，而是在我们心中照耀。河流
　不再从我们身边流过，而是在我们的身体里流过，让我们身体
　的每一根纤维、每一个细胞都兴奋颤抖，让它们流泻、歌唱。
　绿树在我们的肉体和心灵里茁壮，花儿在身躯和灵魂中开放，
　鸟的歌唱、风的欢吟、大山里岩石的隆隆，都是我们自己的
　歌，唱出了我们心中的爱。①

这是超越了现代主体哲学的"人"的本真的生存者，他不再是被设
想为无须关联他者的"主体"，而是在天地人神一体化中运作的亲
历者。当此之时，审美和伦理融为一体，人不再是自然的主人，而
是看护者。可是现代大多数人已经感受不到自然的神性了，缪尔
感叹，那些垂钓者面对神圣的山水，"他们竟然在约塞米蒂的圣
殿里堂而皇之地把自己的快乐寄托在这些不断挣扎的可怜的鱼儿
身上"。②

　　自然的神性可以超越人的认识和情感的扰动，恢复自然万物自
身的本性，从这个意义上讲神性即物性，它是值得我们敬服的事
物，不单单是工具性的存在。美国思想家、超验主义者拉尔夫·沃
尔多·爱默生（Ralph Waldo Emerson，1803－1882）认为自然是
"超灵"（the Over-Soul）的显现，自然界的一切无不具有神圣的威
仪和秘密。"大自然从不表现出贫乏单一的面貌。最聪明的人也不
可能穷尽它的秘密，或者由于寻找出它所有的完美而丧失自己的好
奇心。对于智者来说，大自然绝不会变成玩具。"③ 人在美丽的自然
面前只合膜拜。"星空唤起一种敬畏感，因为尽管它们始终在那儿，

---

① 〔美〕约翰·缪尔：《在上帝的荒野中》，毛佳玲译，哈尔滨出版社，2005，第 2 页。
② 〔美〕约翰·缪尔：《夏日走过山间》，纪云华等译，当代世界出版社，2005，第 79 页。
③ 〔美〕《爱默生集》（上），赵一凡等译，生活·读书·新知三联书店，1993，第 8 页。

但却无法接近。所有的自然客体都是这样，如果我们敞开心胸接受它们的影响。自然从不裹着意义的外衣……它绝不会变成某个理性精神的玩具。"①

　　自然成为美的对象不单单是因其感官形式或外观，也不单单是人类对它的认知，而是基于生命一体感，以及由此而来的某种神秘的气氛。我们只要比较一下粗浅的游记与优秀的文学作品就能明白这个道理，粗浅的游记只是记录感官所见或书籍上介绍的相关知识，而优秀的文学作品会借助作家的审美体验写出自然的神韵和尊严。

海拉斯与水仙们

　　注：〔英〕约翰·威廉姆·沃特豪斯（John William Waterhouse, 1849 -
1917），希腊神话中的"宁芙"（Nymph）是自然女神，常出没于山林、
河池。

五　神与艺术的意味

　　审美的领域是一个充满神性的领域，艺术的形而上的意味往往

---

① 〔美〕《爱默生集》（上），赵一凡等译，生活·读书·新知三联书店，1993，第8页。

凭借神性。德国美学家谢林指出："神的理念对艺术来说不可或缺，绝对者在限制中显现同时绝对者并没有遭到扬弃（Aufhebung）这一矛盾只有在神的理念中才能得到解决。"①

神使有形质的造物具有灵魂，于是为艺术的发生提供了动能，艺术就是发生于神性的意蕴中。缪斯女神成就了诗歌，酒神狄俄尼索斯产生了古希腊的悲剧。黑格尔指出，"艺术首先要把神性的东西当作它的表现中心"。②

古希腊艺术主要是展示神灵的舞台。原始部落的岩画，中世纪的绘画雕塑，乃至文艺复兴时期的艺术依然闪耀着神的光辉。

中国古代艺术的发生是娱神的歌舞，传说中"葛天氏之乐"也是沟通神人的"巫乐"。在最早的典籍《虞书·舜典》中也还有曲折的记载。

> 帝曰："夔！命汝典乐，教胄子，直而温，宽而栗，刚而无虐，简而无傲。诗言志，歌永言，声依永，律和声。八音克谐，无相夺伦，神人以和。"夔曰："於！予击石拊石，百兽率舞。"

借助歌舞，巫师进入一种神话性的精神状态。约瑟夫·坎贝尔较详细地描述非洲原始部落的歌舞与神话的联系。

> 世界上现存最原始的民族（快要灭绝了）是南非的布希曼人（bushman），他们是大草原上的猎人。他们晚间的活动常常

---

① SCHELLING. Werke Auswahl in drei Bänden, *Herausgegeben von Otto Weiss.* Leipzig：Fritz Eckardt Verlag，1907，p. 39，转引自张园《谢林神话学说的现代性突围》，《求是学刊》2010 年第 3 期。

② 〔德〕黑格尔：《美学》（第 1 卷），朱光潜译，商务印书馆，1979，第 223 页。

是跳舞。男性会围成一个圆圈跳，女性则坐在圆圈中间，给跳舞的人打拍子。那些男性僵直身体一直跳一直跳，期望可以进入出神恍惚的状态。而他们其中一些，很容易透过跳舞进入这种被称为萨满式精神危机的状态，那事实上是进入潜意识的状态。从这些人事后的描述，可以知道他们在出神恍惚状态中所看到的事物——例如看到自己从太阳垂下来的绳索爬到天上去——完全是神话性的。布希曼人的全部神话，就是发源于这种内在的体验，后来又扩大为整族人的神话。并不是每个布希曼男人都能进入这种状态，但那些没有进入过这种状态的人却可以从进入过的人那里获得信息。这种体验，你在西伯利亚和南美洲都可以找到。不管是西伯利亚还是南美洲的萨满巫师，都有一个相通的地方，那就是，他们声称，他们之所以成为巫师，最初是因为听到一首让他们感到神魂离体的歌。①

西方启蒙运动之后，人开始取代神走上艺术的前台，成为艺术的主角。主体的张扬从而挣脱了人与自然母体的联系，现代理性崇拜将神驱逐他乡，一切被客观化、功能化和程序化了，人失去了对神圣者、神秘者的敬仰。德国哲学家雅斯贝尔斯在论及现代的精神危机时指出。

由于每日新闻报刊、现代旅行、电影、无线电等等在技术上征服了时空，世界范围的交往已成为可能。不再有什么事情是遥远的、神秘的、不可思议的。所有的人都可以成为伟大的或重要的事变的目击者。……代表这个世界的精神态度已被称

---

① 〔美〕菲尔·柯西诺主编《英雄的旅程：与神话学大师坎贝尔对话》，梁永安译，金城出版社，2011，第68~69页。

为实证主义。实证主义者不想高谈阔论，而是要求知识；不想沉思意义，而是要求灵活的行动；不是感情，而是客观性；不是研究神秘的作用力，而是要清晰地确定事实。①

这种精神的衰退是与诸神的远遁同步的。尼采在《悲剧的诞生·前言》中以十分严肃的态度探讨艺术和美学，试图借助古希腊神话，使德国的民族精神得以重建。在尼采看来，日神阿波罗和酒神狄俄尼索斯两者的汇合，诞生了悲剧这种艺术形式，甚至可以说诞生了整个艺术本身。

　　就像欧里庇得斯在《酒神侍者》中所描写的那样，正午，阳光普照，他醉卧在阿尔卑斯山的草地上。这时日神走近了，用月桂枝轻触他。于是，醉卧者身上酒神和音乐的魔力似乎向四周迸发出如画的焰火，这就是抒情诗，它的最高发展形式被称着悲剧和戏剧性酒神颂。②

在审美活动中，在艺术生产领域，"神""神性"发挥着重要的功能。"美学"作为感性之学固然离不开其感性形象。然而，美不仅仅是具体的形象，还有形而上的意味。艺术往往需要借助超越的视线将人们从日常生活转化到艺术世界。英国美学家克莱尔·贝尔指出：

　　艺术把我们从人的活动世界提高到审美升华的世界。刹那

---

① 〔德〕卡尔·雅斯贝尔斯：《时代的精神状况》，王德峰译，上海译文出版社，2008，第17页。
② 〔德〕尼采：《悲剧的诞生——尼采美学文选》，周国平译，生活·读书·新知三联书店，1986，第18页。

间，常人的兴趣脱离了我们；我们幽禁了期待和记忆；我们超然于生活之流。①

"神"是超越者，神、神性展示了超验之美。感性世界的美因为有了超越者才具有了美质。艺术源自绝对者，艺术源自神，"神"引导艺术家超越形象的有限性，趋向敞开的意义世界。

在艺术活动中，优秀的艺术家往往屏蔽掉自己的主观意念而凝神于事情本身，这样克服了个体偏狭的"意见"，让世界"如其所是"的呈现，这便是刘勰所谓的"自然之文"。中国古代文论家刘勰认为"文"是"道"的显现，"道"是至大无外的，《文心雕龙·原道篇》指出"文之为德也大矣!"，"道"与"神"都是超越者。"神"往往指事物本身所具有的超越人的认识的本性，是事物本身难以让人接近的复杂性，它能克服概念化的创作，它可帮助人们超越认识论，展示更复杂的审美世界。

世界上伟大的艺术总是蕴含着神性和秘密。里尔克说：

> 塞尚把苹果放置在床单上，苹果中间摆上酒瓶或者别的伸手可以拿得到的物品。像凡·高一样，他把这物品当作他的"圣者"。他强迫这物品变得美丽，体现出整个世界，一切幸福和全部庄严来。②

中国当代诗人海子将诗人分为两类：一类诗人热爱生命，但他热爱的是生命中的自我；另一类诗人热爱景色，特别是热爱"景色中的灵魂"和"风景中大生命的呼吸"。荷尔德林就是这后一类

---

① 〔英〕克莱尔·贝尔，转引自〔美〕W. D. 欧文斯《海德格尔的艺术哲学》，李河译，《哲学译丛》1990 年第 4 期。

② 〔奥〕里尔克：《论塞尚》，《国际诗坛》（第三辑），漓江出版社，1987，第 239 页。

诗人。

> ……这就是荷尔德林的诗歌。这诗歌的全部意思是什么？要热爱生命不要热爱自我，要热爱风景而不要仅仅热爱自己的眼睛。这诗歌的全部意思是什么？做一个热爱"人类秘密"的诗人。这秘密既包括人兽之间的秘密，也包括人神、天地之间的秘密。你必须答应热爱时间的秘密。做一个诗人，你必须热爱人类的秘密，在神圣的黑夜中走遍大地，热爱人类的痛苦和幸福，忍受那些必须忍受的，歌唱那些应该歌唱的。[①]

泰戈尔也是这样的诗人，对泰戈尔而言，"神"是绝对者，像"光明"遍照大地，广袤无边；"神"像"国王""父亲"，充满威严；同时，"神"也是"朋友""情人"，亲切动人。《飞鸟集》中，"神"（God，god）一共出现了22次。神是伟大的创造者，与伟大的神相较，人类的一切不过是微尘，"你的偶像委散在尘土中了，这可证明神的尘土比你的偶像还伟大"。[②]"神是我们经验中的原物质，而不是我们需要证实的假设或劝人相信的现存事实。我们感知到神的存在，就像我们感觉到光的存在一样。"[③]

如果说荷尔德林是最富神性的诗人，那么钟爱荷尔德林的海德格尔就是最推崇神性的美学家。海德格尔盛赞荷尔德林是诗人中的诗人，因其诗歌流溢着神性。海德格尔的艺术理论也充满神性。在《艺术作品的本源》一文中，海德格尔指出，艺术是发生在作品中的大地与世界的冲突，"作品把大地本身挪入一个世界的敞开领域

---

① 海子：《我热爱的诗人——荷尔德林》，《世界文学》1989年第2期。
② 〔印〕泰戈尔：《新月集 飞鸟集》，郑振铎译，湖南人民出版社，1981，第75页。
③ 转引自〔印〕V. S. 纳拉万《泰戈尔评传》，刘文哲、何文安译，重庆出版社，1985，第54页。

中，并使之保持于其中。作品让大地成为大地"。① 艺术作品是一种纯然之"物"（thing），这个"物"不是流俗意义上的实体及其属性，不是被感官感知的现成对象，也不是被形式包裹着的质料。海德格尔力图"让物栖居于自身之中，回到它的物的存在之中"。海德格尔借助词源学考察恢复物的物性，物不再指现成的对象，"物"的本质就是"聚集"（versammelung）。物是开放着又隐匿着的"聚集"。海德格尔后期提出天、地、人、神"四重整体"。在这里，"天"是精神的敞开空间；"地"是作为涌现者的"自然"；"人"是守护者神圣宿命的赴死者；"神"是"神性的暗示者的使者"，"是通过对神性隐而不显的动作，神显现而成其本质。诸神是神性暗示的使者，神不是人借以逃避存在的庇护所，而是将人引向存在自身的本质"。② 在四者的相互映射中，世界（welt）显现出来。海德格尔的"物""世界"都是神的居所，充满神性。因而，艺术也是神性的世界，"诗人命名神圣者"（das Heilige）③，诗人是"半神"。"艺术也可以被设想为文化事业的一个区域。但这样说来，人们就对艺术的本质毫无了解。就其本质来说，艺术乃是一种供奉和一个宝藏，在其中，现实把它一直隐而不显的光彩常新地馈赠给人，使得人在这种光亮中更纯粹地直观和更清晰地倾听那允诺给他的本质的东西。"④

中国现代作家沈从文生活的湘西世界保留了苗族和楚国的神巫传统。与中原地区重视人伦重视理性不言"怪力乱神"相反，楚地保留了上古的巫风。《汉书·地理志》："楚有江汉川泽山林之

---

① 〔德〕海德格尔：《林中路》，孙周兴译，上海译文出版社，1997，第30页。
② 〔德〕海德格尔：《筑·居·思》，载孙周兴选编《海德格尔选集》（下卷），上海三联书店，1996，第1192页以下。
③ 〔德〕海德格尔：《路标》，孙周兴译，商务印书馆，2000，第364页。
④ 〔德〕海德格尔：《演讲与论文集》，孙周兴译，生活·读书·新知三联书店，2005，第38~39页。

饶……信巫鬼，重淫祀。"这种浓郁的神秘文化氛围诞生了以屈原的《楚辞》为代表的神性的颂歌。王逸《楚辞章句》言："昔楚国南郢之邑，沅、湘之间，其俗信鬼而好祠。其祠，必作歌乐鼓舞以乐诸神。屈原放逐，窜伏其域，怀忧苦毒，愁思沸郁。出见俗人祭祀之礼，歌舞之乐，其词鄙陋，因作《九歌》之曲。"这种神秘文化传统进入现代之后渐渐远去，世界被商品和机巧所充斥，沈从文为之叹息。"我还得在神之解体的时代，重新给神作一种赞颂。在充满古典庄严与雅致的诗歌失去光辉和意义时，来谨谨慎慎地写最后一首抒情诗。"① 在沈从文的作品中，神性流溢于万事万物，"声音颜色光影的交错，织成一片云锦，神就存在于全体"（沈从文《凤子》）。在常人看来习以为常的景物、场景，在沈从文笔下都流溢出神性。

> 这黄昏，真是动人的黄昏！我的小船停泊处，是离城还有一里三分之一地方，这城恰当日落处，故这时城墙同城楼明明朗朗的轮廓，为夕阳落处的黄天衬出。满河是橹歌浮着！沿岸全是人说话的声音，黄昏里人皆只剩下一个影子，船只也只剩个影子，长堤岸上只见一堆一堆人影子移动，炒菜落锅的声音与小孩哭声杂然并陈，城中忽然当的一声小锣，唉，好一个圣境！②

神性并非自在，而是需要去发现。沈从文能以超出习常的态度和眼光，向生命的深渊漫溯，去发现神迹。

> 墙壁上一方黄色阳光，庭院里一点草，蓝天中一粒星子，

---

① 《沈从文自传》，江苏文艺出版社，1995，第 264 页。
② 《沈从文别集　湘行集》，岳麓书社，1992，第 114 页。

人人都有机会看见的事事物物，多用平常感情去接近它，对于我，却因为常常和某一个偶然某一时的生命同时嵌入我印象中，它们的光辉和色泽，就都若有了神性，成为一种神迹了。不仅这些与偶然同时浸入我生命中的东西，各有其神性，即对于一切自然景物的素朴，到我单独默会它们本身的存在和宇宙彼此生命微妙关系时，也无一不感觉到生命的庄严。花木为防卫侵犯生长的小刺，为诱惑关心而具有的甜香，我似乎都因此领悟到它的因果。一种由生物的美与爱有所启示，在沉静中生长的宗教情绪，无可归纳，因之一部分生命，就完全消失在对于一些自然的皈依中。①

万物具有神性。中国古代思想家认为，"神也者，妙万物而为言者也"（《周易·说卦》）。此处的"神"不是实体，而是事物蕴含的不为人知的功能和属性。韩康伯《周易注》云："于此言'神'者，明八卦运动、变化、推移，莫有使之然者。神，则无物；'妙万物为言'也，则雷疾风行、火炎水润，莫不自然相与变化，故万物既成也。"李光地《周易折中》："帝者，神之体；神者，帝之用。故主宰万物者，帝也；所以妙万物者，帝之神也。""阴阳不测之谓神。"（《周易·系辞上》）韩康伯注云："神也者，变化之极，妙万物而为言，不可以形诘者也，故曰'阴阳不测'。""神"是万物神妙的隐秘存在。"阴阳不测之谓神"就是阴阳变化不可测度，无比复杂，此时所说的"神"就是神妙的意思。"神"是万物变化所由之理。《周易折中》引梁氏寅曰："阴阳非神也，阴阳不测者神也，一阴一阳，变化不穷，果孰使之然哉，盖神之所为也。"

"神""神妙"作为事物的精微状态和隐秘变化，具有溢出人

---

① 《沈从文全集》（第12卷），北岳文艺出版社，2002，第120页。

类认识范围的特性，它直指事物"本身"，往往是不可知的。"圣而不可知之谓神。"（《孟子·尽心下》）按照海德格尔的理解，"神"是存在的真理的显现，"神圣者的本质只有从存在的真理才思得到。神性的本质只有从神圣者的本质才可以思"。[①]

"神"作为事物的精微状态，它往往与"形"相对应，特别是在艺术生产领域，它用来指称艺术活动中超越感官的审美直觉，特别是精神的一种集中状态；它也用来指称艺术表现及其产品中的超越有限表现形式的"意义世界"。在庄子笔下，庖丁解牛"以神遇而不以目视"，"神"与感官之一的"目"相对应。《庄子·达生》中讲述的佝偻者之所以能够轻松自如地粘住蝉翼，就是因为"凝于神"。凝神是人的注意力集中的状态，"凝神"也可以说是"出神"，它排除了私我的各种现成的观念的干扰，与事物合而为一，沉浸在自由的创造之中。庄子的得道者大多进入这种状态。

> 梓庆削木为鐻，鐻成，见者惊犹鬼神。鲁侯见而问焉，曰："子何术以为焉？"对曰："臣工人，何术之有！虽然，有一焉。臣将为鐻，未尝敢以耗气也，必齐（斋）以静心。齐三日，而不敢怀庆赏爵禄；齐五日，不敢怀非誉巧拙；齐七日，辄然忘吾有四枝形体也。当是时也，无公朝，其巧专而外骨（滑）消，然后入山林，观天性；形躯至矣，然后成见鐻，然后加手焉，不然则已。则以天合天，器之所以疑神者，其是与！"（《庄子·达生》）

中国哲学和美学领域一直有关于神形的讨论。《淮南子》："以神为主者，形从而利。"神是"君形"者，是评定艺术优劣的最核

[①] 〔德〕海德格尔：《关于人道主义的书信》，载孙周兴选编《海德格尔选集》（上卷），上海三联书店，1996，第382页。

心指标。"画西施之面，美而不可悦。规孟贲之目，大而不可畏，君形者亡焉。"（《淮南子》）在艺术领域，顾恺之重视"神"对"形"的统领，提出"传神论"，"以形写神"。"顾长康画人，或数年不点目睛。人问其故，顾曰：'四体妍蚩，本无关于妙处，传神写照正在阿堵中'。"（《世说新语·巧艺》）在书法评论中，以"神"这一概念论书者非常普遍，如南朝齐王僧虔《笔意赞》中便有"书之妙道，神彩为上，形质次之"，唐代张怀瓘《书议》中也有"风神骨气者居上，妍美功用者居下"。中国美学中的"神""神韵"也属于神性之列。当然，艺术领域的"神"也需要借助"形"加以表现，"凡言神，亦必待形然后著，不得形，神何以见？"（张载《横渠易说》）

第二节　神话与审美意识

人类学和儿童心理学的相关理论告诉我们，在审美观念产生之前就存在人类的审美活动，譬如，审美注意在心理活动中是先于指称功能的；含混复杂的原始直觉或者说生存形态的审美活动是先于观念形态的审美理论的。因此，探寻审美意识是美学研究的重要领域，甚至是基本前提。法国现象学美学家杜夫海纳（Mikel Dufrenne，1910－1995）在《美学与哲学》中指出，审美经验、审美意识在人类文明中具有基础性、本源性地位。

在人类经历的各条道路的起点上，都可能找出审美经验：它开辟通向科学和行动的途径。原因是：它处于根源部位上，处于人类在与万物混杂中感受自己与世界的亲密关系的这一点上；自然向人类显出真身，人类可以阅读自然献给他的这些伟大图像。在自然所说的这种语言之前，逻各斯的未来已经在这相遇中着手准备了。创造的自然产生人并启发人达到意识。①

审美和艺术活动几乎是与人类相伴而生的，自从有了人类，就有了审美意识和审美活动。美国人类学家弗朗兹·博厄斯指出：

> 世界上任何民族，不论其生活多么艰难，都不会把全部时间和精力用于食宿上。生活条件较丰实的民族，也不会把时间完全用于生产或终日无所事事。即使最贫穷的部落也会生产出自己的工艺品，从中得到美的享受，自然资源丰富的部落则能有充裕的精力用以创造优美的作品。②

甚至可以认为审美是人类的一种近乎本能的活动，审美活动的发生并不一定是主体有意识的行为，而是一种本能的活动。"审美表现的冲动是人类本性中原始的或基本的性质，这一性质对史前人、原始人和现代人文明人而言基本上相同。"③ 约瑟夫·坎贝尔在《神话的力量——在诸神与英雄的世界中发现自我》一书中指出：

> 关于美这个问题，这种美是刻意造成的吗？还是某种很自然地表现出美丽的灵魂？鸟儿的歌声之美是故意造成的吗？还是它只是在表达鸟儿本身，即鸟儿灵魂之美？我在看这种艺术作品时常常回想起这些问题。那种所谓艺术家的动机，表现到

---

① 〔法〕米盖尔·杜夫海纳：《美学与哲学》，孙非译，中国社会科学出版社，1985，第8页。
② 〔美〕弗朗兹·博厄斯：《原始艺术》，金辉译，贵州人民出版社，2004，第5页。
③ 〔美〕罗伯特·戈德沃特：《现代艺术中的原始主义》，殷泓译，江苏美术出版社，1994，第25页。

什么程度，我们才会说那是"美学"？到什么样的程度，我们才会说那是"有含义的"？又要到哪种程度，洞穴艺术只是他们学习去表达的对象？一只蜘蛛结了一张美丽的蜘蛛网时，这份美来自蜘蛛的天性，那是一种本能的美。①

审美经验、审美意识的"起源"问题历来纷争不断。有劳动说、模仿说、情感说、游戏说、巫术说、符号说、积淀说等。原始审美意识作为精神、心理现象已经无法重现了，但作为审美意识的物化形式并未完全消失，通过人类早期活动的遗存物来阐释审美意识的发生是一个重要的路径。在人类早期活动的遗存物中，神话及其相关产物，如原始艺术是重要的凭证。原始神话积淀着原始审美意识，通过对神话、巫术、图腾和原始艺术等遗存物的分析、理解，能够大致了解审美意识的萌生与发展。神话中蕴含丰富的审美经验。

一　神都是爱美的

我们翻开神话传说，能发现其中蕴含大量人类早期的审美信息，希腊神话是这方面的典型。马克思在论及希腊神话时，就提到神话及神灵崇拜与美、艺术的关系。"这些神灵之受到尊敬，是由于它们的美丽、它们的庄严和它们优秀的本性，而不是由于人们对它们有什么贪图。""不过这些神并不是伊壁鸠鲁的虚构。它们本来就存在着。这是希腊艺术塑造的众神。"②

原始人类对美的追求（尽管常常是无意识的）映射到众神身

①〔美〕约瑟夫·坎贝尔、比尔·莫耶斯：《神话的力量——在诸神与英雄的世界中发现自我》，朱侃如译，浙江人民出版社，2013，第110页。

②《马克思恩格斯全集》（第40卷），人民出版社，1982，第215页。

上，体现为众神对美的追求。在荷马史诗《伊利亚特》中，一场旷日持久的特洛伊战争就源于众神对"美"的角逐。

主神宙斯追逐海洋女神忒提斯，但神谕告诫宙斯，将来忒提斯的儿子会比他父亲力气更大，宙斯害怕了，便将忒提斯嫁给英雄珀琉斯。在珀琉斯的婚礼上，众神和诸多客人受到了宴请，唯独不和女神厄里斯（Eris）没有受到邀请。厄里斯决意报复，便将一个金苹果投向人群，上面写有"唯最美者得之"。众神为了得到"最美者"的头衔纷纷参加争抢，最后的较量发生在天后赫拉、智慧女神雅典娜和爱神阿芙洛狄忒三者之间。

〔法〕克劳德·洛兰（Claude Lorrain，1600－1682）
《帕里斯的评判》

宙斯为了避免麻烦，就将美的裁量权信手交给了在爱达山下放牧的一位青年。三位女神在宙斯的信使赫耳墨斯的带领下来到特洛伊平原。她们在赞萨斯河沐浴净身，涂香玉体，整理秀发，接受牧羊青年的评判。为了增加获胜的砝码，赫拉许诺给牧羊青年权力，雅典娜许诺给他智慧，阿芙洛狄忒则答应给他世上最美的女人——

海伦——的爱情。结果阿芙洛狄忒得到了金苹果，赫拉和雅典娜拂袖而去。诸神争美引发了人间十年之久的特洛伊战争。正如奥德修斯历尽千辛万苦回到故乡时，妻子皮奈洛普所说："我们的一切不幸都是神们拨弄了，他们私心忌美。"①

主神宙斯更是在美女面前不能自拔。这也被赫拉所利用，将美作为最强大的武器。当希腊联军快要被特洛伊联军赶下大海之时，海神波塞冬想帮助希腊人，但又担心坐在山顶的宙斯的监视和惩罚，这时赫拉决定帮助希腊人，其方法是：把自己打扮得漂漂亮亮，去迷惑宙斯，让其进入梦乡。她用香料涂抹身体，精心打扮。史诗中是这样描述赫拉是如何展示美，以迷惑宙斯的：

> 再梳好头发，亲手把她那光亮的绺发结成若干发辫，让这些具有神圣美的辫子从她那不朽的头向下垂挂。其次她穿上一件芳香的和材料细致的长衫，这是灵巧的雅典娜给她做的，上面绣有许多花纹。她用若干金针把长衫扣在胸前，腰间束一条围带，带上有成百的流苏飘垂。她的两个穿孔的耳朵戴了一对耳环，每个耳环有三个坠子，晶莹闪亮。她头束一条美的新头巾，亮得像太阳一样。最后这位女神把一双美好的带履绑在她那光亮的脚上。②

赫拉所展示的美不仅在外貌漂亮和装束的华美，还有生命的热力与欢愉。这种生命的热力显示出与基督教的神的区别。天后赫拉精心梳洗完毕，她让爱与美之神阿芙洛狄忒给予她性爱和欲望，从后者那里获得的充满性爱、欲望的腰带。宙斯果然上当，在赫拉的

---

① 〔古希腊〕荷马：《伊利亚特》，曹鸿昭译，吉林出版集团有限公司，2010，第322页。
② 〔古希腊〕荷马：《伊利亚特》，曹鸿昭译，吉林出版集团有限公司，2010，第245～246页。

怀中沉沉睡去，这样波塞冬可以尽情地帮助希腊人对付特洛伊人的进攻。

在美面前，希腊的神完全没有抵抗力。水仙宁芙也曾诱惑俊美无比的少年海拉斯（Hylas）。这种美的诱惑的主题一再在艺术中呈现。

《海拉斯和宁芙》（局部）泰尔梅－马西莫宫博物馆
（Pala-zzo Massimo alle Terme）

注：约公元350年，作者不详。这幅碎石拼画（Opus Sectile）描绘的是希腊神话的一个场景：大力神赫拉克勒斯带着海拉斯一起加入阿尔戈英雄的队伍去夺取金羊毛，途中海拉斯到林中取水，水中的宁芙迷恋于他的美貌，强行留下了他。

希腊神话中美的诱惑还包括歌声。歌声总是动人的，动人的歌声首先来自神灵。在希腊神话中，艺术女神缪斯爱好唱歌，"她们在珀美索斯河、马泉或俄尔斯泉沐浴过娇柔的玉体后，在至高的赫利孔山上跳起优美可爱的舞蹈，舞步充满活力。[①] 她们夜间从这里

---

① 珀美索斯河、马泉、俄尔斯泉、赫利孔山都是缪斯的圣地。

出来，身披浓雾，用动听的歌声吟唱。"① 她们的歌声是"甜美""悦耳"的，"从她们的嘴唇流出甜美的歌声，令人百听不厌；她们纯洁的歌声传出来，其父雷神宙斯的殿堂也听得高兴，白雪皑皑的奥林匹斯山峰、永生神灵的厅堂都缭绕着回音"。② 缪斯们心灵圣洁，其歌声是对美的赞美，赞美天界的诸神，也歌颂凡间的妇人。

动人的歌声有时也由人间的歌者唱出，不过，这些歌者往往也是被神灵所感发，得到神祇赐予的灵感，诗人的歌唱有着神奇的魔力，也能让人痴迷，给世人以安抚。赫西俄德在《神谱》中写道：

> 缪斯给人类的神圣礼物就是这样。正是由于缪斯和远射者阿波罗的教导，大地上才出了歌手和琴师。巴西琉斯则是宙斯的学生，缪斯友爱的人是快乐的，甜美的歌声从他的嘴里流出。如果有人因心灵刚受创伤而痛苦，或因受打击而恐惧时，只要缪斯的学生——一个歌手唱起古代人的光荣业绩和居住在奥林波斯的快乐神灵，他就会立刻忘一切忧伤，忘了一切苦恼。缪斯神女的礼物就会把他的痛苦抹去。③

最迷惑人的歌声大概要数海妖塞壬（Sirens）的歌声，那是致死的歌声。荷马史诗《奥德赛》中叙述，特洛伊战争结束之后，希腊将士返乡，颠簸于神的命运之手。伊萨卡王奥德修斯触怒了海神波塞冬，返乡的路途异常艰辛。有独目巨人狂野的吞噬，有太阳神赫利俄斯（Helios）之女喀耳刻温柔乡的阻挠，还有海妖塞壬甜美

---

① 〔古希腊〕赫西俄德：《工作与时日　神谱》，张竹明、蒋平译，商务印书馆，1991，第26页。
② 〔古希腊〕赫西俄德：《工作与时日　神谱》，张竹明、蒋平译，商务印书馆，1991，第27页。
③ 〔古希腊〕赫西俄德：《工作与时日　神谱》，张竹明、蒋平译，商务印书馆，1991，第29页。

歌声的诱惑。喀耳刻见奥德修斯执意离开，她告诫奥德修斯前路有半人半鸟的海妖塞壬，她用甜美的歌声魅惑过往的船员而使航船触礁，杀人害命。"你的船可一直驶过那里，为使你的船员们不能听见，你可揉些蜂蜡塞在他们的耳朵里。你自己要是想听，可叫他们捆绑住你的手脚，立你在桅座边，把绳头绑在桅杆上。这样你可安享两位塞壬的歌声。可是倘使你恳求他们解开你，他们必须再加一条捆绑你的绳。"① 奥德修斯比他的那些船员同伴幸运，倾听到了塞壬那摄人心魄的歌声，那是人类审美的高峰体验。

在希腊神话中，神是美的典范，神是美的原型和理想。荷马史诗中常说"像神一样俊美"，人通过模拟神而具有某种程度或部分的美。当女神卡吕普索（Calypso）不得不放奥德修斯返乡之际，做了最后的努力："奥德修斯，我的高贵的和机智的主公，你决定要立时离开这里回到你那亲爱的伊萨卡吗？……不论你多么想看见你自己的妻子，我知道你心里永远没有忘掉她，不过我仍然觉得不管是容貌或身材，我都不亚于她，因为一个女人绝不该跟一位女神比美斗艳。"②

二 神爱美是人爱美的映射

为了争夺美丽的海伦，希腊联军和特洛伊联军展开了长达十年的战争，无数的将士血染沙场。可是当海伦从城墙上走过时，就连特洛伊的长老们也不禁感叹：好一个标致的美人！难怪为了她引发了经年的奋战——谁能责备他们呢？她的长相就像女神。

在荷马史诗中，介绍参战的希腊联军将士，赞叹的词语有"勇

---

① 〔古希腊〕荷马：《奥德赛》，曹鸿昭译，吉林出版集团有限责任公司，2010，第164页。
② 〔古希腊〕荷马：《奥德赛》，曹鸿昭译，吉林出版集团有限责任公司，2010，第68、81页。

敢""智慧""高傲""善良"，但最多的是"美丽""漂亮"。人们对美丽的人和物缺乏免疫力。

特洛伊国王普里阿摩斯（Priams）和王后赫卡柏（Hecuba）得知他们的儿子将来会给国家带来灾祸，便将这个婴儿丢弃在山野。这个弃婴被牧羊人抚养长大，成为一个俊美青年，他就是给三位女神充当审美判官的年轻牧羊人帕里斯（Paris）。成年后的帕里斯为了得到美丽的海伦，来到了特洛伊城。特洛伊国王和王后发现了这个失而复得的儿子，见他如此英俊漂亮，竟把占卜者的警告抛到九霄云外，高高兴兴地将他接回王宫，并派他往斯巴达寻亲。可是，帕里斯拐走了斯巴达国王墨涅拉俄斯（Menelaus）美丽的妻子海伦（Helen），结果引发了特洛伊战争，导致特洛伊城毁国亡。美的诱惑胜过了对国破家亡的恐惧。

魏晋时期，曹操自惭形秽，不足以雄远国，便以相貌俊美的谋士崔琰替代自己接见匈奴来使。而特洛伊人尚美情结竟然在军事活动中也如此泛滥。帕里斯因美貌和王子的身份被推举为主将。可是，当希腊联军来袭时，面对敌方将领、海伦的丈夫墨涅拉俄斯，帕里斯惊恐万分，不敢应战，退缩到自己的队伍中。他的兄长、特洛伊军队的总指挥赫克托耳指责帕里斯怯弱无能，专靠美丽的容颜勾引拐骗女人，这两位兄弟有一段对话：

> 现在你竟胆怯得不敢对抗你所开罪的勇士吗？不久你就会发现你所偷拐的美妇的丈夫，是什么样的战士，等他把你打倒在尘埃时，你的七弦琴对你将毫无用处，还有阿芙洛狄忒赐予你的本领，你头上的卷发和你那姣好的模样，也不能帮助你。

帕里斯回应道：

赫克托耳，你的指责公正合理，一点都不过分。……尽管如此，你却不宜嘲讽金色的阿芙洛狄忒给我的赏赐；神的礼物不能丢却，因为它们象征荣誉，神们按自己的意愿送给，凡人的一厢情愿不会得到它们。[1]

在血雨腥风的战场上，勇武与美丽两者当然是勇武更能取得优势，但是美是诸神赏赐给人的礼物，也是荣誉的象征。这不能仅仅视为帕里斯为自己的怯弱诡辩，而是为美辩护，这也象征着希腊文化中蕴含着对美的崇拜，对美的辩护。席勒盛赞希腊神话世界，因为"那时只有美，才被奉为神圣"（《希腊的群神》）。正如陈中梅指出：

古希腊人爱美，而且爱得非常宽泛。在史诗人物看来，敌人也可以是美的，这不仅是一个"现象"，而且还是一个应该和已经得到承认的事实。阿基琉斯在这方面的表现尤为突出。除了诧慕特洛伊国王普里阿摩斯的俊朗长相，他还欣赏对方的谈论，想必交谈时老者的嗓音和面部表情一定很美。[2]

希腊神话中，有一基本结构：江山与美人，不乏帕里斯式的爱美人胜过爱江山。美人甚至比性命重要。特洛伊战争是特洛伊的美男与亚该亚的美女引发的战争，战争持续十年，伤亡无数，但当长老们看见海伦的美貌时，认可了这一切是值得的。在价值的天平上，希腊人倾向于美。

---

[1] 陈中梅：《荷马精选集》，北京燕山出版社，2010，第 63 页。

[2] 陈中梅：《荷马的启示：从命运观到认识论》，北京大学出版社，2009，第 5~6 页。

三　生命活力的美

中国古代神话大多经历了历史化的改造，在神的身上往往体现伦理上的"善"等优秀、伟岸的品质。与中国神话中的神的道德力量与意志力相比，希腊神话往往表现生命本身的美。希腊诸神具有人的情感、欲望。宙斯简直就是欲望的代名词，赫拉是嫉妒的象征。女神卡吕普索爱着英俊的奥德修斯，想方设法将他羁留在奥古吉阿岛的岩洞中，一待就是七年。雅典娜决意帮助奥德修斯返乡，请求宙斯帮助，宙斯派出信使赫耳墨斯，传达必须释放奥德修斯回家的命令。卡吕普索知道神命难违，愤懑地说出下面这段话，表达对宙斯残忍、嫉妒、专断等品行的不满。

> 你们真残忍啊！你们的嫉妒是谁也不能比的。你们神不能让一位女神跟一个凡人同床，即使那是公开无隐的，是她自己选他为她的合法配偶，当玫瑰枝头的黎明爱上了奥利昂的时候，你们便是这样。你们自己的生活无拘无束，却痛恨她的行为，最后贞洁的阿特米斯（Artemis）离开她的金宝座，用软箭在奥推吉亚射死了他。还有美丽的德麦特热恋着艾阿森，并在犁过三次的休耕田里躺在她爱人的怀抱中的时候，宙斯听说了便立即以耀眼炫目的霹雳击毙他。现在轮到我惹起同样的神怒，因为我跟一个凡人同居。[1]

神话中生命之美首先表现为生命之美、性爱之美。

美与爱紧密关联，是希腊文化的重要特征。古希腊女诗人萨福

---

[1] 〔古希腊〕荷马：《奥德赛》，曹鸿昭译，吉林出版集团有限责任公司，2010，第66页。

(Sappho) 被视为第十位缪斯，她信奉的神倒不是文艺女神缪斯，而是爱神阿芙洛狄忒。

阿芙洛狄忒是非常古老的神，远比其他奥林匹斯诸神早。维柯指出，最古的人类制度中诞生的神就是女爱神维纳斯（古罗马神话中的维纳斯即古希腊神话中的阿芙洛狄忒）。根据赫西俄德《神谱》的描述，阿芙洛狄忒是由天神乌拉诺斯被阉割的生殖器坠入大海幻化为泡沫而诞生，她从湛蓝的海中冉冉升起，脱颖巨大贝壳，像朝霞一样静美，她赤脚在海滩上微步，所经之地，鲜花盛开。如曹植《洛神赋》中的洛水之神，“凌波微步，罗袜生尘”。时序女神荷莱伊（Horace）已在静静等待刚诞生的阿芙洛狄忒，并为她戴上了金光闪闪的冠冕，系上了一条金腰带。她坐上了一对鸽子拉的彩车离开了地面向奥林匹斯圣山上飞去。

〔意〕桑德罗·波提切利《维纳斯的诞生》(1487)，
藏于意大利佛罗伦萨乌斐齐美术馆

阿芙洛狄忒面容姣好，身材秀颀，金黄色的柔发如一顶美丽的花冠，是美的象征。她娇媚动人，赫西俄德在《神谱》中说她“眼波撩人”。荷马在《奥德赛》中这样描述：

　　典雅的姑娘为她沐浴，涂抹香脂，女神的美使目睹者惊诧。……她走路时，容光焕发，香气四溢，这时阳光也分外灿烂，百花也争相吐艳。当她在树林中行走时，林中的野兽都从树丛中跑出来跟着她，成群的鸟儿也都飞来。狮子、金钱豹、雪豹和黑熊都温顺地对她表示亲热。以自己容貌姣美而高傲无比的阿佛罗狄忒在野兽中间安详地走着。①

　　阿芙洛狄忒的美征服了奥林匹斯山上的众神，宙斯也不能例外，并对阿芙洛狄忒频频示爱。阿芙洛狄忒拒绝宙斯的求爱，被宙斯强行嫁给了瘸腿丑陋的火神铁匠赫菲斯托斯。她常常玩弄男人于股掌之中，爱上了嗜血的战神阿瑞斯（Ares），同时爱上了希腊少年阿多尼斯。醋意大发的战神决定处罚这位人类少年。一天，阿多尼斯赤脚在草地上奔跑时，阿瑞斯化身成有毒的植物，阿多尼斯踩上去，中毒身亡。从阿芙洛狄忒可以有任意性行为这一点来看，说明她仍处于母权十分强大的时期。而当男权占据主导地位的时候，女神也就开始普遍信奉贞洁了。荷马史诗中记载，阿芙洛狄忒不爱瘸腿丑陋的丈夫火神赫菲斯托斯，暗中与貌美英俊的战神阿瑞斯偷情，赫菲斯托斯懊恼不已，打造了一张精致的网抓住了这对偷情者，到宙斯那里告状并试图让众神惩罚这对奸夫淫妇。可是，当众神看到被捆在网中的爱神与战神时没有谁表示出义愤，而是对战神深表艳羡，对作为丈夫的赫菲斯托斯极力嘲笑。赫菲斯托斯只好借着海神出面调解的台阶，把爱神和战神身上所缚的网解开，放他们离开。

　　这个故事似乎说明，爱具有超越道德规范的力量，在古希腊人的世界里，欲望的满足和情感的享乐具有绝对的价值。作为情欲、

---

　　①　〔俄〕H. A. 库恩:《古希腊的传说和神话》，秋枫、佩芳译，生活·读书·新知三联书店，2002，第43~45页。

爱情的象征，阿芙洛狄忒主管人间的情欲，体现了古希腊人对情欲的崇拜。

阿芙洛狄忒融爱神和美神于一身，美最初原本与情欲和爱是一体的。正如英国历史学家、美学家科林伍德所说，如果回溯到希腊，我们将会发现，美和艺术之间毫无关系。在柏拉图那里，美的理论并不涉及诗的理论或任何其他艺术理论；它首先是涉及性爱的理论。公元前380年柏拉图写作《会饮》，记录了苏格拉底及其弟子的一次著名宴饮交谈，谈论的主题就是Erotic。Erotic的本义指强烈的欲望，主要是指性爱方面的情感和行为（爱欲）。Erotic也指爱神厄洛斯。爱神是古希腊最古老的神，按照赫西俄德的说法，首先存在的是混沌，然后是宽胸的大地，随后就是爱神。可以说爱神是自世界从混沌中析出以来，冲破大地的第一个神，代表最原始的生命力。这种强烈的性爱之欲或爱神总是与美貌联系在一起的，没有厄洛斯（爱神），就没有阿芙洛狄忒（美神），或者相反，没有阿芙洛狄忒，就没有厄洛斯。爱神的对象是美的身体，美的外观，进而是美的观念和"美本身"。爱神在"美"中孕育：生物体的孕育和精神的孕育，人类的爱包含身体之爱和精神之爱。

阿芙洛狄忒既是人类爱和欲望的象征，从更广泛和更深邃的角度也是宇宙形成和万物产生的一个基本要素，是生命得以繁衍的条件。阿芙洛狄忒出生于海里，这似乎也暗示了孕育生命的羊水，因此她又被奉为丰产之神，是生命崇拜的象征。人类早期的审美活动往往都与生产相关，生产能力强的也是美的。早期的艺术也不是"美的艺术"，而是生命的崇拜。《维林多夫的维纳斯》（又名维林多夫母神）诞生于约3万年前的旧石器时代，被誉为世界上最早的雕塑。该雕像将人物的面部虚化，突出了女性的性征，折射出人类早期对生殖的崇拜。

《维林多夫的维纳斯》11.1 厘米，
藏于维也纳自然历史博物馆

四　狞厉之美与崇高

希腊神话描绘了各种形象，为后世的美学类型提供了最初的材料。"希腊人虽然没有用概念，但却用他们的诸神世界透彻而清晰的形象，让明智之士感受到他们艺术观深邃而隐秘的信条。"①

希腊神话中的形象可分为美与丑两大阵营。"美"的形象包括赫拉、雅典娜等女神和阿波罗等男神，以及人间的众多善男信女，如宙斯钟情的伊俄、欧罗巴，引起希腊将帅矛盾的特洛伊美女布里塞斯（Briseis）等。

古希腊神话中的神大多以人的形象出现，以优美为主要特征。希腊神话中有两个美的典型形象，一个是爱神、美神阿芙洛狄忒，一个是太阳神、俊男之神阿波罗。在他们身上集中体现了希腊人的审美观念。

阿波罗是宙斯之子，也是宙斯最喜爱的儿子。史诗中称阿波罗

---

① 〔德〕尼采：《悲剧的诞生》，孙周兴译，商务印书馆，2012，第 19 页。

是"明亮的""光芒四射的",阿波罗一般被称为太阳神。希腊神话的太阳神原本是许珀里翁（Hyperion）以及他与忒亚（Theia）所生的儿子赫利俄斯，后来人们将"太阳神"的桂冠奉送给了阿波罗，大概是因为阿波罗美丽的形象如太阳的光辉，夺人眼目。据史诗描述，阿波罗面容英俊，无须，身材匀称，外形俊朗，身背弓箭，手挥七弦琴，缪斯女神常伴随左右。著名希腊哲学史家格思里（W. K. C. Guthrie）指出："阿波罗是希腊精神的具体体现。一切使希腊人与其他民族相区别，特别是使之与周围野蛮民族相区别的东西——各种各样的美，无论是艺术、音乐、诗歌还是年轻、明智、节制——统统汇聚在阿波罗身上。"①

与阿芙洛狄忒的感性美相比，阿波罗的美更接近艺术的美。荷马的《伊利亚特》中提到"弹奏里拉琴的神"就是阿波罗。赫西俄德的《神谱》中"正是由于缪斯和远射者阿波罗的教导，大地上才出现了歌手和琴师"。赫耳墨斯将制好的琴赠给阿波罗，阿波罗又将琴传给了儿子俄耳甫斯（Orpheus）。俄耳甫斯既有父亲赠送的名琴，同时又遗传了母亲——缪斯女神卡利俄帕——的音乐细胞，成为一代琴师。其琴声让忧伤者忘忧，让喜悦者更加快乐，让劳者力量倍增，他的琴声能使大河停流，使山峦趋步，使猛兽顺服，使石头开口。

尼采将阿波罗和狄俄尼索斯（Dionysus）视为希腊人的两大艺术神祇，并将其概括为"日神精神"和"酒神精神"。在《悲剧的诞生》中，尼采认为正是在"日神精神"和"酒神精神"所形成的张力中希腊悲剧得以诞生。"日神精神"对应梦的本能，"酒神精神"则对应醉的本能。阿波罗用明媚的光辉使世界呈现美的外观。传说他出生的时候，小岛得洛斯的地基变成了黄金，伊努普斯

---

① W. K. C. Guthrie, *The Greeks and Their Gods*, p. 74. 转引自李永斌、郭小凌《阿波罗崇拜的起源与传播路线》，《历史研究》2011 年第 6 期。

河（Inopus）也变成了黄金，连橄榄树也变成了黄金，岛上圆形的池塘闪耀着金光。尼采借用希腊神话中的这两个艺术神祇的形象，启示人们如何在明亮的形式、外观中去感受幽隐恍惚的醉意。用日神精神指称美的外观的幻象，用酒神精神指称遗忘自我，自我隐匿于万物的整体联系之中。"日神是美化个体化原理的守护神，唯有通过它才能在外观中获得解脱；相反，在酒神神秘的欢呼下，个体化的魅力烟消云散，通向存在之母、万物核心的道路敞开了。"①

希腊神话中"丑"的形象则有半人半兽的各种怪物，如半人半蛇的厄喀德那（Echidna）及其后代、地狱之门的守护者三头巨犬刻耳柏洛斯（Cerberus）、克里特岛上的牛头怪弥诺陶洛斯（Minotaur）等。

这两大阵营又以各种方式发生关联，正如同美神阿芙洛狄忒被迫嫁给了瘸腿的赫菲斯托斯，而在美杜莎身上更是直接体现了美与丑的融合。在希腊神话中，"百怪之父"福耳库斯与海怪刻托结合，生下戈耳工三妖女，其中最著名的是蛇发女妖美杜莎（Medusa），她长舌前伸，獠牙外露，蛇发覆头，面目狰狞，但凡看见她的眼睛的人就会被石化。而在品达的笔下美杜莎则是"好脸颊的"，在稍晚的神话中美杜莎力图与雅典娜相媲美。在罗马诗人奥维德的《变形记》中，美杜莎原本也是一位美丽的少女。

丑陋和恐怖形成一种怪诞之美。"怪诞"（grotesque）一词出现在 16 世纪，最初是用来形容古罗马艺术中将人、植物、动物等形象杂合在一起的装饰风格。但怪诞现象自古就存在。德国美学家沃尔夫冈·凯泽尔在《美人和野兽——文学艺术中的怪诞》一书中认为，潜伏在世界里的黑暗势力使世界异化，"怪诞是异化

---

① 〔德〕尼采：《悲剧的诞生——尼采美学文选》，周国平译，生活·读书·新知三联书店，1986，第 67 页。

的世界"。① 这个异化的世界给人带来恐惧和绝望，但由于它以夸张、变形的手法将恐怖带到了事物的表面，从而消除了恐惧。这种机制类似于悲剧的净化功能。"真正的艺术描绘暗中产生了解放的效果。黑幕揭开了，凶恶的魔鬼暴露了，不可理解的势力受到了挑战。就这样，我们完成了对怪诞的最后解释：一种唤出并克服世界中凶恶性质的尝试。"②

怪诞是反常规、反常识、反常态的。按照启蒙主义和理性主义的审美观念，超出常规的事物是难以接受的，怪诞、奇异是应该被排斥的。近代美学理论中，"美"与"感性"联系在一起，"美学"也被称为"感性之学"，鲍姆嘉通认为美学的目的是使感性认识本身得以完善，并且还应避免感性认识的不完善——丑。对于怪诞，理性主义多有否定，将其贬为笨拙的艺术家的想入非非。黑格尔认为怪诞将不同领域的事物不合理地融合在一起，极不自然，极不和谐。黑格尔以古典主义美学为标准将怪诞视为不成熟的象征型艺术阶段的特殊产物，是"杂乱无章""妄诞离奇""颠倒错乱的拼凑"，根本构不成"美的艺术"。

> 这种象征型艺术虽然也隐约感觉到所用的形象不适应，却无法弥补这个缺陷，只能借助于歪曲形象，使它变成漫无边际地巨大，来产生一种单是数量方面的崇高印象。因此在这个阶段里我们所见到的世界充满着纯粹的虚构和令人难以置信的使人惊奇的东西，我们还见不到真正美的艺术作品。③

---

① 〔德〕沃尔夫冈·凯泽尔：《美人和野兽——文学艺术中的怪诞》，曾忠禄、钟翔荔译，华岳文艺出版社，1987，第195页。
② 〔德〕沃尔夫冈·凯泽尔：《美人和野兽——文学艺术中的怪诞》，曾忠禄、钟翔荔译，华岳文艺出版社，1987，第199页。
③ 〔德〕黑格尔：《美学》（第2卷），朱光潜译，商务印书馆，1979，第28页。

与理性主义否定怪诞美不同，雨果在《克伦威尔·序言》中认为怪诞是一种新型的艺术，它将"怪诞"包含在艺术之中，像优美一样成为人们的欣赏对象。"怪诞"的范围要比美和崇高更为广大，更为普遍。怪诞不仅是一种艺术手法，它也是现实世界中的普遍现象。

如果我们超越理性主义的立场和标准，怪诞隐含着美和艺术的精髓。首先，怪诞将完全异质的事物融为一体，它是"疯狂的想象"，是最自由、最奔放、最野性的想象，这构成审美和艺术生产的原生动力。其次，正如黑格尔所言，怪诞意味着具体形式向超自然领域的飞跃，怪诞展现一个超自然的世界，怪诞是奇异的存在，它帮助人们实现对习常的超越和飞升。

怪诞也许不符合现代艺术（"美的艺术"）的要求，但是怪诞是最古老的艺术。怪诞在后来的历史长河中呈现多姿多彩的形式，但它的根在神话之中。神话尤其是早期的神话形象呈现与近代审美观念不同的形态，其中有一些往往被后世排除在美之外，如怪、丑。站在近代美学的立场上，"丑"也能被纳入美学研究范围，但必须借助所谓的"辩证法"才能将其纳入审美范畴。以现代的观念审视，最原始的神话——图腾神话中的形象是"不美之美""反美之美"，它既没有完善的外形，又没有非功利的、自由的品性，而是以"非完善"的外形、恐怖的形象出现，它具有神秘的实用功能。如果以 16 世纪形成的作为感官愉悦层次的美学观念和理论体系来理解，神话之美就被生硬地排除在美学之外，这就会扭曲神话之美。如果超越现代美学框架，站在神话的立场上，"怪异""丑"很自然地构成美学的主要形态。如《山海经》中的神话形象，《庄子》中的得道者——畸人、丑人。那是比近代美学概念古老和丰富得多的一种美学现象——怪诞美。怪诞美是最古老的一种审美形态。例如，图腾崇拜中的神话形象往往以"恢恑憰怪"的姿态出现，大多青面獠牙，长舌巨眼。

图腾柱，多伦多监狱博物馆

原始先民面对的是一个外部力量异常强大、充满异己力量的世界，其最原始的审美经验是怪异、恐怖，最经典的审美形态是怪异、狰狞。

神话中的怪诞美首先是一种感受世界的方式，或者说怪异是原始初民的存在方式，它不单单是一种表现手法。德国学者亨利·施涅冈斯仅仅将怪诞理解为一种以讽刺为目的的否定性夸张手法。苏联文论家巴赫金对此予以纠正。巴赫金在《拉伯雷研究》中将怪诞分为三种类型：古风时期的怪诞类型、古典时代的怪诞类型和古代晚期的怪诞类型。古风时期的怪诞类型出现在神话传说、原始绘画中。早期人类的怪诞首先是先民感受世界的一种方式，当时各种事物之间的界限尚未真正形成，事物可以超越自身与其他客体混合，事物处于不断的建构和变形之中，而不会是固定、封闭、平坦、完成态的。"在发生性的怪诞世界中，事物和现象间的界限，与其当时（指 19 世纪下半叶）文学艺术的静态世界中的界限，是完全不同的。"①以人体形象为例，在发生性的怪诞世界中，"人体相互交混、人体与物交混（如格里波米诺形象），人与世界交混。双体性倾向随处可见"。②原始先民的怪诞之美是建立在万物有灵和世界交感的基础上的。

神话中的怪诞之美首先表现为神的形象的奇异、恐怖。神的形象大致经历了动物神（也有一些植物神）到人兽合体神再到人形神的演化。希腊神话中的诸神基本上是以人的形象出现，基本未超出常规范畴，谈不上怪诞。但希腊神话中也有一些人兽合体的形象，这些神便是怪诞的。例如始于古埃及神话后来在希腊神话中流传的斯芬克斯是人兽合体的形象。斯芬克斯不仅形象怪异，其行为方式更是怪异而恐怖，他坐在忒拜城附近的悬崖上，拦住过往的行人，让人猜他出的谜语，猜不中者就会被它吃掉。奥维德的《变形记》中记载了大量怪诞故事。

中国古代神话，特别是《山海经》中的群神，大多以怪诞的形象示人。如上古巨人刑天"以乳为目，以脐为口，操干戚以舞"（《山海经·海外西经》）。又如凶神相柳蛇身九头，腥臭无比，食人无数，所到之处尽成泽国。

《山海经》中的"神"的形象大多为人兽组合的形象，是比较原始的神话形象，其美主要不是体现在外形，而是在巫术功能，往往缺乏现代的所谓"美感"。但不可否认，它也是一种美，怪异美、狞厉美。

中国现代美学家李泽厚先生在《美的历程》一书中，把中国商周青铜礼器的视觉感受归结为"狞厉的美"。殷周时期的饕餮纹饰面目狰狞，"周鼎著饕餮，有首无身，食人未咽，害及其身"（《吕氏春秋·先识览》）。

---

① 〔苏〕巴赫金：《拉伯雷研究》，河北教育出版社，1998，第357页。
② 〔苏〕巴赫金：《拉伯雷研究》，河北教育出版社，1998，第374页。

它一方面是恐怖的化身，另方面又是保护的神祇。它对异氏族、部落是威惧恐吓的符号，对本氏族、部落则又具有保护的神力。这种双重性的宗教观念、情感和想象便凝聚在此怪异狞厉的形象之中。在今天看来是如此之野蛮，在当时则有其历史的合理性。也正因如此，古代诸氏族的野蛮的神话传说、残暴的战争故事和艺术作品，包括荷马的史诗、非洲的面具……尽管非常粗野，甚至狞厉可怖，却仍然保持着巨大的美学魅力。中国的青铜器饕餮也是这样，在那看来狞厉可畏的威吓神秘中，积淀着一股深沉的历史力量。它的神秘恐怖正只是与这种无可阻挡的巨大历史力量相结合，才成为美——崇高的。[①]

中国殷商时期青铜器上的饕餮纹饰给人一种狰狞、恐怖、凶狠的直感。透过这些纹饰，似乎背后是无底的黑暗的深渊，其中隐含着巨大的异己力量，时刻吞噬一切。

它们之所以美，不在于这些形象如何具有装饰风味等等（如时下某些美术史所认为），而在于以这些怪异形象的雄健线条，深沉凸出的铸造刻饰，恰到好处地体现了一种无限的、原始的、还不能用概念语言来表达的原始宗教的情感、观念和理想，配上那沉着、坚实、稳定的器物造型，极为成功地反映了"有虔秉钺，如火烈烈"进入文明时代所必经的那个血与火的野蛮年代。[②]

神话是神秘的，它隐含着无尽的奥秘。按照坎贝尔的说法，奥

---

① 李泽厚：《美的历程》，文物出版社，1989，第 38～39 页。
② 李泽厚：《美的历程》，文物出版社，1989，第 37 页。

秘有两个面向："一个是 tremendum（恐怖），一个是 fascinans（迷人）。"① 神话之美也可分为两类：崇高之美和优美。对于神话而言，前者可能更为根本。"美是赏心悦目的，而崇高则是让人战栗的。崇高经常产生于某个极为浩瀚的空间或某种表现出巨大力量的环境。……崇高是一种 mysterium tremendum（恐怖的神秘），而美是一种 mysterium fascinans（迷人的神秘），这就是它们的差异所在。"② 崇高最初是人们对尚未认知、尚未征服的世界的惊奇，崇高之美的基本特征是可怖。

就像观看悲剧带来净化的力量一样，怪兽给人一种恐惧感，同时在体验惊恐、畏惧的瞬间，我们完全被折服，产生一种升华、突破的超凡体验。"我们所谓的'怪兽'可以被看成一种升华的体验。它们所代表的力量太大，以致正常的生活方式无法包容它。""这是你好比在爬山，突然你看穿山只是面纱，于是地平线豁然展现在你眼前。而借着减轻我执，你的意识便能扩及至升华、伟大的体验。"③

早期人类在强大的自然力面前渺小、卑微，对自然产生敬畏之心。早期的神话是自然崇拜神话，崇拜自然神格，把自然现象神秘化，并借助夸张、变形，使它变成漫无边际的巨大，产生崇高的印象。

德国美学家康德在谈到怪诞与崇高的关系时指出，可怖的崇高这种品质，即使是完全不自然的，也是充满了冒险性的。不自然的事物，只要是其中被认为有崇高的成分，哪怕是很少或者全然不曾被人发现，都是怪诞的。

---

① 〔美〕菲尔·柯西诺主编《英雄的旅程：与神话学大师坎贝尔对话》，梁永安译，金城出版社，2011，第 223 页。

② 〔美〕菲尔·柯西诺主编《英雄的旅程：与神话学大师坎贝尔对话》，梁永安译，金城出版社，2011，第 103 页。

③ 〔美〕约瑟夫·坎贝尔、比尔·莫耶斯：《神话的力量——在诸神与英雄的世界中发现自我》，朱侃如译，浙江人民出版社，2013，第 281 页。

另外，神话往往与悲剧美相关联。悲剧诞生于人类的祭拜典仪，诞生于神话，神话是对人与神圣者之间的关系的诠释，而悲剧奠基于神话的这一形式结构之中。按照荷马的说法就是人神之间不可跨越的距离和人对神的完全忠诚。希腊神话一方面显示神与人之间有着密切的联系，神与人分享喜怒哀乐和情欲，神能赋予人力量；另一方面，神人之间存在不可逾越的鸿沟。人与神之间不可逾越的鸿沟使得人类对神的力量无能为力，只好将自己交给命运之神。在西方的命运悲剧中，人无论如何也难以逃避神的安排，如俄狄浦斯越是想逃避命运的安排，越是深陷命运的桎梏之中。悲剧就是对不可逃脱的命运的抗争。尼采认为希腊悲剧是日神阿波罗和酒神狄俄尼索斯之间的张力的产物，悲剧旨在超越人生的苦痛感受到生命的永恒的美。在西方美学史上，悲剧构成希腊艺术的顶峰，希腊三大悲剧诗人埃斯库罗斯、索福克勒斯、欧里庇得斯的作品迄今仍然是悲剧艺术的典范。

中国神话体现了人类在自然力面前所表现出来的早期的抗争意识。例如《山海经》中记录的"精卫填海"，体现了我国古代先民控制海洋的意愿和填海的气概，精卫鸟也被视为"誓鸟""冤禽""志鸟"。神话表现了原始人类在强大的不可抗力面前的抗争、挣扎和牺牲，具有强烈的悲剧性。中国古代神话中的"刑天舞干戚""夸父逐日"等均具备悲剧性的美质。法兰克福学派代表人物瓦尔特·本雅明（Walter Benjamin，1892－1940）将神话和悲剧联系起来考察。在本雅明看来，古典悲剧是以神话为基础的，着重表现英雄牺牲仪式。

神的时代之后出现了"英雄的时代"，神话中的英雄代表了人类与自然力抗争的意愿，在这场神与半神的较量中，人们在情感上倾向于为族群和人类造福的英雄，于是将英雄神圣化，作为崇拜的对象，便有了大禹治水、后羿射日等传奇故事。

瑞士神学家、美学家巴尔塔萨（Hans Urs Von Balthasar，1905 – 1988）将西方古代（从荷马至普罗提诺约一千年的历史时期）思想史分为神话、哲学、宗教三个阶段。在神话阶段，神话、宗教与艺术是同一的，远古时期的艺术都是关于神圣者的。神话既是艺术创造也是宗教活动。而随着哲学时代的来临，神话艺术的版图就缩减了。当然，神性的维度并未消失，此后的艺术仍然保留着对源自神话精神的顾盼，一切伟大的艺术都从神话和宗教中吸取精神动力和营养。

进入阶级社会之后，这种对大自然的惊异，逐渐转化为对国家权力的惊异。李泽厚认为，青铜器中的狞厉美主要体现了"早期宗法制社会的统治者的威严、力量和意志……它们之所以具有威吓和神秘的力量，不在于这些怪异动物本身有如何的威力，而在于以这些怪异形象为象征符号，指向了某种似乎是超世间的权威神力的观念"。①

随着人及其理性的觉醒，崇高不仅包括头顶的星空，也包括心中的道德律。罗马时期的《论崇高》将崇高理解为伟大心灵的回声，崇高的神性因素虽然仍在，但人的因素渐渐成为主导因素。及至康德、席勒崇高的人本色彩更加浓厚。随着神圣世界的远离和世俗世界的切近，令人惊悚的"崇高"渐渐被"美"所取代，神话的"怪诞""崇高"演变为人类之美。

作为个案，中国文化中的西王母，其形象在历史长河中经历了由怪诞、崇高到美的演变。在《山海经》中，西王母以半人半兽的"凶神"的形象出现："西王母其状如人，豹尾虎齿而善啸，蓬发戴胜，是司天厉及五残。"（《山海经·西山经》）到了秦汉时期，西王母成了有不死之药的"吉神"，魏晋时则演化为"年可三十

① 李泽厚：《美的历程》，文物出版社，1989，第37页。

许"的丽人。

关于这种演变的发生原因，茅盾先生有这样的分析：

> 为什么神话会"演化"呢？因为"文雅"的后代人不能满意于祖先的原始思想而又热爱此等流传于民间的故事，因而依着他们当时的流行信仰，剥落了原始的犷野的面目，给披上了绮丽的衣裳。①

在理性时代的人们看来，神话怪诞不经，言不雅驯，经过"文雅"的雅化处理，神话原本的美——"犷野"——变成了"绮丽"。这对于神话而言是一场"厄运"。

> 现代的文明民族和野蛮民族一样的有他们各自的神话。野蛮民族的神话尚为原始的形式，文明民族的神话则已颇美丽，成为文学的源泉。这并不是文明民族的神话自始即如此美丽，乃是该民族渐进文明后经过无数诗人的修改藻饰，乃始有今日的形式。这些古代诗人的努力，一方面固使朴陋的原始形式的神话变为诡丽多姿，一方面却也使得神话历史化或哲学化，甚至脱离了神话的范畴而成为古代史与哲学一部分。这在神话的发挥光大和保存上，不能不说是"厄运"。②

然而，随着人类生存条件的改善，人们不需要像原始人类一样暴露于自然界的风暴之中，文明渐渐远离野蛮，审美形态由粗朴到精致，由"犷野"到"绮丽"的演变，这也是没有办法的事情。不过，我们不能因此否认犷野、怪诞、狞厉。

---

① 玄珠：《中国神话研究 ABC》（上），世界书局，1929，第 68~69 页。
② 玄珠：《中国神话研究 ABC》（上），世界书局，1929，第 6~7 页。

第三节 神话学与神话美学

对神话的论述和研究即神话学（Mythology），英语 Mythology 源于希腊"muthos"与"logus"两个词的复合，意指考察神话的学问。

神话产生之后，人们对神话讲述的内容以及神话产生的方式有诸多疑问，并给出解释，从而形成各种观念和理论，这些便构成神话学。

英国神话学家、童话作家安德鲁·兰（1844～1912）指出：

> 神话学（Mythology），是考察神话或者宇宙起源传说、诸神传说和英雄传说的科学。这个词也用来作为一个术语指这些传说本身。因此，当我们说"希腊的神话"时，我们指的是有关希腊诸神、英雄和宇宙起源传说的整体。而当我们说"神话的科学"时，我们指的是解释这些古代叙事作品的尝试，以及由这种解释所形成的各种各样的理论体系。①

神话学是一门极为古老的学问。神话学源于对神话的惊奇，在神话的神秘面纱面前，人们有众多的疑虑，早期的神话学主要是神话释义学，它立足于人们对神话中的疑义做出解释。尤其是诸神为何以各种怪异的面目出现？为什么神祇以某种动物的形式出现呢？于是人们力图给予解释，埃及人认为在某个危急关头，神祇在敌人面前以动物形状隐藏起来。这种解释本身也构成神话。也许这种将神祇以动物的形状避险来解释显得不合理，不能使人信服，人们又

---

① 〔英〕安德鲁·兰：《神话与神话学》，余仁澍摘译，《云南民族学院学报》（哲学社会科学版）1988 年第 3 期。

生发出其他各种解释。

例如，中国古代神话传说中，有"黄帝四面"之说，这是远古神话的遗迹。在《山海经》中还有八面之神："有盖余之国。有神人，八首人面，虎身十尾，名曰天吴"（《山海经·大荒东经》）。在古埃及、古印度也都有四面神。可是，孔子从周人的理性原则出发，不谈论怪力乱神，便针对"黄帝四面"做出了合乎理性的解释。《太平御览》卷七十九引《尸子》载："子贡曰：'古者黄帝四面，信乎？'孔子曰：'黄帝取合己者四人，使治四方，不计而耦，不约而成，此之谓"四面"。'"神话传说中的"黄帝四面"的不合理因素就去除了，神话性的"四面"（四张面孔）便成了现实政治事务的"四人治四方"了。这就是对神话的历史化解释。著名汉学家马伯乐指出：

> 中国学者解释传说从来只用一种方法，就是"爱凡麦"派的方法。为了要在神话里找出历史的核心，他们排除了奇异的、不像真的分子，而保存了朴素的残滓。神与英雄于此变为圣王与贤相，妖怪于此变为叛逆的侯王或奸臣。[1]

"爱凡麦"派也译为欧赫美尔主义，是以古希腊思想家欧赫美尔（Euhemerus）命名的神话学学说，也被称为"神话史实说"。

现代神话学有众多的流派：语言学的神话观、仪式学派的神话观、心理学的神话观、功能主义的神话观、结构主义的神话观等。法国结构主义人类学家列维-斯特劳斯指出，"神话学思想超过了一切范畴，它力图回答人类可能提出的所有问题：宗教问题、形而

---

[1] 〔法〕马伯乐：《书经中的神话》，冯沅君译，国立北平研究院史学研究会出版，商务印书馆发行，1939，第1页。

上学问题，还包括物理学、社会学、法学、心理学、美学等问题"。[①] 在神话学的研究中，除了语言学、历史学、民俗学等方法和视角外，美学是一种重要的方法和视角。

一　神话：美学的"本源"

神话是原始人类的创造，它凝聚着原始先民的生命意识。从发生学的角度看，美及审美意识孕育于人类最初的意识之中，即孕育于神话意识之中。因此，从美学研究的完整性来说，神话是美学研究的起点。神话是人类文明的源头，是一切文化的开端，从某种意义上讲，一切文化形态都需要从神话中获得支持。伟大的"开端"总是蕴含着后来展开了的文明形式的最初萌芽。

原始人类是如何进行文化活动的呢？19 世纪以来的文化人类学家对此进行了广泛的研究，他们通过对"现代原始人"（在空间上处于偏远地区，保留原始生活方式的部落居民）的调查、研究，向我们展示了原始人的基本状况，为我们了解在时间上处于最遥远时代的原始人类提供了参照。朱狄先生在 20 世纪 80 年代就预感到："美学的一些基本问题的研究将要在人类文化学的领域中进行。"[②]

人类学美学在探寻审美意识的生发时往往追寻到神话、图腾和巫术。根据荣格的"原型"理论，人类具有某种近乎本能的文化心理模式，它反复出现并积淀为"集体无意识"，构成一个民族的种族记忆和精神底色。在这种"种族记忆"中隐含着一个民族的审美

---

① 〔法〕列维－斯特劳斯：《一位右派无政府主义者——法国〈快报〉记者对列维－斯特劳斯的专访》，殷世才译，《国外社会科学》1987 年第 1 期。

② 朱狄：《原始文化研究：对审美发生问题的思考》，生活·读书·新知三联书店，1988，第 805 页。

精神原型。

首先，文化人类学探讨人类文化起源的一系列重大问题，这与美学领域探究审美意识的缘起密切相关。要了解文学艺术的源头同样需要追溯到神话。

在考古学上，将使用石质工具进行生产活动的时代称为石器时代，并按使用打制石器与磨制石器分别定为旧石器时代和新石器时代。在新石器时代，因生产力低下，认识能力匮乏，人类产生了自然崇拜，将自然力加以神化，这是神话的产生背景。

在造型艺术方面，因定居生活的需要，人们在新石器时期发明了陶器，最早的陶器诞生在距今 1.5 万年前至 1 万年前，我国是陶器最早出现的地区之一。20 世纪 90 年代在湖南道县发掘的陶釜距今有 13000 年左右。陶器虽然有少量的纹饰，但基本上是实用器皿。而彩陶的出现标志着文明进入一个新的阶段。彩陶是史前社会中最具文化信息的历史遗存，它蕴含绘画、舞蹈、宗教崇拜等文化元素。彩陶的出现也显示审美意识的真正觉醒，它不仅是实用的器具，也是美的艺术作品。我国的彩陶产生于距今 5000～8000 年的新石器中晚期，以仰韶文化和马家窑文化的彩陶为代表。其纹饰与图腾崇拜有关。图腾崇拜是原始文化中的普遍现象，其心理机制是万物有灵观，人们将自然界的事物及其组合形态（如龙、凤等）视为保护神加以膜拜。

神圣者虽是无形质的，但作为膜拜的对象，神圣者又必须借助一定的形式呈现在世人面前，于是以图画、纹饰等形式呈现出来。

自新石器时期始，初民在彩陶上绘制大量纹饰，这些纹饰主要是动物形象。为什么早期先民在生产技术和生存条件如此艰苦的条件下要不辞辛劳地绘上这些动物形象呢？首先，初民在这些动物的身上看到了神圣的力量。"先在宗教中继而在艺术中给动物以重要的地位，是另一个特性，它将最早的文明与史前时代连接起来。在原始人看来，兽的力量是神的力量之标志。"[①] 同时，初民赋予这些动物纹饰象征性，是氏族的图腾符号。李泽厚先生认为，许多从动物形象抽象而成的几何图案陶器纹饰，看上去像是一些纯形式的"装饰"或"审美"，而实际上隐含着氏族图腾的神圣含义，不同的氏族有不同的图腾崇拜物；相应地具有不同的动物纹饰。

其中彩陶上的蛙纹，跟生殖崇拜不无关系。刘锡诚先生指出：

> 蛙作为部落和氏族的图腾标志频繁出现在彩陶上，它就必然被注入了特种的意义。最直接的意义就是蛙与人的亲属关系。在原始人的图腾观念中，氏族的成员与氏族所崇拜的图腾之间存在着血缘关系。蛙又是多子的动物，彩陶上画蛙纹，自然就有祈求生育、繁衍子孙的象征意义。蛙纹的图案，尤其是程式化、抽象化了的图案，又很像是人的样子。[②]

马家窑文化的彩陶上还首次出现了人形纹。早期的人形纹描绘比较具体，有表现人形整体的，也有只表现面部的。青海省大通县上孙家寨墓地出土了舞蹈纹盆。有人根据现代的观念加以解释，认为是劳动闲暇的舞蹈场面，李泽厚则认为："把这图象说成是'先民劳动之暇，在大树下小湖边或草地上正在欢乐地手拉手集体舞蹈和唱歌'，似乎太单纯了。它们仍然是图腾活动的表现，具有严肃的巫术作用或祈祷功能。"[③] 这类舞蹈并非"美的艺术"的形式，而是巫术活动中娱神，祈求神灵护佑的方式。从现存的一些文献中我们也可以发现，舞蹈与图腾崇拜和原始宗教信仰的关系。在神灵的观念的作用下，人们认为神掌控着一切，为了祈求神灵的庇佑，

---

① 〔法〕热尔曼·巴赞：《艺术史》，刘民毅译，上海人民美术出版社，1989，第79页。
② 刘锡诚：《中国原始艺术》，上海文艺出版社，1998，第4页。
③ 李泽厚：《美的历程》，文物出版社，1989，第14～15页。

人们以祭祀的方式与神灵交流，这种交流常伴以歌舞。中国古代文献中记录了相关遗迹。《虞书·舜典》："夔曰：'於！予击石拊石，百兽率舞。'"人们敲击石磬，扮演各种野兽跳舞，其目的是娱神，希冀神灵和祖先的福佑，实现"神人以和"。音乐和舞蹈是娱神不可或缺的手段。远古的艺术都具有某种巫术实用功能，图腾崇拜、祖先崇拜等，正如荷尔德林所言，诗人是神的"祭司"。

青海省大通舞蹈纹彩陶盆，藏于中国国家博物馆

这些图画、纹饰并非现代意义上的纯粹的艺术品，而是原始宗教活动的手段之一，具有原始巫术礼仪的图腾标识。但这并不排除其中蕴含了古人的审美意识。如作为我国东南沿海和南方部落图腾的凤，其美丽色彩（"五采而文"）、优美的造型，以及其出现给人们带来和平的希冀，从外在感官印象到内在心理期待，都具有美的因素。"在图腾文化中，已孕育了华夏文化早期萌生的善恶、美丑的观念，体现出先民们由自然崇拜到万物有灵的观念的产生，以及由万物有灵到图腾崇拜而产生善恶、美丑观念的历史发展轨迹。"[①]

当然，必须注意的是，原始先民的审美经验与后世的审美经验具有较大的分别，它与巫术、图腾密切相关。车尔尼雪夫斯基在《艺术对现实的美学关系》一书中站在现代人的感官将蛙排除在美

---

① 张文勋：《华夏文化与审美意识》，云南人民出版社，1992，第32页。

的对象之外，他说：

> 蛙的形象太怪了，所以不得不惹人注意；可是我们就觉得蛙的形象不齐整、不和谐，因为蛙的体格结构完全不象四足类动物的体格结构；就样子来说，不拿蛙与四足类动物比较是不可能的，蛙太象四足类动物了；我们觉得蛙仿佛是某种畸形的四足动物，因此蛙的样子是极其讨厌的，似乎是歪曲了四足类的形状。但是要是我们用手触一触，我们便更厌恶它了，嗐，它是多么冷冰冰的呵，蛙所以使人厌恶，因为它象死尸一样冷，况且，它遍身有一种粘液，象是尸体上的冷冰冰的粘液：蛙多么讨厌呵！①

然而，在原始先民看来，蛙是美的。不过这种美不是现代人的美，而是原始的美，它不是感官的愉悦，而是虔诚的信仰，它与原始人的图腾崇拜、生殖崇拜密切相关。以西方近代美学的观念，美是非功利的，然而，原始先民的审美浸透在功利和实用之中。鲁迅先生指出："社会人之看事物和现象，最初是从功利底观点的，到后来才移到审美底观点去。在一切人类所以为美的东西，就是于他有用——于为了生存而和自然以及别的社会人生的斗争上有着意义的东西。功用由理性而被认识，但美则凭直感底能力而被认识。享乐着美的时候，虽然几乎并不想到功用，但可由科学底分析而被发见。所以美底享乐的特殊性，即在那直接性，然而美底愉乐的根抵里，倘不伏着功用，那事物也就不见得美了。并非人为美而存在，乃是美为人而存在的。"② 人类最初的活动是全然生存的必需，因生

---

① 〔俄〕车尔尼雪夫斯基：《美学论文选》，缪灵珠译，人民文学出版社，1957，第61～62页。

② 《鲁迅全集》（第4卷），人民文学出版社，1981，第263页。

产力低下，惊异于天地万物的诡异变幻，生出种种幻想性的解释，这便是神话。鲁迅先生认为神话带来艺术的萌芽。"神话大抵以一'神格'为中枢，又推演为叙说，而所叙说之神、之事，又从而信仰敬畏之，于是歌颂其威灵致美于坛庙，久而愈进，文物遂繁。故神话不特为宗教之萌芽，美术之由起，且实为文章之起源。"①

神话构成艺术的源头，而且是生生不息的活水源头，后世的文学艺术生产都离不开这个源头。加拿大文论家弗莱认为，审美活动诸如文学审美是"'移位'的神话"。一个民族反复出现的原始意象就是"原型"，其中蕴含着人类本能、集体无意识以及文化心理结构。远古神话正是这种文化心理的载体，神话是审美的"原型"。神话原型反复呈现形成四季交替的神话结构："喜剧"——欢愉的春天，象征神的诞生；"传奇"——梦幻般神奇的夏天，象征神的历险；"悲剧"——崇高悲壮的秋天，象征神的受难；"讽刺"——在危机中孕育生机的冬天，象征神的复活。

二　神话：美学的"典型"

神话不仅在艺术发生上为美学提供本源，也在审美特性、艺术特性上为美学提供典型。

德国美学家鲍姆嘉通 1750 年创建"美学"（Aesthetics），美学即"感性学"或"感情学"，是研究情感的。"美学的对象就是感性认识的完善（单就它本身来看），这就是美；与此相反的就是感性认识的不完善，这就是丑。正确，指教导怎样以正确的方式去思维，是作为研究高级认识方式的科学，即作为高级认识论的逻辑学的任务；美，指教导怎样以美的方式去思维，是作为低级认识论的

---

① 《鲁迅全集》（第9卷），人民文学出版社，1981，第17页。

美学的任务。美学是以美的方式去思维的艺术，是美的艺术的理论。"[1]

我们在论及艺术生产、艺术作品的特性时有两个最重要的指标：形象性和情感性。

神话时代，人们的概念系统尚未建立，人们生活在纯然的形象性之中。"原始人心里还丝毫没有抽象、洗炼或精神化的痕迹，因为他们的心智还完全沉浸在感觉里，受情欲折磨着，埋葬在躯体里。"[2] 法国结构主义人类学家列维－斯特劳斯的《野性的思维》研究了"未开化"人的思维，其基本特征就是"具体性"。列维－斯特劳斯将"新石器革命"的技术与"近代科学"的技术相比较，指出它们的差别在于存在着两种对自然进行科学探究的不同的思维方式：一个对应直觉、想象、感性直观；另一个则是离开具体对象的形象而进行概念上的抽象思考。"野性的思维借助于形象的世界深化了自己的知识。它建立了各种与世界相像的心智系统，从而推进了对世界的理解。在这个意义上野性的思维可以说成是一种模拟式的思维。"[3] 列维－斯特劳斯还认为"野性的思维"至今仍保留在艺术之中，艺术思维与野性思维类似，也是以具体性、形象性为特征。维柯将诗人视为"人类的感官"，而哲学家是"人类的理智"。[4] 俄国学者叶·莫·梅列金斯基在《神话的诗学》中也论及神话和艺术在形象性上的继承性。

神话具有这样一种特性，即将一般的意象呈现于具体的、感性的形式，即所谓的形象性；而形象性正是为艺术所特有，

---

[1] 朱光潜：《西方美学史》（上），人民文学出版社，1979，第297页。
[2] 〔意〕维柯：《新科学》，朱光潜译，人民文学出版社，1987，第164页。
[3] 〔法〕列维－斯特劳斯：《野性的思维》，李幼蒸译，中国人民大学出版社，2006，第289页。
[4] 〔意〕维柯：《新科学》，朱光潜译，人民文学出版社，1987，第176页。

在一定意义上说来，又是为艺术承袭于神话。①

应该说，单就形象性、具体性而言，后世的艺术只是神话的苍白的模仿，后世的艺术家不可能像原始初民那样完全沉浸在感性之中，即便是在创作的瞬间，他们会受到来自语言符号、思想观念和知识的干扰。

另外，原始初民的理性尚不发达，其精神纯然是情感性。德国著名心理学家 B. 冯特曾说："神话思维的重要推动力，不是观念，而是伴随着观念的情感激动。因此，一切神话都来自情感激动和由此产生的意志行为。"② 恩斯特·卡西尔一再强调，神话依仗于情感的统一性而非逻辑的法则，情感性是神话最强烈最深刻的推动力。

> 神话的真正基质不是思维的基质而是情感的基质。神话和原始宗教决不是完全无理性的，它们并不是没有道理或没有原因的。但是它们的条理性更多地依赖于情感的统一性而不是依赖于逻辑的法则。这种情感的统一性是原始思维最强烈最深刻的推动力之一。③

神话中的情感基于原始人的生存方式，这种情感既不同于世俗世界与欲望的满足程度相联系的自然情感，也不同于艺术生产中的无功利的审美静观，而是基于神话世界生命一体化的感受。"神话是情感的产物，它的情感背景使它的所有产品都染上了它自己所特有的色彩。原始人绝不缺乏把握事物的经验区别能力，但是在他关

---

① 〔俄〕叶·莫·梅列金斯基：《神话的诗学》，魏庆征译，商务印书馆，2004，第 1 页。
② 转引自邓启耀《中国神话的思维结构》，重庆出版社，1996，第 100 页。
③ 〔德〕恩斯特·卡西尔：《人论》，甘阳译，上海译文出版社，1985，第 104 页。

于自然与生命的概念中，所有这些区别都被一种更强烈的情感湮没了：他深深地相信，有一种基本的不可磨灭的生命一体化（solidarity of life）沟通了多种多样形形色色的个别生命形式。"① 神话的情感性特质在艺术中得到了不甚充分的继承。英国人类学家、功能学派的代表人物马林诺夫斯基指出：

> 在巫术和宗教两种仪式中，人们都必须诉诸最有效和最有力的方法，以造成强烈的情感经验。照我们刚才所说，艺术的创造，正是产生这种强烈情感经验的文化活动。……古典的及近代的戏剧，基督教的神剧，以及东方的戏剧艺术，都可能是起源于这种早期的戏剧化的宗教仪式。②

神话因其形象性和情感性成为"美学"最标准的研究对象，也是最能体现艺术特性的文化形式。反思神话对于人们认识审美活动和认识艺术作品的本质具有典型的参照意义。

此外，审美不同于对象化的认知，审美经验往往是人与世界交融的状态，艺术家在进入审美活动时忘却了主体与客体的分别，天地人神一气流通。审美体验总是包含着某个无限整体的经验。而在神话阶段，人的"主体性"尚未建立，人沉浸于生命一体感的氛围之中，神话感受成为审美经验的样板。

三　神话：艺术的"理想"

美不仅仅是感官的印象，它还应该具有形上的意味，具有神性。艺术作品以形象性见长，但艺术的形象绝非图形、图像，而是

---

① 〔德〕恩斯特·卡西尔：《人论》，甘阳译，上海译文出版社，1985，第 105 页。

② 〔英〕马林诺夫斯基：《文化论》，费孝通等译，中国民间文艺出版社，1987，第 87 页。

能够传递意蕴、神韵的形象。黑格尔说："遇到一件艺术品，我们首先见到的是它直接呈现给我们的东西，然后再追究它的意蕴或内容。前一个因素——即外在的因素——对于我们之所以有价值，并非由于它所直接呈现的；我们假定它里面还有一种内在的东西——即一种意蕴，一种灌注生气于外在形状的意蕴。那外在形状的用处就在于指引到这意蕴。"① 优秀的艺术作品具有形而上的、超然的品质，就像波兰现象学美学家英伽登所言的"形而上质"（metaphysical qualities）。英伽登认为，再现的客体层最主要的功能是显示"形而上质"，如悲剧性、崇高、神圣、怪诞、恶魔般等性质。它不是客体的属性，不是认识的对象，而是从复杂的、神秘的情境中显露出来的某种"氛围"。审美是神圣与世俗的交融，伟大的艺术作品都具有神性。

前面我们谈到神性在艺术生产中的作用，神性是审美活动的本体。针对美的要义在于比例和谐的美学观，普罗提诺提出美是由一种支配物质的、不具有形体的"光"所赋予的。这个光就是神圣性的理念。在这里，上帝也就是一种弥漫整个宇宙的光辉。因此"美源于上帝"。"如果眼睛还没有变得合乎太阳，它就看不见太阳，如果心灵还没有变得美，它就看不见美。所以，无论何人，如果有心要观照神和美，都要首先是神圣的和美的。"②

浪漫主义推崇希腊文化，从希腊神话中吸取营养。在浪漫主义看来，美几乎可以与神性相等同。诺瓦利斯认为诗人的创作就是"使熟知的东西恢复未知的庄严，使有限的东西重归无限"。在费希特看来，真正的美是在远离尘世事物的地方。

在我的心灵向一切对于尘世事物的欲求锁闭以后，在我实

---

① 〔德〕黑格尔：《美学》（第1卷），朱光潜译，商务印书馆，1979，第24页。

② 转引自缪灵珠《缪灵珠美学译文集》（卷一），中国人民大学出版社，1986，第249页。

际上对于暂时的事物再没有任何心思以后，宇宙就以光辉的形态显现在我的眼前。那僵死的、沉重的、只占据着空间的质块已经消失了，代替它的是川流不息、汹涌澎湃的生命。力量与行动的永恒洪流——它起源于原始生命；呵，无限者，它起源于你的生命；因为一切生命都是你的生命，而且只有那具有宗教感的眼睛才深入了解真正美的王国。①

雪莱（1792~1822）心目中的诗人就是自然神的化身，诗人是一只夜莺，栖息在黑暗中，用美妙的歌喉来吟唱。诗人给世间的事物赋予神圣的性质。在《为诗辩护》一文中，雪莱提到诗歌的功能就是表现神性、拯救神性。

　　诗是神圣的东西。……诗灵之来，仿佛是一种更神圣的本质渗彻于我们自己的本质中……这些以及类似的情景，唯有感受性最细致和想象力最博大的人们才可以体味得到而由此产生的心境却与一切卑鄙的欲望不能相容。……诗人不但因为是感情细致的生灵而容易感受这些经验，他们还能够用天国的变幻无常的色彩，来渲染他们所综合的一切在描写某一激情或者某一景色时的一个字、一个笔触，就可以拨动那着迷的心弦，而为那些曾经体验过此等情绪的人们，再激起了那酣睡的、冷却的、埋葬了的过去之影像。这样，诗可以使世间最善最美的一切永垂不朽，它捉住了那些飘入人生阴影中一瞬即逝的幻象，用文字或者用形相把它们装饰起来，然后送它们到人间去，同时把此类快乐的喜讯带给同它们的姊妹们在一起留守的人们——我所以要说'留守'，是因为这些人所住的灵魂之洞

---

① 〔德〕费希特：《人的使命》，转引自宋一苇《艺术语境中的神圣性道说》，《艺术广角》2002 年第 10 期。

穴，就没有一扇表现之门可通到万象的宇宙。诗拯救了降临于人间的神性，以免它腐朽。[①]

在经历了诸神远遁的现代，荷尔德林等诗人呼唤神性的回归。"再神话化"体现了艺术生产和美学的神性。海德格尔在思考艺术的本源时使用了"物"，而"物"的本质是"聚集"，是天、地、人、神的"四重奏"。在天、地、人、神之中，神无疑又是最古老、最本源的。"再神话化"体现了艺术生产、美学的神性需求。现代一些文学艺术家借助神话及神话学构建艺术世界。英国人类学家弗雷泽的《金枝》对当代欧洲的一批大作家产生重大影响。艾略特说过："一部深刻地影响了我们这一代的著作，我指的是《金枝》。"詹·乔伊斯的创作执着于从社会、历史向神话转化，他采用神话化的方法创作小说。

从某种意义上讲，不仅美学需要神性，人类同样需要神性。现代化以理性启蒙去除神话，导致去神圣化。超越者消失了，上帝死了，现代人失去了与某种超越的东西联系，安身立命的深层根基也就松弛了。于是，人类的精神陷入深深的危机。没有了神性的招引，人的完满性和丰富性的视域被遮蔽了，剩下的只是物化的生存。而人类从本质上讲需要超越的维度，人类在内心深处有着"造神"的不息冲动。神性是人性内在的需求。如何恢复或重新寻找神性，这对于人类的生存来讲是根本性的。荷尔德林说：

> 只要善良、纯真尚与人心同在，
> 人将幸福地
> 用神性度量自身。

---

① 〔英〕雪莱：《为诗辩护》，载《十九世纪英国诗人论诗》，缪灵珠译，人民文学出版社，1984，第153页。

神是不可知的吗？
神还是天空一样显明？
我宁愿信奉后者，
它本是人的尺度。
充满劳绩，但人诗意地居住在此大地上。①

神性的根源其实就在人的超越性的精神追求。神性是人性的理想境界。

现代美学中对神性的重新发现不仅仅是学者的一种理论自觉，它也是在物质文化高度发达，技术力量无限扩张状况下美的深度消失的一种呼告。这种对美的理解最近在中国也得到了学者的回应，张世英先生在《境界与文化——成人之道》一书中提出了"美感的神圣性"这个美学观点。他说："中国传统的'万物一体'的境界，还缺乏基督教的那种令人敬畏的宗教感情。我认为我们未尝不可以从西方的基督教那里吸取一些宗教情怀，对传统的'万物一体'作出新的诠释，把它当做我们民族的'上帝'而生死以之地加以崇拜，这个'上帝'不在超验的彼岸，而就在此岸，就在我们心中。这样，我们所讲的'万物一体'的境界之美，就不仅具有超功利性和愉悦性，而且具有神圣性。"② 2014 年 11 月，北大美学沙龙举行了关于"美感的神圣性"的讨论，提倡与"万物一体"的神圣性的美。张世英先生认为：

美有低层次和高层次之分：低层次的美，就是声色之美，好看好听。还有高层次的美，就是心灵之美，心灵之美就体现了美的神圣性。我们当前的社会现实中，就是在声色之美的背

---

① 〔德〕海德格尔：《诗·语言·思》，彭富春译，文化艺术出版社，1991，第 191 页。
② 张世英：《境界与文化——成人之道》，人民出版社，2007，第 244 ~ 245 页。

后缺乏心灵之美的支撑，也就是说，缺乏一种超越现实的高远的精神境界。我今天要讲的内容，就是要讲美的背后必须要有高远的精神境界来支撑。声色之美，只要背后有高远的精神境界的支撑，也就具有神圣性。①

叶朗在《美学原理》中将"美感的神圣性"定位于宇宙感：

> 不是在美感的所有层次上都有神圣性，而只是在美感的最高层次即宇宙感这个层次上，也就是在对宇宙无限整体的美的感受这个层次上，美感具有神圣性。这个层次的美感，是与宇宙神交，是一种庄严感、神秘感和神圣感，是一种谦卑感和敬畏感，是一种灵魂的狂喜。这是深层的美感，最高的美感。②

"宇宙感"不是物理空间广袤，而是如卡西尔所说的神话世界的"生命一体感"，是天地人神的聚集。当个人追寻到万物一体的深渊，便体验到一种神话性的意识状态，眼前的景观便变成神圣的，在瞬间感受到永恒生命的片段。崇祯九年（1636）十月初九，徐霞客在浙江金华游北山的金星峰。他们在游那里的名胜北山，投宿鹿田寺，因为离天黑还有一段时间，而他游兴尚浓，便强拉静闻和尚趁着夕阳向高山深处走去……

> 甫至峰头，适当落日沉渊，其下恰有水光一片承之，混漾不定，想即衢江西来一曲，正当其处也。夕阳已坠，皓魄继辉，万籁尽收，一碧如洗，真是濯骨玉壶，觉我两人形影俱

① 张世英：《美感的神圣性》，《北京大学学报》（哲学社会科学版）2015年第3期。
② 叶朗：《美学原理》，北京大学出版社，2009，第136页。

异，回念下界碌碌，谁复知此清光！即有登楼舒啸，酾酒临江，其视余辈独蹑万山之巅，径穷路绝，迥然尘界之表，不啻霄壤矣。虽山精怪兽群而狎我，亦不足为惧，而况寂然不动，与太虚同游耶！①

这种超绝尘表与太虚同游的生命感受就是宇宙感。

坎贝尔认为，"神话的基本动机是，所有的生物都是一体，到后来才分出天、地、男、女等"。② 神话的基本功能是让人体验万物同一之感。这种同一感是伦理意义上的慈悲的基础，也是超越之大美的基础。坎贝尔讲到北美印第安部落巫师黑麋鹿感应神圣的故事。

> 黑麋鹿说："我看到我站在世界的中央山脉上，一个全世界最高的地方。我可以看到这世界的景象，因为我是以神圣的世界眼光来看待它。这个神圣的中央山脉就是南达科答州的阿尼尖峰。这个中央山脉无所不在。"这段话显示出他真正了解神话，并且区分出当地人对阿尼尖峰的偶像崇拜，及将阿尼尖峰视为世界中心的隐含意义。世界中心是地球的轴心，是中央点，是一切皆绕其旋转的轴。世界中心是动静集中的点，动是时间，静是永恒。能意识到你的生命是永恒的一个片段，而去体验存在于短暂经验中永恒的一面，就是一种神话体验。……如果你无法了解在你面前的这个人身上也有一个中心的话，你只有一种粗糙的个人主义。这是神话方式所体验到的个人。你

---

① （明）徐宏祖：《徐霞客游记校注》（上），朱惠荣校注，云南人民出版社，1985，第129页。

② 〔美〕约瑟夫·坎贝尔、比尔·莫耶斯：《神话的力量——在诸神与英雄的世界中发现自我》，朱侃如译，浙江人民出版社，2013，第74页。

就是那座中央山脉，而那座中央山脉无所不在。

当生命以神圣的眼光来看待世界的时候，便超越粗浅的、机械的二元分别的世界，便无限地接近奥秘的宇宙并与之相融合。

本雅明在《单向街·天文馆》中论及人与自然的关系时比较了古人与现代人的分别，将是否能体验到人与世界万物神秘的联系，能否进入宇宙体验作为重要标准。

> 古人完全沉浸在一种宇宙体验中，而后来的人则对此几乎毫无体会。最能区分古人与现代人的，莫过于此。这种专注能力的消逝是由现代发轫之时天文学的兴盛造成的。开普勒、哥白尼和第谷·布拉赫当然仅非科学冲动所驱使。但是，天文学极其容易导致对人和宇宙的视觉联系的偏重，这就包含着未来的不祥之兆。古人与宇宙的沟通完全是另外一种方式：迷恍中的神交。因为只有在这种体验中我们才能了解到什么离我们最近、什么离我们最远，二者相对并存、缺一不可。但是，这就意味着，人只能集体地与宇宙发生这种迷狂接触。现代人最危险的错误在于，把这种体验当作不重要的和可以避开的，或者认为这种体验只是个人面对星空的诗性。事实并非如此。①

神话与美学的紧密结合催生出神话美学。最近有学者提议建构"神话美学"学科，以破解当代美学研究的困局，突破认识论美学的桎梏。如颜翔林教授提出"美学神话"（The Myth of Aesthetics）和"审美神话"（Aesthetic Myth）的概念。认为："神话和人类的

---

① 转引自刘北成《本雅明思想肖像》，上海人民出版社，1998，第119页。

审美活动和艺术活动存在广泛而深刻的联系，西方的美学思考在一定程度上涉及神话这个重要的精神现象，从而形成一种值得关注的神话美学。"①

在美学领域神话总是引导人们去接近审美活动和艺术产品的幽隐之处。历史上的许多美学家都从神话学的角度对美学做了积极的建构。如柏拉图的灵感说、维柯的诗性智慧、谢林的审美直观、卡西尔的神话思维等。

四　美是难的：美学神话的开启

美学是研究"美"的学问。美是什么？柏拉图最早对此问题做了研究。在《大希庇阿斯篇——论美》中，哲学家苏格拉底与诡辩者希庇阿斯就美学的根本问题展开了一场对话。双方先后出了"美就是一位漂亮的小姐""美是黄金""美是恰当""美就是有用的""有益就是美的""美就是视觉和听觉所产生的快感"等判断，但都不能令人信服。最后便以"美是难的"这一古希腊谚语作结。时至今日，学者们就此问题依然未达成一个被大家普遍接受的界说。

"难的"问题也许是暂时的困难，随着认识能力的增强有望得到解答。但如果这个"难的"问题永无解答之日，那么它连接的是无限的深渊。"美是难的"似乎恰恰切中美的神话性。我们也许能对美的事物、美的对象做出精确的判断，然而对"美本身"无论我们多么努力去探寻，它始终在一片迷蒙之中。美的事物（如美的人、美的风景）以及美的事物的外在形式（如对称、精致、和谐等）是可以理解和表述的，但是美本身不同于美的事物，它是难以理解的。美本身是纯粹的、不变的、永恒的和不可见的超越性的存

---

① 颜翔林：《神话的美学探询——西方神话美学札记》，《湖南师范大学社会科学学报》2009 年第 1 期。

在，因而是神秘的存在。"圣而不可知谓之神"（《孟子·尽心下》），美本身超出了人的认识范围，或者说它不是认识的对象，只是供人信奉的神。试图从理性的角度回应美学问题，也许将原本丰富的事物扁平化，将原本复杂的问题简单化。现代的某些逻辑实证论者认为美学这门学科无法实证，因此是一门"前科学"，或者说是神话。

对于柏拉图的美学思想而言，神话的意义尤为突出。从某种意义上说，真正的美就存在于超越人类的神那里。现实世界的美是有限的、不完整的，只有理念的美、神性的美是永恒的、完整的。现实世界的美是理念世界的美、神性之美的回忆。柏拉图心目中的"神"类似于"理念"，它为美提供最高范式，因而柏拉图的美学富有神话色彩。当人们顺着喜爱的对象的阶梯一步一步向上行进：美的服饰——美的肉体——美的认知——美本身。观照美本身就是神话性的。"请想一想，如果一个人有运气看到那美本身，那如其本然，精纯不杂的美，不是凡人皮肉色泽之类凡俗的美，而是那神圣的纯然一体的美，你想这样一个人的心情会像什么样呢？"①

美学作为感性之学，它不同于理性的认识，但它不仅仅是感官之学，美并非局限于感官现象，最典型意义上的美甚至是超越感性现象的，也并不是单靠理念就能把握的，在那里依然闪烁着神性的光芒。柏拉图之后，无数的美学家都试图把握美的本质，也往往号称把握了美的真理，然而这种理论的自信有望被证明不过是理论的自负。

面对美本身这个难题，柏拉图在理论表述上并不是一味借助"概念"，而是大量采用神话故事。从某种意义上讲，美学植根于神话。

---

① 〔古希腊〕柏拉图：《柏拉图文艺对话集》，朱光潜译，人民文学出版社，1988，第273 页。

在希腊智者派那里，"神话"（Myth）是指一种与逻各斯（Logos）相区别的言辞类型，它主要是通过讲述神灵等超自然的事物的故事来展开其思想。普罗塔哥拉说："我既以神话形式又以逻辑根据证明了美德是可以传授的。"（《普罗塔哥拉》320c）神话故事以其形象性引导人们接近真理，达到抽象的逻辑论证难以达到的效果。这里的神话（故事）只是喻之以理的形式，神话是智者手中的工具，他可以自由增补、缩减、创造，只要他认为对听众有用。

柏拉图也用神话的形式来表达其哲学思想。神话被视为接近真理的一种方式，它以形象的表达方式传授真理。在讨论问题时，找到一个相应的神话故事显得尤为关键。"所有讨论最大的难处是找一个与我们的目的相适应的故事，而提供了这样一个故事我们就可以很好地进行讨论了。"①

之所以要选择神话故事作为哲学思想的表述方式，一方面是因为只有少数人能单凭理智实现灵魂的上升，大多数人（低智者和青年）则借助神话的翅膀接近真理。另一方面，也许与讨论的内容过于复杂、丰富有关。而明晰、精确的概念表述会过滤掉精微的思想，过分有序的逻辑表述会将诗性之思的气息屏蔽掉。

另外，在柏拉图看来，神话不仅是论证真理的手段，其中蕴含着真理，它也构成真理本身。《高尔吉亚篇》中写道："把你的耳朵竖起来，注意听，这是一个非常美丽的故事，我想你会把它当作虚构，但我会把它当作事实，因为我确实把将要告诉你的话当作真理。"② 在这里，神话不再是为了论证观念而为所欲为的个人创造，而是投身于其中的、让人信服的东西。苏格拉底还说："既然灵魂不死，我想敢于有这么个信念并不错，也是有价值的，因为有这个

---

① 〔古希腊〕《柏拉图全集》（第3卷），王晓朝译，人民出版社，2005，第277～278页。
② 〔古希腊〕《柏拉图全集》（第1卷），王晓朝译，人民出版社，2005，第421页。

胆量很值当。他应该把这种事像念咒语似的反反复复地想。"①

仅仅是引用神话，这不能算是神话性的东西，"我们称某一阐述是神话性的，不是因为其中提到了某个神话，若某阐述引用了神话，那么这个阐述还远非神话性的；也不是因为作者利用神话，若某人利用神话，那表明他已超出了神话。若作者把神话转变成信仰对象，那么他的阐述也还不是神话性的，因为神话性的东西不是求助于认知，而是求助于想象力，它要求个体消融于其中"。②据克尔凯郭尔的分析，"这些对话里柏拉图的自由创造，任他揉弄的东西居少，压倒他的东西居多，迎合年轻或低智的听众的次要描述居少，而对更高境界的预感居多"。③

按照一般理解，柏拉图敌视诗人，将诗人驱逐出理想国。实际上，柏拉图对诗人做了两种截然不同的区分，一类是仅凭技巧和诗艺进行模仿的诗人，这是柏拉图要驱逐的对象；另一类则是严肃地讲述神圣故事、歌颂神明和英雄的诗人，这一类诗人并不在驱逐之列，他们在城邦中担任培养刚毅的战士的职责。在《理想国》中，"我认为，这个国家要拒绝接受大部分诗歌，因为它们是模仿性的"。"但我们必须明白这个真理，只有歌颂神明和赞扬好人的颂歌才被允许进入我们的城邦。如果你允许甜蜜的抒情诗和史诗进入城邦，那么快乐和痛苦就会取代公认为至善之道的法律和理性，成为你们的统治者"。《斐德罗》中论及灵魂的等级（九类），模仿性艺术家被划为第六类，而"缪斯的追随者和热爱者"则被划在第一类灵魂之列，在希腊神话中缪斯女神是执掌艺术的，所谓"缪斯的追求者和热爱者"显然就是艺术家和诗人。

---

① 〔古希腊〕柏拉图：《斐多》，杨绛译，辽宁人民出版社，2000，第95页。
② 〔丹麦〕克尔凯郭尔：《论反讽概念》，汤晨溪译，中国社会科学出版社，2005，第83页。
③ 〔丹麦〕克尔凯郭尔：《论反讽概念》，汤晨溪译，中国社会科学出版社，2005，第78页。

柏拉图反对传统的希腊神话，因为它所表现的诸神往往集中了人性的卑劣和丑恶。在《理想国》中，他对以荷马为首的诗人提出了控诉，因为诗人将诸神写得和凡人一样放纵自己的欲望，做出许多邪恶之事，从而诱导年轻人作恶。而柏拉图的神不再是拟人化的神，如《国家篇》中俄耳甫斯复活神话中的"命运"三女神（拉赫西斯、克洛索、阿特洛泊斯）与赫西俄德神话相比没有了情欲和个性，只有功能上的意义。另外，柏拉图笔下新神祇是其哲学思想的构成因素，在柏拉图的神话中，"真正的神话的一种最本质的特征遗漏了……真正的神话并不具备这种哲学的自由，因为关于神话赖以生存的基础的想象，就其为想象而言是不可知的"。[①]

柏拉图站在哲学本位的立场贬斥诗人，试图将诗人赶出理想国，就是因为诗人靠暗中接受神灵的资助，没有自己的思想，没有职业知识，更没有理性。如荷马史诗的吟唱者伊安只是一个没有自己思想的复述者，一个骗子。这客观上也说明，艺术与神话是一体的，而不单单是一种理性的认识活动，不仅仅是知识。柏拉图尽管从价值判断上对诗歌和诗人做出否定，但从另一个方面正好肯定了诗歌的超理性、超认识特性，就如同宋儒将《诗经》中的一些诗歌斥为"淫"，但恰好证明诗歌不是汉儒眼中的伦理说教。柏拉图抬高哲学，贬斥史诗，殊不知，哲学原本不过是史诗的副产品，"严格说来，哲学是靠睿智的文本阐释和注疏起家的，一切哲学沉思最初都是无害的。但这种阐释学不久就变成了神意转达者对信息的窃取，转达者指的是机智的众神使者赫耳墨斯。因为赫耳墨斯使诗人失去了其原有职能，所以他成了思想家的保护神。……美和崇高最终臣服于理性"。[②] 柏拉图认为只有哲学家才能当理想国的主宰，他试图用哲学的理念来框定美，但他尚未武断地用理性来解决美学的

---

① 〔德〕恩斯特·卡西尔：《国家的神话》，范进等译，华夏出版社，1999，第57页。
② 〔德〕杜尔斯·格林拜恩：《诗歌及其秘密》，贺骥译，《世界文学》2016年第1期。

问题，最后他提出了"美是难的"，似乎又退回神话的幽隐神秘之中。而他借助神话对美的难题做了较为恰当的表述。

近代德国美学家尼采的美学名著《悲剧的诞生》采用的也是神话策略。在讨论悲剧时，他没有采用"概念"（begriff），而是采用神话世界透明而清晰的"形象"（gestalt），借日神阿波罗和酒神狄俄尼索斯两位艺术神祇来开启悲剧幽深难明的世界。

由"美是难的"开启的美学神话在一代代美学家的讲述中形成一部神奇的美学史。

五　美学的历程

美始于神话、巫术、图腾。研究美的美学（不一定是以概念、判断的形式）也许同样可以追溯到神话时代。

20 世纪瑞士神学家、美学家巴尔塔萨将西方古代思想历史划分为神话、哲学、宗教三个阶段。神话阶段指从荷马史诗时代到悲剧诗人的时代。在神话中，存在人－神二元结构，神话"对人与神圣者的关系给出一种诠释，并因此给与他其存在及其自我理解"。[1]在荷马史诗中，人神有别，人神之间存在不可跨越的鸿沟，但人又不能离开神而存在，这实际上开启了人的形而上之维，人可以借助仪式等方式上升至神的领地，特别是在英雄与他的守护神之间可以建立非常亲近的关系。

正是这种人－神之间既超越又内在的关系产生了神性之美。在此神话阶段，人们以感性的形象来象征神圣世界，表达敬仰，而不是像后来的哲学时代以理性和概念来把握存在，因此，神话与艺术、宗教与艺术是同一的。"对整个古代的、古典的时期来讲，艺

---

① 转引自张俊《形而上学传统中的荣耀之光——巴尔塔萨神学美学视域中的先验美学谱系》，《外国美学》（第 20 辑），江苏教育出版社，2012，第 8 页。

术都是关于诸神的。"① "在柏拉图开始他的哲学工作之前，希腊艺术的伟大时期总的来说在其版图内就已经结束了，后来出现在为古典时期而神魂颠倒的希腊、罗马、欧洲的所有事物，都保留了一种对源自神话精神——并因此源自宗教——的原初发生行为的怀念。所有伟大的艺术都是宗教性的，是一种对存在者的荣耀的赞美行为。哪里宗教的维度消亡了，赞美也就堕落到仅是诱惑的、讨好人的东西中；哪里荣耀消失了，我们就只剩下称为'美'的东西。"②

进入哲学阶段以后，人类以理性的方式切入世界，用知识来认识世界，于是世界原本的神圣性消失了，诸神开始淡出人的视界，"荣耀"之光开始黯淡，"崇高"也渐渐不再。与此同时，"美"从与神和世界的混一中独立出来，从与真、至善的一体化中分离出来，也渐渐丧失神圣性。与之相联系，艺术精神也从此式微，"艺术中公认的美是来自神秘启示的领域和时代的：这只被荣耀环绕。希腊化—罗马时期的艺术，即使是作为一种官方宗教的表现，也只能是对失落的希腊世界的原型进行或精确或（大多数时候）不精确的复制；但这些被抽象精神影响的复制品，不再拥有原型的光辉和神秘的荣耀"。③ 巴尔塔萨将古代宗教视为神话与哲学的综合与调解，它一方面从神话中吸取信仰的力量，另一方面又从哲学中获取理性的支持。

受巴尔塔萨的启发，并根据世界思想史发展的后续进程，我们可以增加一个科学阶段，并依据神话与宗教的亲缘关系将其合并，于是将世界思想史划分为神话、哲学、科学三个阶段。以神话、哲

---

① 转引自张俊《形而上学传统中的荣耀之光——巴尔塔萨神学美学视域中的先验美学谱系》，《外国美学》（第20辑），江苏教育出版社，2012，第81~82页。

② 转引自张俊《形而上学传统中的荣耀之光——巴尔塔萨神学美学视域中的先验美学谱系》，《外国美学》（第20辑），江苏教育出版社，2012，第81~82页。

③ 转引自张俊《形而上学传统中的荣耀之光——巴尔塔萨神学美学视域中的先验美学谱系》，《外国美学》（第20辑），江苏教育出版社，2012，第88页。

学、科学为视角，可以将美学史划分为神话美学、哲学美学和科学美学。

神话美学是从神、神性出发思考美。美是神圣者、绝对者及其显现。而且，这个绝对者难以言说，只合信仰。

哲学美学是从现实审美对象中抽象出美的本质，它以理性概念为主要手段来构建关于"美"的知识体系以供人认识。在西方美学史上，柏拉图开创了哲学美学，但尚未发展成为一门独立的学科，美仍然与真、善融为一体。哲学美学的真正形成是近代，笛卡儿的理性思维影响着人们对美的思考，美从原始的混一中分化出来，美学成为一门独立的科学。哲学美学在德国古典哲学那里发展到极致。

科学美学是以实验的方式分析现实事物的美，以便人们运用和操作。科学美学和哲学美学都是借理性的思维运作来处理现实审美对象，有相似之处，但哲学美学运用思辨，且不回避形而上者。在笛卡儿看来，科学的对象是外部物质世界，哲学的对象是内部世界和上帝的荣耀。正如巴尔塔萨所说，"哲学不可能也不会去否认它神话的过去，尤其是当它关涉美的方面的时候"。[1] 例如谢林赋予神话以中心的地位。神话不仅是审美活动和艺术活动的起因，也是哲学的基础："神话既然是初象世界本身、宇宙的始初普遍直观，也就是哲学的基础，而且不难说明：即使希腊哲学的整个方向，亦为希腊神话所确定。最古老的希腊自然哲学，便是最先从中产生者。……而神话又是哲学伦理部分的初源。"[2] 与哲学美学相比，科学美学则尽失神话因素，极力排除神话因素，它关注运用，关注形式和操作程序。

西方自古就有科学美学的因素，如美在数的和谐、比例。近代

---

① 转引自张俊《形而上学传统中的荣耀之光——巴尔塔萨神学美学视域中的先验美学谱系》，《外国美学》（第 20 辑），江苏教育出版社，2012，第 85 页。

② 〔德〕谢林：《艺术哲学》，魏庆征译，中国社会出版社，1996，第 76 页。

以降，随着主体性哲学的确立，人们相信一切存在都可以以"思维"的形式加以确立。随着近代技术手段的进步，一切都可以以精确的方式加以表现。主体性哲学的现代兴起导致了形而上学领域中的荣耀的消逝，美学只是作为严格的科学而存在，科学美学盛极一时。"存在不再拥有任何光辉，而从先验维度中驱逐出来的美则被囿限于纯粹的尘世现实之中。"① 巴尔塔萨在《神学美学》中认为现代美学是"审美科学"，是一种"精密的科学"（exakten Wissensehaft）、"精密的美学"（exakten Asthetik），它将"美"限定在尘世，而且遵从科学的分类，将美从世界的混一中独立出来。实验美学、心理学美学的盛行，都是科学美学胜利的表现，美学成为一种经验科学和描述科学。

传统美学（含哲学美学和科学美学）往往以主客二元分置为思维模式。客观派从客观事物中发现美的本质，或者将美判定为理念，或者将美视为比例的和谐。主观派则从主观心理方面说明美，认为美并不是事物本身里的一种性质，美只存在于观赏者的心里。荷兰哲学家斯宾诺莎认为外物接于眼帘，触动我们的神经，能使我们获得舒适之感，我们便称该物质为美。

不论是客观派还是主观派均将美视为对象性的活动，以概念、范畴为工具构建美学理论体系。近代理性主义运动更是使理性主义美学取得独霸地位。

19 世纪以降，非理性主义开始抬头，神话、神性成为重要的美学资源，借助神话研究，学者们克服主客二元思维模式。美国超验主义思想家爱默生认为自然不再是给定的对象，自然以自己充溢的生命环绕在我们的四周，流入我们的身体，凭借它自己的力量邀请我们与之协调行动。每一个自然事实都象征着某种精神事实，自

---

① 转引自张俊《形而上学传统中的荣耀之光——巴尔塔萨神学美学视域中的先验美学谱系》，《外国美学》（第 20 辑），江苏教育出版社，2012，第 112 页。

然中的每一种景观都对应心灵的某种状态。而且，自然是富有神性的。现代不少美学家借助神话，将美学还原到生命和文化的根源处，如荣格的原型理论、文化人类学的研究，赋予了美学更深的背景和更丰富的内容。

神话与美，神话与美学不仅具有学理上的关联，而且具有现实的功能。近代以来，科技长足的发展，人们思想的无神化（de-mythification），以及对理性、对科学的过分依赖，世界变成一个由计算组合起来或由推理构建起来的世界。法国数学家皮埃尔－西蒙·拉普拉斯认为，只要给出初始条件就可按照一定的原理或逻辑程序推演出整个世界。在以拉普拉斯为代表的近代人的心目中，世界的一切是可以推导的。拉普拉斯在其《概率论》的导言中指出：我们可以把宇宙现在的状态视为其过去的果以及未来的因。如果一个智者能知道某一刻所有自然运动的力和所有自然构成的物件的位置，假如他也能够对这些数据进行分析，那么宇宙里最大的物体到最小的粒子的运动都会包含在一条简单公式中。对于智者来说没有事物会是含糊的，而未来只会像过去般出现在他面前。在这样的"智者"看来，世界不再神奇，世界变成了可以完全借助技术来控制的世界，变成了用语言可以精准描述的世界，世界"祛魅"了。雅斯贝尔斯在《现时代的人》中写道："人在世界中神圣感的失落，是现代社会独具特色的失落。"①

哪里有失落，哪里就有拯救。神话经历了自启蒙运动以来的失落，20世纪被称为"神话复兴的世纪"。唤回现代人丧失的神圣感需要多方面的努力，而美学是重要的一环。据此提出神话美学不仅是理论的需要，也是社会现实的召唤，这也是20世纪神话复兴的动力。借助神话学来审视美学问题，可以将审美法则提升到形而上

---

① 〔德〕卡尔·雅斯贝尔斯：《现时代的人》，社会科学文献出版社，周晓亮、宋祖良译，1992，第14页。

学（玄学）和启示的层面，克服现代美学过分世俗化、碎片化的弊端，这是神话美学的任务。

神话的复兴不仅仅表现在人们对神话的重视，更体现在超越此前的技术理性色彩，还原神话中的神话因素和审美气质。

神话及其思维方式在技术主义流行的时代，在重理性思维、逻辑思维的社会里，带有明显的纠偏功能。而其超越技术理性的特征使其蕴含审美的因素和艺术的力量。

在人们对美进行思考的开端处，柏拉图提出："美是难的。"面对这一美学难题，后世学者进行了一系列的理论探究和科学认识，给出了众多答案。然而，美为何物至今困扰人们。从理性和技术的角度固然可以回应这一美学问题，但从非理性、从神话更能回应它。现代科技产生的问题靠科技本身的进一步发展是否能加以解决？抑或科技能够解决当下的问题，但它又会产生新的问题，并在一条人类文明发展的偏狭之路中最终导致无解。

文化的发展常常借助返回起点的方式来开启新的发展方向并寻找发展动力。例如，海德格尔为了克服西方哲学对"存在"的形而上学理解，就抛弃黑格尔上溯至柏拉图的形而上学思想史，返回前苏格拉底，以揭示被各种观念遮蔽已久的存在的真相。这种人类思想史上的返回用《老子》哲学的语言来说就是归根返道，就是复命。"万物并作，吾以观复。夫物芸芸，各复归其根。"（《老子》第十六章）而人类文明之根源可以一直追溯到文明的母体——神话。

当然，任何复归都不可能是绝对的返回。我们不可能真正回归原始古朴的年代。神话复归从某种意义上讲是对科技化时代的反动，它试图恢复人的精神性与自由性。要克服现代美学的碎片化趋势和意蕴的丧失，必须对现代美学进行改造，将其提升至形而上的、神话的层面。必须退一步而观之，也只有这样，才能真正发挥现代美学的作用。

第二章

神话世界

"今人不见古时月，今月曾经照古人。"（李白《把酒问月》）毫无疑问，"今人不见古时月"；但是否"今月曾经照古人"？从科学知识的立场上，这也许是对的，然而若不将"月"视为客观的对象，不将"人"视为"旁观者"，那么今月何曾照古人？古人眼中的"月"决不同于登月成功后的现代人眼中的"月"。同样，"世界"是复数的，古人的"世界"不同于我们今天的"世界"。

第一节　"世界"观与"神话世界"

不同的"世界"观念为人们设置不同的接近世界的视角，也决定着"世界"呈现的不同方式和状态。在自然思维的状态下，人们将"世界"理解为现成事物的总和，并与人分隔开，成为人认识的"对象"。马克思将实践引入对世界的思考，人通过实践创造了人的世界，克服了人与世界的二分。现象学试图改变传统的"世界"观，胡塞尔指出，在所有哲学之前，人们已经具有了关于世界的意识，哲学所能改变的只能是对世界的观点。他以"意向性"来克服主客二分式思维，事物不是现成的而是生成的，"世界"也一样，

114

世界由"理论"的设定还原为"生活世界"。

　　这个"生活的世界"，既不是我与之作实际交往、维持生命的物质的世界，也不是作静观的"对象"研究的思想的世界，即既不是实践的世界，也不是思想的世界，既不是实践理性的"对象"，也不是理论理性的"对象"，而是这两种方式分化之前的完整的、活生生的世界。我并非纯粹的"主体"，"世界"也不是纯粹的"客体"，"世界"不是我的概念的"对象"；"世界"就是"我""看到"的那个样子。"世界"之所以成为我们的"对象"，是因为我在"看"它，因而不是"客观的""对象"，而是"意向性的""对象"；"世界"之所以是"活"的，是因为"世界"是"我"的，也是"你"的，也是"他"的，"世界"首先是"他人"所组成的，而"他人"是和"我"一样的"活人"。①

也许存在一个客观的世界，但它对我不显示意义。实际上所谓"客观"的世界也不过是一种科学的设定和语言的建构。现象学看待世界的观点不同于形而上学看待世界的观点，也不同于科学主义看待世界的观点。这里世界不是与我无涉的、客观普遍性的世界，而是参与我的生成，并且向我显示具体意义的世界。

　　从实际上来说，"世界"，（万物）当然不是"看"出来、"说"出来的，但从"意义"来说，我所生活的世界，正是我"看"、我"说"的"世界"；"人"并未把一种什么古怪的"意义""灌输"到"世界"中去，但我们生活的世界的"意

---

① 叶秀山：《思·史·诗——现象学和存在哲学研究》，人民出版社，1988，第7页。

义"只对我们生活的人才打开。"世界"这本大书的意思，只有生活在这个"世界"中的人才能"读懂"。①

海德格尔认为"阐明世界概念乃是哲学的中心任务"。②然而，依循字词，追查"世界"这个字词的历史，以及当中所包含的概念的历史发展，这条理论化的路径在海德格尔看来并不能帮助我们理解"世界"。在《艺术作品的本源》一文中海德格尔说道：

> 世界并非现成的可数或不可数的、熟悉或不熟悉的物的单纯聚合。但世界也不是一个加上了我们对现成事物之总和的表象的想象框架。世界世界化，它比我们自认为十分亲近的可把握和可觉知的东西更具存在特性。世界决不是立身于我们面前、能够让我们细细打量的对象。只要诞生与死亡、祝福与诅咒的轨道不断地使我们进入存在，世界就始终是非对象性的东西，而我们人始终隶属于它。在我们的历史的本质性决断发生之处，在这些本质性决断为我们所采纳和离弃，误解和重新追问的地方，世界世界化。石头是无世界的。植物和动物同样也是没有世界的；它们落入一个环境，属于一个环境中掩蔽了的涌动的杂群。与此相反，农妇却有一个世界，因为她逗留于存在者之敞开领域中。由于一个世界敞开出来，所有的物都获得了自己的快慢、远近、大小……③

海德格尔反对对象性、理论化地理解"世界"，反对将世界看成现

---

① 叶秀山：《思·史·诗——现象学和存在哲学研究》，人民出版社，1988，第10页。
② 〔德〕海德格尔：《现象学之基本问题》，丁耘译，上海译文出版社，2008，第219页。
③ 〔德〕海德格尔：《林中路》，孙周兴译，上海译文出版社，1997，第28~29页。

成事物的集合体，在他看来，"世界"不是存在者之集合，世界不是非历史化、非生活化的现成对象，而是"世界化"（Die Welt weltet）。他提倡从生存论的世界理解"世界"，世界是与此在的生存密不可分的，世界是此在的世界，世界是与此在共属一体的，人在其生存活动中形成了世界，人也在世界的发生过程中成其自身。世界不是一个客观现象，只有人才有"世界"，动物是没有世界的，"动物世界"只是一个比拟的说法。《存在与时间》关注的问题是此在与世界的联结，"此在"的结构是"在－世界中－在"，每一个世界的发生都与自身处境相关，世界的意义都是在其生存境域中呈现，世界不是一个空空如也的大框子，世界只能是人生活于其中的世界。

> 此在在其存在之本质中形成着世界，而且是在多重的意义上"形成着"，即它让世界发生，与世界一道表现出某种源始的景象，这种景象并没有特地被掌握，但恰恰充当着一切可敞开的存在者的模型，而当下此在本身就归属于一切可敞开的存在者中。[①]

按照卡西尔的理论，人是符号的动物，人凭借符号认识世界并给世界赋形。人类运用符号创建了文化，神话、艺术、语言、科学等是符号世界的不同"扇面"。神话是人类最早构建的世界。弗莱也说：

> 人类不像其他动物那样，直接地赤身裸体地生活在大自然中，而是生活在一个神话世界之中。人类出于对自身存在的关

---

① 〔德〕海德格尔：《路标》，孙周兴译，商务印书馆，2000，第185页。

注，产生了种种假想和信念，从而构成了这个神话世界，而这一切多半是在不知不觉之中形成的。[1]

原始人生活的世界是怎样的呢？如何探察这个世界呢？这个问题的回答也许都是猜测性的和外围的。远古绵邈，原始人的生活世界对于我们而言是一个深不可测的海洋，我们只能借助远古文化遗存和人类学、民俗学的有关理论，以及与儿童世界的类比来"想象"一下古人的生活世界，这种"想象"出的世界也许比科学研究出的世界更接近神话世界，因为，神话世界原本就是充满想象的。原始人生活的世界即"神话世界"，神话世界是原始人基于身体想象所构建的世界。

最能窥见神话世界的形式当然是先民流传下来的神话。俄国学者谢·亚·托卡列夫和叶·莫·梅列金斯基指出："所谓神话创作，被视为人类文化史上至关重要的现象。回溯原始社会，神话乃是认识世界的基本手段。神话是其萌生时期的世界感知和世界观念的反映。"[2]

第二节　混沌初开
——创世

神话的根基是宇宙起源，世界上众多民族的神话都有关于宇宙（世界）起源的神话——创世神话。米尔恰·伊利亚德（Mircea

---

[1] 〔加〕诺思洛普·弗莱：《伟大的代码——圣经与文学》，郝振益等译，北京大学出版社，1998，第9页。

[2] 转引自〔俄〕叶·莫·梅列金斯基《神话的诗学》，魏庆征译，商务印书馆，2004，第1页。

Eliade，1907－1986）的《神圣与世俗》将宇宙始创称为世界的
"原初状态"，作为世界的"开端"，创世在人们心目中有着神圣的
地位。

"世界"的发生基于"混沌"（Chaos）。"卡俄斯"意指万物分
化之前的初始状态，虚空、幽暗、恍惚。在各民族的创生神话中都
有关于"混沌"的描述。

古希腊神话关于创世的情形在赫西俄德的《神谱》中是这样描
述的：宇宙最初一无所有，天地尚未开辟，万物尚未形成，只有卡
俄斯。随后，产生了大地女神盖亚、地狱之神塔耳塔洛斯和爱神厄
洛斯。卡俄斯诞生了黑暗之神厄瑞玻斯和黑夜女神倪克斯。

希腊神话对创世的描述有不同的体系，如皮拉斯基人的创世神
话、荷马的奥林匹斯教的创世神话、俄耳甫斯教（Orphism）的创
世神话。它们都提到卡俄斯。皮拉斯基人是古希腊最早的土著居
民，创造了辉煌的米诺斯文明。他们认为卡俄斯是最早的神，从卡
俄斯中涌现的第一位女神是欧律诺墨（Eurynome），其时天地尚未
形成，无处容身，于是她用手一挥，划分出天空和海洋，她立于海
涛之上。女神在一股强劲的南风中翩翩旋转，随手抓住了擦肩而过
的北风，北风变成了一条蜿蜒盘旋的大蛇俄菲翁（Ophion），大蛇
与女神相结合，受孕的女神在波涛上伏窝，诞下一枚宇宙蛋（Uni-
versal Egg），从蛋中诞生了世界：日月星辰、大地山河、草木植
物……女神又创造了一对巨人。俄耳甫斯教则认为卡俄斯之前还有
无始无终的时间神柯罗诺斯（Chronos），柯罗诺斯诞生了埃忒耳
（Aether）和卡俄斯，并在神圣的太空之神埃忒耳体内造出了一个
银色的蛋，从蛋中孕育出了双性神法涅斯（Phanes），法涅斯创造
了万物。卡俄斯是一个无底深渊，那里充满黑暗（夜神）和迷雾
（雾神）。当凝结成卵形的雾被分开时，就形成了天与地。

希腊的戏剧、诗歌都将 Chaos 奉为最初的、最神秘的神。阿里

斯托芬（Aristophanes，B. C. 446 – B. C. 385）认为混沌神（Chaos）、黑夜女神倪克斯、黑暗之神厄瑞玻斯和地狱之神塔耳塔洛斯是同时出现的，黑夜女神倪克斯把一个蛋放在黑暗之神厄瑞玻斯体内，这个蛋生出了爱神厄洛斯。古罗马诗人奥维德（Publius Ovidius Naso，B. C. 43 – A. D. 17）在《变形记》中说一切出于混沌，"天地未形，笼罩一切、充塞寰宇者，实为一相，今名之曰混沌。其象未化，无形聚集；为自然之种，杂沓不谐，然燥居于一所"。

各民族的神话都有类似的世界初始图景。

> 关于世界和宇宙的由来，大致有两说：其一，由原初的混沌、幽冥、水、卵等演化而来，即"进化说"，基本上属于"自生"；其二，为某超自然灵体——创世主、造物主、巨灵等所造，即"造化说"。①

前者如印第安神话：很久以前，大地荆棘丛生漆黑一片。没有光明，昼夜不分。至高无上、至灵的天父从最初的混沌中现身。后者如玛雅、日本、朝鲜等民族的创世神话，创世者横空出世。南美奎什玛雅人的圣书《波波尔——乌》中写道：最初的世界什么都没有，只有造物主特拍和古库马茨，他们创造了所有的动物。

巴比伦创世史诗《埃努玛·埃利什》（*Enuma Elish*）记载，创世前宇宙一片混沌。

> 天之高兮，既未有名。
>
> 厚地之庳兮，亦未赋之以名。
>
> 始有湆虚（Apsū），是其所出。

---

① 魏庆征：《古代伊朗神话》，山西人民出版社，1999，第202页。

漠母（Mummu）彻墨（Tiamat），皆由孳生。

大浸一体，混然和同。

无纬萧以结庐，无沼泽之可睹。

于时众神，渺焉无形。①

古埃及的混沌神是"努恩"：起初，整个世界一片幽暗，只有一片混沌的水——"努恩"。随后，水面升起一块陆地，一朵荷花赫然开放，花中出现一个婴儿，这便是伟大的太阳神——拉。拉神出生后，没有天，没有地，没有动物，只有瀛水，幽暗笼罩于其上。拉神以水渊之土造天和地。天和地空空荡荡，没有群神，也没有众人，拉神便造出了众神和万物，最后从他的眼中生出了人。

古印度《梨俱吠陀》记载：起初黑暗被黑暗掩盖，不能分辨的深渊，这就是一切。

《圣经·旧约·创世纪》："起初神创造天地。地是空虚混沌，渊面黑暗。神的灵运行在水面上。"

中国古代神话集《山海经》记述了中国古代的"混沌"形象：

又西三百五十里，曰天山，多金玉，有青雄黄，英水出焉，而西南流注于汤谷。有神鸟，其状如黄囊，赤如丹火，六足四翼，浑敦（即混沌）无面目，是识歌舞，实为帝江也。（《山海经·西山经》）

中国神话中关于创世有盘古从混沌中开出天地的描述：

（盘古氏）将身一伸，天即渐高，地便坠下，而天地更有

---

① 饶宗颐编译《近东开辟史诗》，辽宁教育出版社，1998，第21页。

相连者，左手执凿，右手持斧，或用斧劈，或以凿开，自是神力。久而天地乃分，二气升降，清者上为天，浊者下为地，自是而混茫开矣。①

混沌是万物尚未生成之前的初始状态，它是绝对的虚空、暗渊。世界各国神话关于混沌的描述都是无限的黑暗，"玄之又玄"的"深渊"。古希腊俄耳甫斯教的神话、新西兰毛利人神话以及中国神话，都将"夜"视为天地之母。"在波利尼西亚神话中，黑暗和冥世（波）为宇宙创造的肇始，并与虚空（科勒）角逐。……在古埃及神话中，就词源而论，'混沌'一词的概念与幽暗（heh）有关；而其所指首先是水之混沌。"② 除了水之混沌，也有"雾"的混沌。中国侗族先民在创世神话中这样认为：远古时代混混沌沌，直到朦胧初开，才分天地，风云雷雨归天，土石人兽归地，太阳高照是白昼，月亮清辉是夜间。这种混混沌沌的状态，也被侗族人描述为自己生活的自然景象——"雾"：万年之前，天地不分，大雾笼罩，世上无人，云开雾散，把天地分，天在高层，地在低层，天有日月星辰，地有万物生灵。从中国古代哲学"天地氤氲，万物化醇"（《周易·系辞下》）看，也许远古曾经存在"气"混沌。水、雾、气都是弥散状的、整体性的。

《庄子》一书中保留了上古的一些神话传说，关于混沌有这样一段文字。

南海之帝为儵，北海之帝为忽，中央之帝为浑沌。儵与忽时相与遇于浑沌之地，浑沌待之甚善。儵与忽谋报浑沌之德，曰："人皆有七窍以视听食息。此独无有，尝试凿之。"日凿一

---

① 袁珂：《中国神话史》，重庆出版社，2007，第 180 页。
② 〔俄〕叶·莫·梅列金斯基：《神话的诗学》，魏庆征译，商务印书馆，2004，第 222 页。

窍，七日而浑沌死。(《庄子·应帝王》)

在庄子心目中混沌是整全的象征，也是道家的"道"的隐喻。

混沌是万物尚未分化之前的一种原始状态。但蛰伏的混沌终于苏醒，世界开始分化。巴比伦创世史诗《埃努玛·埃利什》记载，神族分为两大派：一派是"混沌"，代表无序；另一派是从汪洋中分化出来的天神，代表"秩序"。创世的过程就是混沌与秩序的交织争斗，最后秩序战胜了混沌，从混沌的尸体中创造了万物和人类。

"世界"(world) 一词来源于 cosmos，意为整体中的秩序 (kosmos)，混沌是无序 (A-kosmos)。古希腊阿那克西曼德用"阿派朗"(apeiron) 来理解万物的始基，该词由表示否定的前缀 a 和词语 peras 组合而成，peras 有限定、规定、界限之意，apeiron 则是限定、规定、界限之反，可译为"无限、无定型"等。同样，混沌是 A-kosmos，是无序。无序是有序的基础，"世界"是一种有秩序的存在状态，是从混沌的深渊走向秩序。

"混沌"神话是解释万物起源时不能再后退的所在。神话以隐秘的方式启示了后世哲学对世界本源的探寻，神话的"混沌"转化为哲学的"始基"。泰勒斯的"水是万物的本原"和神话中说海洋之神俄刻阿诺斯和大海女神忒提斯是诸神的父母的意义是同样的，亚里士多德如是说。所以说，"希腊神话不只是希腊艺术的土壤和素材，它也是产生古希腊哲学的温床"。[①]

同样，中国神话也是中国哲学特别是道家哲学的温床。《老子》第二十五章对作为万物之本体或渊薮的"道"有这样的描述："有物混成，先天地生。寂兮寥兮，独立而不改，周行而不殆，可以为

---

① 汪子嵩等：《希腊哲学史》(第 1 卷)，人民出版社，1997，第 67 页。

天地母。""道"作为"混成"之物是处于感官之先和概念之前的不可识度的道体本身。这种道体是万物未分化的一种原始状态，这种状态不能用概念、范畴构成，它倒是构成概念和范畴的基础、源泉。《老子》描述"道"的恍惚不定："道之为物，惟恍惟惚。"（第二十一章）道是"无状之状，无物之象，是谓惚恍"（《老子》第十四章）。惚恍，王弼注："不可得而定也。""恍惚，无形不系之叹。"[①] 混沌初开之际，世界初现，但天地万物尚未固化，混沌之世根本没有定型的东西，一切处于"摇晃"之中。"石头在爆炸，树木在走动，混沌未分的天地，摇晃又震荡。"（纳西族《创世纪》）恍、惚是"道"维持自身的一种方式，道一旦从这种状态中走出来，便丧失了自身。后来的人们解老，将恍兮惚兮、惚兮恍兮的"道"硬化为"道理"，便已失去老子所极力呵护的那种道的活泼的本性。恍惚、惚恍，"惚兮恍兮，其中有象；恍兮惚兮，其中有物"（《老子》第二十一章），老子利用这种语言的灵活来克服世人对论道的语言的执着和固化，引导人们超越语义的"道理"或种种成见，去接近那个在宇宙深处涌动着的道体。"道"借助"恍""惚"的特性摆脱对象化和知识论，将"道"与"学"区分开来。学，特别是自然科学追求确定性，将认识的目光限定于某个特定的领域或特定的对象，并以一定的程序来处理对象，从而使其变成人认识和利用的"对象"。经过这种处理，世界变成了人的表象，世界"图像化"了，而丰盈的世界本身却在其"图像化"中丧失了。"唯当存在者成为表象之对象之际，存在者才以某种方式丧失了存在。"[②] 而"道"拒斥被表象化、对象化，始终居于道境之中。

---

① 马一浮：《复性书院讲录》，江苏教育出版社，2005，第112页。
② 〔德〕海德格尔：《海德格尔选集》（下卷），孙周兴选编，上海三联书店，1996，第911页。

　　"世界"是从混沌走向有序，但这种有序不是固定的、机械的秩序。在人类草创时期，"混沌"初开，"世界"初现，这个世界不是理论观照的对象，它还保留着原始的整体性和活性。所以，在谢林看来："神话乃是尤为庄重的宇宙，乃是绝对面貌的宇宙（Universum），乃是真正的自在宇宙、神圣构想中生活和奇迹迭现的混沌之景象……"①

　　近代主体哲学将世界分为主体与客体，客体是思维主体的对应者。为了便于主体认识客体，客体便具有固定、分化的形态。法国哲学家塞尔认为，我们缺少一种关于客体的令人满意的哲学。固定化截断了事物的活力，分类破坏了整体隐秘的纹理。"分类越多，演变就越少；等级越多，历史就越少；编了码的科学越多，发明创造和知识就越少；行政管理越多，进展就越少。"② 因此，米歇尔·塞尔试图设想一种新的客体，"这种客体在空间里是繁多的，在时间上是活动的，像火焰一样摇曳不定，彼此关联"。③ 所以，塞尔主张将混沌引入哲学。《万物本原》原名《喧嚣与躁动》（Noise），Noise 在古法语中是喧闹、愤怒之意，即表示物的骚动与人的愤怒：它要指示的是原初的混沌。

　　这种混沌的客体可以借助古希腊神话中的普罗透斯（Πρωτεύς，Proteus）来理解。普罗透斯在希腊神话中只是一个次要的神，但它是最初的海神，希腊文"Πρωτεύς"表示"最早出世的"。它是在波塞冬的牧场放牧海兽的牧人。他能预知未来，但他不愿意回答别人的任何问题。"他掌握着各种信息，但是从不透露任何信息。他代表可能性，他代表混沌，他是云，他是背景噪音。他把他的回答

---

①　〔德〕谢林：《艺术哲学》，魏庆征译，中国社会出版社，1996，第 53～54 页。
②　〔法〕米歇尔·塞尔：《万物本原》，蔡鸿滨译，北京大学出版社，2012，第 130 页。
③　〔法〕米歇尔·塞尔：《万物本原》，蔡鸿滨译，北京大学出版社，2012，第 126 页。

隐藏在巫术的信息之中。"①

从理性和明确性的立场来看，混沌是负面价值的混乱，然而，塞尔积极评价混沌的作用。混沌意味着世界原始的繁多，意味着原始的可能性，也意味着创造性。"有创造性的思想是不稳定的，是不确定的，是失去特性的。"② 恍惚性是确定性的原本，不定型是各种固定形式的渊薮。混沌并非无序，而是一种原始的秩序，它超出人类认识，特别是理性认识，有它自身运行的次第，有庄严的面目。正如《老子》对"道"的描述："道之为物，惟恍惟惚。惚兮恍兮，其中有象；恍兮惚兮，其中有物。窈兮冥兮，其中有精。其精甚真，其中有信。"（《老子》第二十一章）

神话的创世状态是混沌一片，神话的讲述也是不定型的，神话中经常有矛盾的表述，不讲矛盾律。神话世界不能还原为固定不变的要素。我们对神话的研究也不能过分固化。卡西尔指出，"我们不能把神话归结为某种静止不变的要素，而必须努力从它的内在生命力中去把握它，从它的运动性和多面性中去把握它，总之要从它的动力学原则中去把握它"。③ 因为神话，尤其是原始神话原本就是混沌、复杂、矛盾的。中国古代神话具有零星的特点，《山海经》中的众神不像希腊神话中的众神构成完整的谱系，而是各自独立，具有更原始的色彩。希腊神系则是从混沌中出离，是对不定型的克服。

爱默生认为，"希腊神话中有关海中老人普罗透斯千变万化的故事，实际上包含着一个朴素的真理。一片树叶，一滴水，一块水晶或一段时光，无不牵涉整个世界，并且有助于整体的完美。每一小粒物质本身都是一个微型世界，它忠实地反映出它同世界的相同

---

① 〔法〕米歇尔·塞尔：《万物本原》，蔡鸿滨译，北京大学出版社，2012，第 18 页。
② 〔法〕米歇尔·塞尔：《万物本原》，蔡鸿滨译，北京大学出版社，2012，第 47~48 页。
③ 〔德〕恩斯特·卡西尔：《人论》，甘阳译，上海译文出版社，1985，第 101 页。

之处"。^① 混沌的"整全""恍惚"的特性在人类的文化活动中，唯有文学艺术保存得最多。科学、伦理学等力图将混沌固定下来并打造成一个坚固的大厦，艺术则开启可能性，艺术表达力图克服表象的局限，"已完成的一切不仅说出自身，而且说出它的整个同源的世界，因此，任何一种已完成的事物周围都飘忽着永恒的童贞女的面纱"。^② 艺术总是将生成之物释放到不可得而定的生成活动中去。或者反过来说更恰当，艺术总是赋予不可得而定的、混沌的事物以形式，艺术产生于混沌。

中国清初著名画家石涛绘画不拘形迹，标举"一画"，"一画"乃超越分形的笔墨而进入无拘无束的自由艺术世界，"一"蕴含"万"，是包孕万象于一体的"氤氲"。

> 笔与墨会，是为氤氲，氤氲不分，是为混沌，辟混沌者，舍一画而谁耶？画于山则灵之，画于水则动之，画于林则生之，画于人则逸之。得笔墨之会，解氤氲之分，作辟混沌手，传诸古今，自成一家，是皆智得之也。不可雕凿，不可板腐，不可沉泥，不可牵连，不可脱节，不可无理。在于墨海中立定精神，笔锋下决出生活，尺幅上换去毛骨，混沌里放出光明。纵使笔不笔，墨不墨，画不画，自有我在。盖以运夫墨，非墨运也；操夫笔，非笔操也；脱夫胎，非胎脱也。自一以分万，自万以治一。化一而成氤氲，天下之能事毕矣。^③

艺术思维不同于条分缕析、清晰化的逻辑思维，它往往就是"混沌里放出光明"。借助神话世界，特别是初始的混沌状态可以更

① 〔美〕《爱默生集》（上），赵一凡等译，生活·读书·新知三联书店，1993，第33~34页。
② 〔德〕狄尔泰：《体验与诗》，胡其鼎译，生活·读书·新知三联书店，2003，第266页。
③ （清）石涛：《苦瓜和尚画语录》，周远斌点校，山东画报出版社，2007，第29页。

好地理解艺术作品的本源。谢林对混沌之作为存在的始原不无仰慕之情，神话的原初状态本身就是诗歌，是艺术土壤。

> 神话乃是尤为庄重的宇宙，乃是绝对面貌的宇宙（Universum），乃是真正的自在宇宙、神圣构想中生活和奇迹迭现的混沌之景象；这种景象本身即是诗歌，而且对自身来说同时又是诗歌的质料和元素。它（神话）即是世界，而且可以说，即是土壤；唯有植根于此，艺术作品始可吐葩争艳、繁茂兴盛。唯有在这一世界的范围内，稳定的和确定的形象始可成为可能；只有凭借诸如此类形象，永恒的概念始得以呈现。[①]

《庄子》开篇：

> 北冥有鱼，其名为鲲。鲲之大，不知其几千里也；化而为鸟，其名为鹏。鹏之背，不知其几千里也；怒而飞，其翼若垂天之云。是鸟也，海运则将徙于南冥。（《庄子·逍遥游》）

冥，指幽暗。"冥，幽也。"（《说文解字》）"冥，暗也。"（《广雅》）从哲学上讲，"冥"是世界的本源，《经典释文》引梁简文帝云："窅冥无极，故谓之冥。"无极也就是太极，是世界最本真、完整的存在。从神话学上讲，"冥"就是作为世界原初状态的混沌。因此，庄子将"冥"视为"道"的呈现方式，《在宥》云："至道之精，窈窈冥冥。"道是万物的生成的深渊，它是幽昧的，它也是创造的最深层的背景，幽暗而无形，却又是有形的事物的根源。《知北游》云："昭昭生于冥冥，有伦生于无形。"鲲，其基本部件

---

① 〔德〕谢林：《艺术哲学》，魏庆征译，中国社会出版社，1996，第53~54页。

是"昆"，昆是由暗转明的中继，它一端深藏无边的幽暗，另一端则开始显现朦胧的幽光。左思《魏都赋》："昆虫毒噬。"注："昆，明也。明虫者，阳而生，阴而藏。""昆"加水旁的"混"，《老子》第二十五章："有物混成，先天地生，寂兮寥兮，独立而不改，周行而不殆，可以为天地母。"马王堆汉墓帛书乙本《老子·道经》写作："有物昆成，先天地生。""昆成"即"混成"。都是世界整全、恍惚的状态，也就是"混沌"。庄子在开篇描绘的景象是世界从原始状态形成的过程，强调的是创世的幽深背景。正是这幽深的背景，才有了自由的、无拘束的逍遥的生命形态，才有了最强的艺术创造力，"视乎冥冥，听乎无声。冥冥之中，独见晓焉；无声之中，独闻和焉。故深之又深而能物焉，神之又神而能精焉。"（《庄子·天地》）难怪徐复观先生将庄子的思想视为中国艺术精神的集中体现。

梅列金斯基指出："混沌被克服的情状，具有特殊的审美圭臬，尽管它尚未被充分意识。"[1] 借助神话世界的混沌，艺术家们可以建立一个整全的、原始丰富的、非固定性的艺术空间，还原生活原本的面目。"生活本身就是混沌茫然的，你为啥却硬要把它弄得清清如水呢。"[2] 艺术世界及艺术思维（直觉）延续了创世神话中初始状态的审美特性。"能够从破碎的时间中看到生命源头的完整力量，则是艺术的功能。"[3]

让我们回到普罗透斯居住的小岛，听远处大海的喧嚣。

普罗透斯居住在一个岛上，他在海上放牧海兽，对此我是

---

[1] 〔俄〕叶·莫·梅列金斯基：《神话的诗学》，魏庆征译，商务印书馆，2004，第227页。

[2] 贾平凹、韩鲁华：《穿过云层都是阳光》，《贾平凹文学对话录》，北京联合出版公司，2016，第50页。

[3] 〔美〕约瑟夫·坎贝尔：《神话的力量——在诸神与英雄的世界中发现自我》，朱侃如译，浙江人民出版社，2013，第285页。

相当满意的。一种现象，一种形式，一种相对稳定的状态，一个时期，一个协调的时代出现的时候，它们极力要使人忘记它们初始时极其脆弱、缺少合理性的情形。并不是一切事物始终都具有所谓的和后来产生的合理性，理性往往远远落后于基础。一切事物都建立在可能性的基础上，一切艺术作品都起源于咄咄逼人的美人儿，一切状态都来自混沌。最常见的遗忘就是忘记可能性。它经常被人遗忘，以致变得模糊不清了。甚至普桑①也没有看见喧闹的大海，也没有听到大海的声音。有混乱的状况，有一种环境，这就是整个的基础。有背景噪声，在背景噪声里还有噪声，这就是整个的曲调。有持久的波涛，在这波涛中还有起伏动荡，这便是时间的洪流。②

第三节　神话世界的结构模式

"混沌"是神话世界不能再后退的最稳定的渊源，它是处在时间之外的。"混沌大多具体化为幽暗或黑夜、虚空或深渊、水或水与火之无序的相互作用以及卵体内无定形物态。"③ 然而神话的主旨是化混沌为宇宙。"混沌之转化为宇宙，无异于黑暗之转化为光明、水之转化为陆、虚空之转化为实体、无形之转化为有形、破毁之转化为创建。"④

---

① 尼古拉斯·普桑（1594～1665），法国画家，常以神话为创作题材。
② 〔法〕米歇尔·塞尔：《万物本原》，蔡鸿滨译，北京大学出版社，2012，第32页。
③ 〔俄〕叶·莫·梅列金斯基：《神话的诗学》，魏庆征译，商务印书馆，2004，第222页。
④ 〔俄〕叶·莫·梅列金斯基：《神话的诗学》，魏庆征译，商务印书馆，2004，第222页。

在世界各地的神话中，与创世神话（宇宙起源神话）相应的是对宇宙模式的建构。梅列金斯基指出，"神话从根本上说来是宇宙性的，宇宙模式从更广泛的意义上说是神话'世界模式'的核心"。[①]

《圣经·旧约·创世纪》中有关于创世的描述：

> 起初神创造天地。地是空虚混沌。渊面黑暗。神的灵运行在水面上。神说，要有光，就有了光。神看光是好的，就把光暗分开了。神称光为昼，称暗为夜。有晚上，有早晨，这是头一日。
>
> 神说，诸水之间要有空气，将水分为上下。神就造出空气，将空气以下的水，空气以上的水分开了。事就这样成了。神称空气为天。有晚上，有早晨，是第二日。
>
> 神说，天下的水要聚在一处，使旱地露出来。事就这样成了。神称旱地为地，称水的聚处为海。神看是好的。神说，地要发生青草，和结种子的菜蔬，并结果子的树木，各从其类，果子都包着核。事就这样成了。于是地发生了青草，和结种子的菜蔬，各从其类，并结果子的树木，各从其类，果子都包着核。神看着是好的。有晚上，有早晨，是第三日。

接下来神又创造了各种事物和生命，有天上飞的，有水里游的，最后造出了人。

梅列金斯基认为，"无定型的瀛水转化为陆地，为神话中混沌之转化为宇宙所必需的重要步骤。继之而来的则是天与地之分离；由于最初曾将天与瀛海相等同，它实质上或许与前一步骤相契合。

---

① 〔俄〕叶·莫·梅列金斯基：《神话的诗学》，魏庆征译，商务印书馆，2004，第242页。

然而，正是由于始而向下、继而向上的反复，导致地、天、地下三领域的分离（由二分体系过渡到三分体系），其中之中界——大地，下与水界相对，上与天界相望。这样，'正常的'三分宇宙结构图式则应运而生。"[1] 维柯在描绘神话"诗性宇宙"的构成时，"把世界看作由天空、下界的诸神以及界乎天地之间的诸神组成的"。[2]

混沌经历了"恍惚"摇曳不定的阶段之后，世界慢慢成形。成形的世界（宇宙）在神话中分为若干层次。大多数民族早期神话将

马王堆汉墓 1 号墓帛画 T 形帛画　藏于湖南省博物馆

① 〔俄〕叶·莫·梅列金斯基：《神话的诗学》，魏庆征译，商务印书馆，2004，第 223 页。
② 〔意〕维柯：《新科学》，朱光潜译，人民文学出版社，1987，第 368 页。

世界分为三层。古希腊神话宙斯和他的两位兄弟波塞冬、哈得斯分别统治陆（包括天）、海、冥三界。赫西俄德的《神谱》谈到宇宙分为天、地和地狱三层。北欧神话也分为三层：奥丁（Odin）、威利（Vili）和维（Vé）分治陆（天）、海、冥三界。埃及、印度、巴比伦都是三维。中国古代神话也将世界分为三层：天庭、人间、冥界。

在先民的想象中，宇宙呈现为三个层次：一个中间世界（人间），其上面有一个世界（天堂），其下方也有一个世界（地狱）。按照罗马尼亚宗教史学家米尔恰·伊利亚德的说法，这三者纵向贯通而成"世界之轴"（Axis Mundi，也译作宇宙轴心、世界中心、中央之柱等），即宇宙中垂直的一条线，它连接着三个世界或世界的三个层面。

弗莱依据"伟大的存在之链"（The Great Chain Of Being）将神话世界划分为两大对立的世界："神启世界"与"魔怪世界"。前者是理想的世界，在这里万物各得其所，呈现和谐的天堂景象。"魔怪世界"是一种非理想的世界，是人的愿望彻底被否定的世界，是地狱。在神启世界与魔怪世界之间还有三个居间的世界。其一，"天真的世界"，这是神灵呵护下的人间世，"天真的世界既不像神启世界那样到处充满活力，又不像我们的世界一样满目皆是死亡。它是一个万物有灵的世界，到处都是自然的精灵"。① 其二，"自然和理性的类比"的世界，它是人的理想化的世界。其三，"经验的类比"的世界，它与魔怪世界离得较近。

"魔怪世界"在中国神话中以冥界的形式出现，《山海经·海内经》：

---

① 〔加〕诺思洛普·弗莱：《批评的解剖》，陈慧等译，百花文艺出版社，2006，第177页。

北海之内，有山，名曰幽都之山，黑水出焉。其上有玄鸟、玄蛇、玄豹、玄虎、玄狐蓬尾。有大玄之山。有玄丘之民（郭璞注：言丘上人物尽黑也）。有大幽之国。有赤胫之民（郭璞注：膝以下尽赤色）。

《楚辞·招魂》：

魂兮归来，君无下此幽都些。土伯九约，其角觺觺些。敦脄血拇，逐人驱驱些。参目虎首，其身若牛些。此皆甘人，归来！

王逸注《招魂》曰："幽都，地下后土所治也。地下幽冥，故称幽都。"

茅盾先生依据《山海经》和《楚辞》中两段关于幽冥世界的神话推断中国神话也应有丰富的幽冥神话。"中国的幽冥神话大概也是丰富美丽的，但不知为什么缘故，散逸独多，只剩下这一些，令人只见其门，别的都没有了。"[①]

古人的冥界想象与古人的死亡意识相关，幽都的阴森，其守卫者土伯凶狠、暴戾的形象象征着对死亡的恐惧。

与神祇的长生不死相比，人终有一死。然而，也只有人才会死亡，从某种意义上讲，动物是不存在死亡的。海德格尔说："死不是一个事件，而是一种需从生存论上加以领会的现象，这种现象的意义与众不同，还有待进一步予以界说。"[②]

原始巫术、宗教仪式、神话往往是基于对死亡的恐惧以及对死

---

① 茅盾：《神话研究》，百花文艺出版社，1981，第86页。
② 〔德〕海德格尔：《存在与时间》，陈嘉映、王庆节译，生活·读书·新知三联书店，1987，第289页。

亡的超越。"死亡是生命的最高虚无，虚无又是精神的最高的悬浮状态，是接近宗教和诗歌境界的，因此死亡代表了一种精神的美和灵魂的升华。"①

土家族的跳丧舞

死亡是文学的永恒主题，托马斯·曼甚至说如果没有死亡，地球上就很难出现诗作。在日本作家芥川龙之介看来，自然的美就是借"临终的眼"所看到的。本雅明在《讲故事的人》一文中认为，故事的衰落是与近代社会人们将死亡与生活相隔离导致的，死亡以及濒临死亡的场景是故事的源泉。

　　几个世纪以来，不难觉察，死亡在一般人的意识中已不再是那么无处不在，不再是那么生动可感了。近来，这种变化的进程愈益加快了。在十九世纪，资产阶级建立起各种各样养老院，有保健性的，有社会福利性的，有公立的，有私立的，这

① 颜翔林：《死亡美学》，上海人民出版社，2008，第 273 页。

些设施带来一个附带结果——这也许是潜意识中的主要目的，这就是使人们有可能躲开死亡的场面。死亡曾经是一个人一生中的一个公开过程，而且还是一个谕导生者的过程；不妨想想中世纪的绘画作品所表现的死亡场面：临终者的睡榻变成了国王的宝座，房屋门户敞开，人们纷纷涌入，驱前晋谒。进入现代以后，死亡被越来越远地赶出了生者的感觉世界。在过去常常没有一座房子——甚至没有一间屋子——没有死过人。今天，人们居住在从未沾染过死亡的房间里，从来不接触死亡，当他们末日临近时，他们的后人便打发他们寄居在养老院或医院。然而通常是，在死的那一刻，不仅一个人的知识和智慧，而且它全部的真实生活——而这正是构成故事的材料——才首次呈现出可传达的形式。在一个人的生命行将结束，一系列的画面在他内心活动起来——展开他在没有察觉的情况下遭遇自己时一幅幅图景——的时候，突然间，那难忘的一切带着他的音容笑貌出现了，赋予和他有关的一切以权威，而这权威是每个人在死的时候都对周围的人拥有的，就连那最不幸的可怜虫也不例外。这种权威就是故事的真正源泉。①

神话世界的宇宙模式既是神话的重要内容，也是文学、艺术的结构要素。地界与天界对立的世界模式构成许多作品的原型，如卡夫卡的《审判》《城堡》等。宇宙模式具有突出的结构功能，弗莱的文学批评旨在根据神话世界结构模式来搭建"文学宇宙论"。例如在"神启世界"，天地人神和谐相处，植物是花园中的玫瑰花等香草，动物是绵羊类的温驯家禽，还有矿物搭建庙宇和城市的石头。"魔怪世界"则是另一番景象，植物是阴森的森林，动物是弱

① 〔德〕瓦尔特·本雅明：《本雅明文选》，陈永国、马海良编，中国社会科学出版社，1999，第301页。

肉强食的猛兽，无机物世界是沙漠、荒原等。

虽然基于认识和实践的需要，我们可以将神话世界做层次划分，然而，真正的神话世界是荡漾不定的。"神话世界仿佛是处在一个比由事物与属性、实体与偶性构成的理论世界远为易变而动摇不定的阶段。""即使我们能成功把神话分析到最后的概念要素，我们也绝不可能靠这种分析过程而把握它的活生生的原则。这种原则乃是动态的而不是静态的，它只有根据行动才可描述。"[1]

神话世界就其性质而言具有不同于后世的特征。卡西尔从空间、时间和数三个结构形式来分析神话世界的特点。

原始初民的神话空间不同于科学的空间、物理的空间。

首先，神话空间是一种神圣的、虔敬的空间。美国印第安纳瓦霍人（Navaho）将空间、方位神圣化，他们认同北方的山、南方的山、东方的山、西方的山和中部的山。土木屋的门永远是向东的。置于房屋中央的火炉象征着宇宙的中心。北美印第安苏族人"以树木为生命的中心，从四个方向为它供应养分：东方象征开始与启蒙，带来和平与光明；南方象征人的情感，送来温暖；西方象征沉思与灵感，献上雨水；北方象征寒冷和强风，奉上力量和坚韧"。[2]

卡西尔说："与适用于几何学概念空间的同质性相对立，神话空间中的每一位置和每一方向，实际上都被赋予某种特征——而这特征总是可以追溯到基本的神话特征，即神圣与世俗之间的分野。"[3] 神圣空间不可分解为同质的成分，在神话空间中，方向或位置都有其特殊的侧重点，各个方向或位置蕴含着不同的特质和属

---

[1] 〔德〕恩斯特·卡西尔：《人论》，甘阳译，上海译文出版社，1985，第97页。

[2] 〔加〕乔治·西维：《美洲印第安人自述史试编》，徐炳勋等译，内蒙古大学出版社，2000，第6页。

[3] 〔德〕恩斯特·卡西尔：《神话思维》，黄龙保、周振选译，中国社会科学出版社，1992，第96页。

性。世俗空间是神圣空间的象征形式。

其次，神话空间是具体的，神话空间还没有与那些充斥于空间中的具体可感的事物、人物、感受等相分离。另外，初民的空间是以身体直观为基础。"在神话思维的初期，微观宇宙和宏观宇宙的统一是这样被解释的：与其说是世界的各部分生成人，不如说是人的各部分形成世界。"① 宇宙创生神话中宇宙模型往往是依据人体构建的，例如印度神话中原初巨人普鲁沙（Purusa）的身体化为宇宙。《梨俱吠陀》中说：宇宙产生于普鲁沙的身体。月亮生于普鲁沙的心，太阳生于他的眼睛，火生于他的口腔，风生于他的气息，空气生于他的肚脐，天宇生于他的头，大地生于他的双足，东、西、南、北四方则生于他的耳朵。

再次，神话思维中的空间是实体性的，其各个部分与存在于其中的人、事相渗透，科学思维中空间则是功能性的。"在神话所力争达到的整体形态方面，神话也不同于认识。科学意义的宇宙整体，是规律的总体，即关系和功能的总体。空间和时间虽然最初被认作实体，作为自在的东西，但随着科学思维的发展，愈来愈被看成是观念图式，被看成关系的系统。它们的客观存在仅仅意味着：首先使经验直观成为可能的正是空间和时间，它们是经验直观所依据的原则。归根结底，空间和时间的全部实在性，它们借以显现的一切样式，都与这种充当基础的功能相关。"② 中国古代的空间观保留着这种生活经验的色彩，比如方位与季节、色彩等联系在一起，东方与春季、春季与绿色、绿色与树木等构成方位的具体内容和生活印象。

---

① 〔德〕恩斯特·卡西尔：《神话思维》，黄龙保、周振选译，中国社会科学出版社，1992，第 103 页。
② 〔德〕恩斯特·卡西尔：《神话思维》，黄龙保、周振选译，中国社会科学出版社，1992，第 99 页。

时间是神话世界的另一构成因素，从某种意义上讲时间构成神话世界的更本质的方面。神话是神圣性的叙事，神话源于神圣性，"神圣性并不直接依附于既成物的内容，而是依附于它产生的过程，不依附于它的性质和属性，而是依附于它过去的创始"。① "只有对这些（神话）形象赋予发生、形成和随时间成长的生命时，才出现真正的神话。"② 美国民俗学家汤普森在其《世界民间故事分类学》中将神话理解为"设置假想世界先于现时时序的一种故事、它叙述神圣的存在、半神的英雄以及通常因这些神圣存在而导致的所有事物的起源"。③ 神话中最重要的主题之一：起源神话。神话把时间圣化，时间即永恒。"在神话中，一道严格的屏障把经验的现在与神话的起源分离开，并赋予两者以各自不可让与的'特征'（character）。"④ 圣化的永恒既是过去同时也是永恒的未来。"一切真正的时间意识都成了对未来的意识。"⑤

数在神话世界不是纯粹计数的工具或刻度，它是实体，是"具有自身属性和力量的神话客体"，是一种"直接实在"和"当下应验"的东西。

神话世界既是神圣的，但它又不离开人们的生活。神话世界由神圣时间和神圣空间构成。但是，天国不是外在的高高在上的空间领域，而是与人们的生存状况联系在一起的灵性空间。《多马福音》记载使徒问耶稣："主啊，上帝的国会在什么时候降临？"耶稣回答

---

① 〔德〕恩斯特·卡西尔：《神话思维》，黄龙保、周振选译，中国社会科学出版社，1992，第119页。

② 〔德〕恩斯特·卡西尔：《神话思维》，黄龙保、周振选译，中国社会科学出版社，1992，第118页。

③ 〔美〕斯蒂·汤普森：《世界民间故事分类学》，郑海等译，上海文艺出版社，1991，第10页。

④ 〔德〕恩斯特·卡西尔：《神话思维》，黄龙保、周振选译，中国社会科学出版社，1992，第120页。

⑤ 〔德〕恩斯特·卡西尔：《神话思维》，黄龙保、周振选译，中国社会科学出版社，1992，第135～136页。

道："上帝的国是不会如期望来到的。人们不会有机会说，'快来看，快来看，上帝的国来了。'父的国本来就遍布全世界，只是人们看不见罢了。"

原始民族的人会把他们居住的世界神话化。天国不离世间，天国就在"此地"；它不是某种需要你等待发生的事情，也不是某种历史事实，它就在"此时"。而后来的宗教以及现代的人们则往往将圣地视为在我们居住地之外的另一个地方，把美好的时刻设置在未来或过去，唯独不是当下。就像中国杰出的文人苏轼的《前赤壁赋》中的"客"，在他怀古和企慕永恒之时忘记了当下的"江上之清风""山间之明月"。"而如果你不能在你所住之处找到圣地的话，你就不会在任何地方找到它。"[①] 弗莱根据时间、空间的性质划分天堂与地狱。当人们生活在此时此地，怡然自得，这便是天堂。相反，如果时间是彼时，空间是彼地，这样世界就是异己的世界。

第四节　神话世界的迷幻色彩
——万物有灵

正如卡西尔所言，神话作为人类最初的世界观表现，其意义远不只充作材料，而是作为"人类认识世界方式"和"一种特定功能"。人类最初是依据神话来组织生活的。

神话世界与后世科学世界不同，它是一个由超自然的神灵掌控的世界。"水有罔象，丘有峷，山有夔，野有彷徨，泽有委蛇。"（《庄子·达生》）鲁迅先生建议将神话就内容分为四类：（一）天

---

① 〔美〕菲尔·柯西诺主编《英雄的旅程：与神话学大师坎贝尔对话》，梁永安译，金城出版社，2011，第 8 页。

神，（二）地祇（并幽冥界），（三）人鬼，（四）物魅。[①] 魅，怪物。螭、魅、魍、魉均为古人心目中的怪物，亦为山、林、川泽之精灵。物魅指与天神、地祇和人鬼并列的自然界的精灵，它们不同于习常事物，是一个奇异的领域。

在混沌初开的世界中，万物互联互通，因为他们都内禀灵魂。灵或者说神灵、灵魂，指主宰生命的一种力量，是一种超越肉体的存在。英国文化人类学家爱德华·泰勒给灵魂做了如下界定：

> 灵魂是不可捉摸的虚幻的人的影像，按其本质来说虚无得像蒸汽、薄雾或阴影；它是那赋予个体以生气的生命和思想之源；它独立地支配着肉体所有者过去和现在的个人意识和意志，它能够离开肉体并从一个地方迅速地转移到另一个地方；它大部分是捉摸不着看不到的，它同样也显示物质力量，尤其看起来好像醒着的或者睡着的人，一个离开肉体但跟肉体相似的幽灵；它继续存在和生活在死后的人肉体上；它能够进入另一个人的肉体中去，能够进入动物体内甚至物体内，支配它们，影响它们。[②]

泰勒认为，原始人根据睡眠、梦幻、倒影、死亡等生理心理现象产生了灵魂的观念。人类基于对诸如呼吸等自身生命现象与梦境、幻觉等精神现象的理解推测出灵魂的存在。原始人类认为人除了肉体之外可能还有超越肉体的存在：生命和影子。生命和影子既依附于肉体，又可以离开肉体。当生命离开肉体时就会带来死亡，而影子则与肉体保持若即若离的关系，这种与肉体相对应的存在就是灵魂。

[①] 《鲁迅全集》（第 11 卷），人民文学出版社，1981，第 438 页。

[②] 〔英〕爱德华·泰勒：《原始文化：神话、哲学、宗教、语言、艺术和习俗发展之研究》，连树声译，上海文艺出版社，1992，第 416 页。

灵魂是无法被感知的存在，但它又是重要的、主宰性的存在，它比可见的事物更具力量，或者说，它构成现实事物的力量源泉。

初民将灵魂现象推及万物，认为万物都有灵魂。泰勒基于民族学、考古学资料将其概括为"万物有灵论"（animism）。animism一词源于拉丁文"animi"，指生命、神灵、灵气，它是事物中隐含着的神秘属性。万物有灵是原始人类对世界的最初想象，是初民最基本的信念，泰勒认为，神话是原始人"万物有灵论"的产物。

> 野蛮人，凡看见有运动，便以为有生命；滚动着的石头，他们以为不是逃避他们便是追赶他们；河流向他们汹涌而来，他们便以为有个发怒的精灵藏身在起沫的波涛里面；咆哮的风是痛苦或威吓的表示；岩石的回声就是预言或对答，若是欧洲人拿指南针给野蛮人看，他们就要以为这是一个受人诱拐离弃乡土的活物，现在正渴望回转到那里去的。[①]

> 对于原始人的部落来说，太阳和星星，树木和河流，云和风，都变成了具有人身的灵体，它们好像人或其他动物一样地生活，并且像动物一样借助四肢或像人一样借助人造的工具，来完成它在世界上预定的职能。有时，人眼所能见到的，只是供达到目的所用的简单工具，或尚未成形的东西，在这种东西里面隐藏着某种怪物，虽然也是半人性的灵物，它用自己的双手抓住这些东西，或者用自己的气息来吹它们。[②]

---

① 〔德〕费尔巴哈：《费尔巴哈哲学著作选集》（下卷），荣震华等译，商务印书馆，1984，第693页。
② 〔英〕爱德华·泰勒：《原始文化：神话、哲学、宗教、语言、艺术和习俗发展之研究》，连树声译，广西师范大学出版社，2005，第233页。

万物有灵是早期人类的核心观念，它构成自然崇拜的基础。古希腊神话关于世界的观念集中体现为神性自然观。自然界的万物无不具有灵魂，借助灵魂的媒介人与自然是生命一体化的。

我们现在所说的"山水"是大自然的一部分，山水美是山水的自然形态在人们的心里唤起的审美感受。然而，在远古初民眼中的"山水"与理性时代的人眼中的"山水"是大不一样的。在初民看来，自然界的一切无不被神秘的力量渗透其间，山水草木无不笼罩着一层神秘的面纱。山水不是人们认识的对象，也不是人们征服的对象，而是人们膜拜的对象。中国古代典籍《山海经》"序述山水，多参以神怪"，不同于地理文献。

> 又西二百里，曰符惕之山，其上多棕楠，下多金玉，神江疑居之。是山也，多怪雨，风云之所出也。（《西山经》）

> 又东南一百二十里，曰洞庭之山，其上多黄金、其下多银铁，其木多枢、梨、橘、柚……帝之二女居之，是常游于江渊。澧、沅之风，交潇湘之渊，是在九江之间，出入必以飘风暴雨。是多怪神，状如人而载蛇，左右手操蛇。多怪鸟。（《中山经》）

日、月、星、辰背后都有神灵，草、木、虫、鱼也皆有神灵。树有树神，而且树是通往天庭的天梯。在巫风习俗中，树木是通天地的工具。这也是萨满文化中常见的所谓"世界之树"或"宇宙之树"。中国古代神话中记载的"建木""扶桑""若木"都与沟通天地有关。

在自然万物中，"风"似乎特别具有感发力。与"山水""树木"等有具体的、可见的物质形态不同，"风"更容易让人联想到不可见的、神秘的力量。所以，古人对"风"的精神性的关注更为持久。《约翰福音》第3章第8节中耶稣对尼科迪默斯说："风随意而吹，你听见风的响声，却不知道它从哪里来，要往哪里去；凡由圣灵生的也是如此。"

中国古代神话《山海经》有四方风的记载。

> 有神名曰折丹，东方曰折，来风曰俊，处东极以出入风。（《大荒东经》）
>
> 有神名曰因乎，南方曰因，来风曰民，处南极以出入风。（《大荒南经》）
>
> 有人名曰石夷，西方曰夷，来风曰韦，处西北隅以司日月之长短。（《大荒西经》）
>
> 有人名曰鹓，北方曰鹓，来风曰狄，是处东极隅以止日月，使无相间出没，司其短长。（《大荒东经》）

四方之风均由神灵把持着，四方风分别与四方神相对应：

> 东方句芒，鸟身人面，乘两龙。（《海外东经》）
> 南方祝融，兽身人面，乘两龙。（《海外南经》）
> 西方蓐收，左耳有蛇，乘两龙。（《海外西经》）
> 北方禺疆，人面鸟身，珥两青蛇，践两青蛇。（《海外北经》）

风受到人们的膜拜，这从对文化英雄的膜拜也可以发现。《帝王世纪》载："太昊庖牺氏，风姓也。"又称："女娲氏，亦风姓也。"颛顼帝风姓。楚人的祖先颛顼、重黎、长琴、祝融、共工都是风神后代，楚地有专属风神——飞廉。"飞廉神禽，能致风气者。

身似鹿，头如雀，有角而蛇尾，文如豹。"

风神飞廉

"风"进入理性时代成为中国美学的重要范畴，这与神性的风对万物的感化有密切的联系。

神话世界是一个生命流行的世界，是生命崇拜的世界。原始人眼中的世界不同于后世人们眼中的世界。对于具有较丰富的知识和理性的人而言，世界是外部的、对象性的，是与"我"有别的无生命、无知觉的世界。可是对于原始人而言，世界不在他之外，而且万物与他一样有生命，有灵魂，有感觉，因而是神圣的，也是亲熟的。

随着人类认识能力的增强和改造世界能力的增长，神话世界渐渐退去，特别是近代以来，人们的世界观受实证科学的支配，一种新的世界图景取代了传统的世界图景，认为世界只能用实证科学来加以解释，其他从宗教、神话、文学、艺术等角度来讲的世界就是错误的、虚诞的，因而加以排斥。然而，这种科学实证世界观的专断统治，导致世界的荒芜、祛魅和生存意义的缺失。

回过头来看印第安索瓜米西族酋长西雅图（Seattle，1786 -

1866）的话，我们也许会承认神话世界的合理性和独特价值。我们可能不再有实证科学世界的唯一正确的盲目自信了。

西雅图酋长所代表的印第安人与殖民者面对同一片北美大陆却有两个截然不同的"世界"。对于拥有技术理性和开拓意识的殖民者而言，这片土地是财富的象征，是征服的对象，是所谓"文明"的世界。他们肆意屠杀野牛，成片成片地砍伐森林，任意践踏土著的家园。印第安人心目中神圣的土地，在殖民者看来是单纯的经济利益，是可以用金钱来交换的商品。他们提出以 15 万美元向各部落购买土地，并将部落迁入保留区的计划。1854 年西雅图酋长发表了一段演说，描述了他们眼中的世界——自然与万物：

> 华盛顿的总统写信给我，他表达要买我们土地的意愿。但是，你怎么能够买卖天空？买卖大地呢？这种概念对我们而言是很陌生的。我们并不拥有空气的清新，也不拥有流水的亮丽。因此，你怎么能够买它们呢？地球的每一寸大地对我们的人民而言，都是很神圣的，每一根灿亮的松针，每一片海滩，黑森林中的薄雾，每一片草地，每一只嗡嗡作响的昆虫，所有的这些生物，一枝草一点露，在我们人民的记忆及经验中都是圣洁的。我们可以感受到树干里流动的树液，就像自己感受到身体内流动的血液一样。地球和我们都是对方身体中的一部分。每一朵充满香味的鲜花都是我们的姊妹。熊、鹿、鹰都是我们的兄弟，岩石的尖峰、青草的汁液、小马的体温，都和人类属于同一个家庭。小溪和大河内流着闪烁的流水，那不只是水而已，那是祖先的血液。如果我们把土地卖给你，盼你不要忘了他们都是神圣的。清澈湖泊上朦胧的倒影，映照出我们民族生活中的每一桩事件及回忆。潺潺的流水正是我们祖先的话语。所有的河流都是我们的兄弟，他们滋润了我们。河水载负

我们的独木舟，河水喂食了我们的子孙。你必须善待河流，如同善待自己的兄弟一样。如果我们将土地卖给你，毋忘空气是我们的珍宝，空气与人类分享了它的灵魂。我们的祖先由出生到死亡都是和风看顾的，我们子孙的生命精髓也是和风给予的。因此，在土地卖给你们之后，你必须保留它的独立和圣洁。将它视为人们可以去品尝那沾满花香与和风的地方。我们曾经教给我们子孙的一切，你愿意继续告诉你的子孙吗？你会教导他们说大地就是他们的母亲，降临到大地上的一切，也会发生在他们的子孙身上。这是我们已知的：人类并不拥有大地，人类属于大地。就像所有人类体内都流着鲜血，所有的生物都是密不可分的。人类并不是自己编织生命之网，人类只是碰巧搁浅在生命之网内，人类试图去改变生命的所有行为，都会报应到自己身上。……

面对工业文明、科技理性挤压下人的神性之维的消失，人们重新呼唤消失的神性。特别是在艺术领域重新进行与神性的对接。

西雅图酋长

第三章

神　思

第一节　迷思与神思

思维活动是人类活动的基础，一切文化现象都是思维的产物。恩格斯说，"每一个时代的理论思维，包括我们这个时代的理论思维，都是一种历史的产物，它在不同的时代具有完全不同的形式，同时具有完全不同的内容。因此，关于思维的科学，也和其他各门科学一样，是一种历史的科学"。[①] 时至今日，人类思维模式大致经历了直观行动思维、神话思维、概念抽象思维等。邓启耀将思维归纳为以下几种形式：原始——神话思维；思辨——分析思维；体悟——直觉思维；计量——运算思维；日常——综合思维等。[②]

从思维科学的基本规律出发，人类以反思的、理性的方式对这个世界进行观照是较晚近的事情，在相当长的一段时间里，人类是

---

① 恩格斯：《自然辩证法》，载《马克思恩格斯全集》（第26卷），人民出版社，2014，第499页。

② 邓启耀：《中国神话的思维结构》，重庆出版社，1992，第6页。

用神话的方式观照世界，把握世界的。德国哲学家恩斯特·卡西尔将神话把握世界的方式称为"神话思维"。在《象征主义哲学》第二卷题名"神话思维"的部分，卡西尔从认识论的角度研究神话，认为"神话既不是虚构的谎话，也不是任意的幻想，而是人类在达到理论思维之前的一种普遍的认识世界、解释世界的思维方式。这种思维方式给原始人带来一种神话的思维观，它有自身的特点和规律"。① 卡西尔指出：

> ……但最先出现的并非物理对象的世界，并非自然科学研究的"自然"的世界。自然科学是很晚才出现的错综复杂的人类思维的产物。人最初并不是通过物理学思维或数学思维而是通过神话思维接近自然的。②

不同的思维方式形成不同的世界。神话世界是在原始人类的心目中呈现出来的世界，神话思维是神话世界形成的内在机制。

张光直先生认为："神话一方面尖锐地表现与反映心灵的活动；另一方面又受到社会文化环境的极严格的规范与淘汰选择。完备而正当的神话研究，必须是心体二者之研究，兼顾心灵活动与有机的物质关系，兼顾社会的基本和文化的精华。"③ 在张光直先生所说的"心"（心灵活动）和"体"（社会文化环境）之间，前者也就是一般所说的思维，但"思维"多少带有理性活动的色彩，心灵的活动则包含理性活动但又超出理性活动。神话学研究一直比较关注神话的社会背景和历史根源，而对神话思维的机制关注不多。对于神

---

① 叶舒宪选编《神话—原型批评》，陕西师范大学出版社，1986，第 9 页。
② 〔德〕恩斯特·卡西尔：《神话思维》，黄龙保、周振选译，中国社会科学出版社，1992，第 1 页。
③ 张光直：《中国青铜时代》，生活·读书·新知三联书店，1983，第 256 页。

话美学而言，后者更值得注意。"心"涉及神话的内在机制，美学意义更突出一些。马克思在谈到古希腊神话时指出，"困难不在于理解希腊艺术和史诗同一定社会发展形式结合在一起。困难的是，它们何以仍然能够给我们以艺术享受，而且就某方面说还是一种规范和高不可及的范本……为什么历史上的人类童年时代，在它发展得最完美的地方，不该作为永不复返的阶段而显示出永久的魅力呢？"①

首先我们应该树立公允的对待神话思维的态度。现代人对于神话思维往往站在进化的立场，认为神话思维是一种低级的思维活动。美国人类学家弗朗兹·博厄斯则认为人类的思维古代和现代并无区别，"在所有民族中以及现代一切文化形式中，人们的思维过程是基本相同的"。② 原始人的思维并不比现代人的思维落后，原始人的思维并不是进化论上低级的思维，而是一种与理性思维或逻辑思维不同的一种思维形式。

"思"可以分为两种：一种是本质性的、原始性的思想，即存在之思；另一种是被"逻辑"纳入其形式和规则中的思想，这种被纳入逻辑的格中的思（思维）是一种退化或者说简化了的思的形式。海德格尔从"存在"入手，在全新的立场上分析"思"与"在"的关系，把真正的"思"定位为由存在而来的存在之思、生存之思。这里的"存在"并不是"思"的对象或内容，也不是"思"的结果，而是思想本身。"本质性的思想乃是存在的一个居有事件（ein Ereignis des Seins）。"③ 真正的"思"并不是作为"主体"的人根据自己的意愿和目的对某一个对象进行的思索、反思，而是事物、存在自身显示的过程。"思"并不是冥思苦想，而是自

①《马克思恩格斯全集》（第 2 卷），人民出版社，2012，第 711~712 页。
② 〔美〕弗朗兹·博厄斯：《原始艺术》，金辉译，上海文艺出版社，1989，第 5 页。
③ 〔德〕海德格尔：《路标》，孙周兴译，商务印书馆，2000，第 359 页。

行发生的。神话思维缺少现代思维的"主体性",但从某种意义上讲,它更贴近生存,也更富有诗性。意大利历史学家、美学家维柯便将"诗性智慧"与神话思维联系在一起。法国结构主义人类学家列维－斯特劳斯在《野性的思维》一书中强调原始人的思维与现代人的思维是不同社会环境下平行发展着的两种思维方式,原始思维以感性为主,与艺术活动密切相关;现代人的思维以理性为主,与科学认识密切相关,两者分别承担不同文化职能,并相互补充、渗透。列维－斯特劳斯强调:

> ……而在本书中它(野性的思维)既不被看成是野蛮人的思维,也不被看成是原始人或远古人的思维,而是被看成是未驯化状态的思维,以有别于为了产生一种效益而被教化或被驯化的思维。后者出现于地球的某些地方和历史中的某些时刻,因而很自然……今日我们能更好地理解,二者能并存和以同样的方式相互渗透,因而(至少在理论上)自然物种(其中有些处于野生状态,另一些则因农业和驯化而改变)能彼此并存和相互交叉,尽管——由于它们的发展情况和所需要的一般条件之故——后者的存在迫使前者濒于灭绝。[①]

列维－斯特劳斯指出,野性思维与艺术思维之间的亲缘性和继承性。

> 不管人们对这种情况感到悲哀还是感到高兴,仍然存在着野性的思维在其中相对地受到保护的地区,就像野生的物种一样:艺术就是其例,我们的文明赋予艺术以一种类似于国立公

---

① 〔法〕列维－斯特劳斯:《野性的思维》,李幼蒸译,中国人民大学出版社,2006,第239页。

园的地位，带有一种也是人工的方式所具有的种种优点和缺点。社会生活中如此之多的未经开发的领域也都属于这一类，在这些领域里由于人们的疏忽或无能为力，我们往往还不知其缘故，野性的思维仍然得以继续发展。①

野性思维和艺术思维都具有丰富的想象力和充沛的情感，"有别于为了产生一种效益而被教化或被驯化的思维"。②

"神话思维"这一概念往往与"原始思维"相混。"原始思维"是一个含义较为模糊的概念，它包含神话思维，但又不限于神话思维。根据思维科学的研究，人类最初的思维形式是直观行动思维，这种思维往往是对当下的刺激物或实物的反应。而神话思维是以想象为基本特征的，它可以超越实物而运作，具有更大的超然性和自由性。黑格尔指出："古人在创造神话的时代，就生活在诗的气氛里，所以他们不用抽象思考的方式而用凭想象创造形象的方式，把他们的最内在最深刻的内心生活变成认识的对象。"③

关于神话的思维方式，有各种称谓："原始思维""野性思维""神话思维""诗性思维"。我们借用中国古典美学的概念"神思"。

南朝梁萧子显（487～537）认为"神思"是文学活动的内在动能，而且神思具有神奇玄妙的功能，"属文之道，事出神思，感召无象，变化不穷"（《南齐书·文学传论》）。"神思"进入美学范畴是刘勰在《文心雕龙·神思篇》中提出并加以说明的："形在江海之上，心存魏阙之下。神思之谓也。"

一般将"神思"理解为艺术想象，这固然有一定的道理，但过

---

① 〔法〕列维－斯特劳斯：《野性的思维》，李幼蒸译，中国人民大学出版社，2006，第239～240页。

② 〔法〕列维－斯特劳斯：《野性的思维》，李幼蒸译，中国人民大学出版社，2006，第239页。

③ 〔德〕黑格尔：《美学》（第2卷），朱光潜译，商务印书馆，1979，第18页。

于关注"神思"中的"思"（思维、思虑），而对"神"关注不足，因而难免忽略了刘勰的"神思"中的隐秘的内涵。理解"神思"的关键是"神"。《文心雕龙》言"神"主要有三种含义。

第一，实体性的神，即鬼神崇拜中的神灵。"容告神明谓之颂。……颂主告神，义必纯美。"（《颂赞》）此类意义上的"神"在刘勰笔下主要是作为一种知识性的介绍，并非刘勰论及的神。这种意义上的"神"主要是在其"文体论"中，比如颂、赞、祝、盟、封禅等。这种用法主要是介绍在重大的祭祀、政治活动中对神祇的膜拜。

第二，人的一种微妙的精神状态。"锐思于几神之区。……动极神源，其般若之绝境乎？"（《论说》）"故思理为妙，神与物游。神居胸臆，而志气统其关键。"（《神思》）刘勰的"神思"就是指这种精神状态。这种用法主要在其"创作论"中，如神思、养气等。这种用法指人的意识活动。

第三，本源的世界。这种意义上的"神"既非外在的神鬼、神怪，也非人内心的精神，而是作为本源性的存在而显现的、神秘莫测的世界。如："夫神道阐幽，天命微显。"（《正纬》）这种用法主要是在其"文原论"或"文本论"中，如原道、征圣、宗经等，尤其是集中在原道。这种用法似乎暗示了刘勰所说的"神"具有一种"本原"的意义，"神"与"道"连在一起，构成"神道"，而且与文学的本体问题相关联。这种与"道"同义的"神"玄渊广大，它远远超出人的理解范围，人的认识能力永远无法企及，所以被称为"神"。"充实之谓美，充实而有光辉之谓大，大而化之之谓圣，圣而不可知之谓神。"（《孟子·尽心下》）"神道"的"神"与"神思"的"神"本为一体。不过，前一种神是体，后一种神是用。"神思"之可能得益于它是建立在"神道""神"的基础上的。"神思"不单单是人的一种心智活动，"在诗人的赋诗与思想家的运思中，总是留有广大的世界空间，在这里，每一事物：一棵树，一所房屋，一座山，一声鸟鸣都显现出千姿百态，不同凡响。"[①] 而这些事物之所以能不同凡响，是因为在它们背后，或者说在它们当中有一个玄远的、神秘的世界。所以，刘勰感叹："文之思，其神远矣！"没有这个玄远的世界，单凭人的心智，无论如何苦思苦虑，也无法做到"神与物游"。刘勰说："是以秉心养术，无务苦虑；含章司契，不必劳情也。"只有"动极神源"，方可几近"般若之绝境"（《论说》）。所以"原道"与"神思"在《文心雕龙》中是一体的。

因此，《文心雕龙》中的"神思"并不限于一般意义上的"艺术构思""艺术想象"，更不是所谓的"形象思维"，而是人与万物融为一体时的状态，也就是刘勰所言的"神与物游"。

我们借用"神思"来指神话活动的内在思维机制，一方面关注它与神话的联系，就此而言"神思"就是"神话思维"。英文"Myth"一词在汉译的过程中，一般有两种译法，一个是较普遍的"神话"，另一个是音译"迷思"，后者台湾学界中较常见。后一种翻译不仅是音译，也很传神、深刻，它把握了神话产生的思维特性——"迷思"，神秘的思，迷人的思，神性的思。鲁迅先生在《破恶声论》（1908）中给神话下定义时用的就是"神思"：

　　夫神话之作，本于古民，睹天物之奇觚，则逞神思而施以人化，想出古异，淑诡可观，虽信之失当，而嘲之则大惑也。太古之民，神思如是，为后人者，若何惊异瑰之大；矧欧西艺文，多蒙其泽，思想文术，赖是而庄严美妙者，不知几何。倘欲究西国人文，治此则其首事，盖不知神话，即莫由解其艺

① 〔德〕海德格尔：《形而上学导论》，熊伟、王庆节译，商务印书馆，2007，第27页。

文，暗艺文者于内部文明何获焉？①

用"神思"的另一个考虑就是，它还关涉艺术思维。因此，本书中的"神思"既指神话思维，也可标记艺术思维。神话思维与审美活动和艺术思维具有同质性，梅列金斯基甚至将神话思维与诗性思维归并为神话诗歌思维，并认为它是构成艺术思维的典范。

据詹·维柯看来，荷马式的英雄史诗源于"神圣"诗歌，即源于神话；而后者的特征在很大程度上取决于那种尚不发达的、特殊的思维方式，它可与儿童的心理相比拟。维柯系指：可感的具体性和实体性、因理性的匮乏而产生的感情之冲动和想象之丰富（前逻辑论？）、把自身的属性移于周围世界的事物（乃至将宇宙与人体等同看待）、将氏族范畴人格化、不善于从主体抽绎属性和形式、以"细节"替代本质，即叙事性。总的说来，有关神话"诗歌"思维的这一论述，不仅超越浪漫主义，而且为当代所不及。②

为了表述的协调性，我们一般还是称神话的思维机制为"神话思维"。"神思"与"神话思维"可以互相置换。杨义先生在论及《山海经》中的"神话思维"时也称"神思"："《山海经》是中国第一部记录神话片段原始思维的奇书。它呼唤着山川湖海的精灵和魂魄，使中国神话幻想在滋生和笔录的早期，就粘附着泥土的方域。可以说，中国存留下来的丰富芜杂的早期神话资料，是一种大地的神思……"③

---

① 《鲁迅全集》（第8卷），人民文学出版社，1981，第30页。
② 〔俄〕叶·莫·梅列金斯基：《神话的诗学》，魏庆征译，商务印书馆，2004，第9页。
③ 杨义：《〈山海经〉的神话思维》，《中山大学学报》（社会科学版）2003年第3期。

第二节　神秘体验·灵感

　　如果以"思维"是"主体"的一种认识活动来判断，神话中是没有"思维"的，"思维"是一种理性的认识而神话不是。

　　首先，神话的基本前提是人与自然界的浑融一体，其时人尚未从自然界中独立出来，根本无"主体"可言。在神话世界，人并不是"主体"，并不是站在客观事物或"对象"面前的"主体"。自然的山水万物也不是"对象"，它们尚未成为外在于人的客观"对象"。人与万物融合在一起。

　　其次，神话不是认识，而是一种体验。"神话不是来自大脑，而是来自心。……神话来自感受和体验，而不是来自思想。"①

　　"神思"是一种不同于逻辑之思的神秘之思。叶秀山先生在《从 Mythos 到 Logos》一文中比较"神话"与"逻辑"的差异时指出：

　　　　Mythos 和 Logos 同样为"说"，但 Mythos"说"的乃是"活生生的世界"，是一种艺术的、直接的生命的"体验"；而 Logos"说"的则是"概念"的"体系"，"符号"的"体系"。Mythos 是"参与"性的，Logos 则是"省察"（speculative）性的。Mythos 侧重于"我在"的度，而 Logos 则侧重于"我思"的度。"在"是"时间"性的，而"思"就其概念逻辑形式言则是"空间"性的、"方位"性的。

　　　　…………

---

①〔美〕菲尔·柯西诺主编《英雄的旅程：与神话学大师坎贝尔对话》，梁永安译，金城出版社，2011，第 257 页。

　　Logos、思，离不开"概念"，"概念"是"符号"，它有
"普遍性"，因而可以"涵盖""时间"的"流变"，但它们自
身却是"空"的，像一个"容器"，可以"容纳"同类的实
物，像"水果"可以"接纳"梨、桃、橘子……一样，"概
念"是一个"空器"。Logos 使世界"空无"化，"符号"化，
"概念"化，使 Mythos 中的"思－在同一"的关系"分化"
出来，"对立"起来，"在"成了"思"的"对象"，而"思"
自身成了"空"、"无"——"不存在"。

　　"在"都是具体的、实在的，在"时间"中的，但作为
"思"的"对象"的"在"却可以是"普遍的"、"非时间性"
的，因而也可以是"抽象"的。就像过去曾"在"的，也成
了"概念"的"事件"的关系。……①

　　神话中的体验和感受是神秘的存在的运作，而非个体的心理活
动，更非概念的推演。

　　神话体验作为一种神秘的体验，它与文明时代的宗教体验也不
同。坎贝尔指出巫师与后来的神职人员的区别：牧师是功能性的角
色，负责解决社会问题与伦理问题。巫师则不同，他是能够体验神
秘的人。"在我看来，巫师与神职人员间有个重要差别。神职人员
是带有社会性功能的角色，社会以某种方式崇拜某些神，于是神职
人员便被任命为执行该宗教仪式的人。他们所奉献的神，是在他之
前就存在的神。但巫师的力量与地位都是由他体验到的神所赋予
的。他的权威来自一种心理体验，而不是社会的任命。……巫师把
内在体验带入人们的外在生活。"②

---

① 叶秀山：《从 Mythos 到 Logos》，《中国社会科学院研究生院学报》1995 年第 2 期。
② 〔美〕约瑟夫·坎贝尔、比尔·莫耶斯：《神话的力量——在诸神与英雄的世界中发现
　 自我》，朱侃如译，浙江人民出版社，2013，第 133 页。

巫师、萨满是通神之人，他们离神最近，他们从神灵那里得到感发，然后再传导给人们。人们不知道这种过程是如何发生的，但他们相信，身处这种体验中的人一定是受到来自超验世界的神秘者、神圣者——神灵的感发和引领。

神灵不仅惠顾原始宗教仪式中的巫师，让其体验到神的感发。神也光临诗人，让诗人接受来自超越者的提携。神话体验与审美体验内在地联系在一起。

关于审美发生，后世的美学理论有许多种说法，有模仿说、表现说等理论，或者倾向于物，或者倾向于心。然而，按照神话美学的理解，人类的艺术活动和审美活动最初是在超自然的神力的作用下发生的，没有神灵的作用，诗人就无法作诗，就不可能成为诗人。柏拉图在《伊安篇》中指出，诗人是一种长有羽翼的、神圣的、轻灵的东西，如果他没有受到神赐灵感的激动，没有陷入迷狂，没有丧失理智，他就没有能力作诗。

神的作用对于诗人而言具体体现为"灵感"说。

肯定"灵魂"，强调"灵魂"的感发功能是神话的基本特征。原始巫术中的"巫"是通灵者，他能从神灵那里受到感发和启示，并将神的意旨传达给众人。信奉多神的原始宗教萨满教在举行仪式时，萨满巫师作为通灵者，借助某种手段出入神的迷离之中，在这种状态下与神沟通。古希腊德尔斐神庙的女祭司也是在这种状态下接收神启的。

　　帕耳那索斯高山下的德尔斐神殿，是阿波罗宣示神谕的地方，在神话中占有重要地位。卡斯塔利亚泉是此地的圣泉，刻菲索斯河是圣河。人们把此地当作世界的中心，无数的朝圣者从希腊各地和其他国家前来朝圣。其他任何一座神殿都无法与之相比。这些渴求真理的人们所提出的问题，由一位女祭司来回答，她在开口之前会先进入一种恍惚状态。人们认为，在她所坐的三脚凳下面的那块岩石的深处有一条裂缝，会往外冒出水蒸气，使她恍惚失神。①

古希腊文化遵循两条路线演进，第一条路线偏重于对外在世界的解释，从奥林匹斯创世神话到伊奥尼亚学派的实证宇宙论，神话中的神被理性化了。第二条路线即俄耳甫斯教的路线。相传俄耳甫斯是公元前 6 世纪中期希腊北部的一个吟游诗人，弹着里拉琴四处游历，传唱灵魂不朽的信仰，他能给树木、动物施加咒语。他设立祭坛传播祭仪，将人们的注意力由此世转向来世。瑞士作家琳达对在庞贝城的俄耳甫斯仪式的壁画做了如下描述："俄耳甫斯一边唱歌一边教导人，他的歌声极其有力，以致掌握了整个自然；当他唱起了田园歌时，鸟儿在他身边飞翔；鱼儿越出水向他跳来，风停了，海静了，河水向上流到他身边。雪没了，冰雹不见了。树林和石头跟在俄耳甫斯身后；虎和狮子在绵羊边，卧在他身旁，狼也躺在鹿边，这一切意味着什么？这肯定意味着对自然事件意义的神性顿悟……自然发生的现象变得和谐。"②

俄耳甫斯教体现了地中海古老民族的观念，与重视现世享乐的奥林匹斯教不同。以奥林匹斯教为主体的希腊文化重视现世享乐，神祇也具有人的欲望；而俄耳甫斯教强调人神的联系，并将希望遥寄来世。俄耳甫斯教信仰灵魂转世，重视死亡祭仪和来世生活，通过禁欲净化灵魂，以求来世。俄耳甫斯教认为肉体是会死的，灵魂则持恒不灭。灵魂不死和重生是希腊神话的基本主题，也是毕达哥

---

① 〔美〕依迪丝·汉密尔顿：《神话：希腊、罗马及北欧的神话故事和英雄传说》，刘一南译，华夏出版社，2010，第 21 页。
② 转引自卡尔·荣格《人类及其象征》，张举文、荣文库译，辽宁教育出版社，1988，第122 页。

拉斯学派的基本观念。

俄耳甫斯教义在苏格拉底对灵魂的关注和柏拉图的形而上学诉求以及雅典的正统宗教体系之外，提供了一种神秘的、满足内心需求的信仰。柏拉图吸收了古希腊俄耳甫斯教的思想，这构成其"灵感"说的重要源头。柏拉图在《国家篇》的结尾借苏格拉底讲述了厄洛斯神话中也隐含着这种灵魂观。厄洛斯是一名战士，在一次战斗中被杀死，十二天后又复活了，然后向人们讲述自己死后的遭遇。死后，灵魂脱离肉体，接受审判，以决定是上天堂还是下地狱。"一个人生前对别人做过的坏事，事后每一件都要受十倍的报应。……同样，如果一个人做过了好事，为了公正虔诚，他也会得到十倍的报酬。"在这个宇宙图景中，现世只不过是来世的铺垫，来世处于优先地位，就如同对柏拉图而言不可见的理念世界相对于可感世界而言具有优先地位。

有别于赫西俄德《神谱》中的诸神秩序，在俄耳甫斯教信仰中，狄俄尼索斯占据突出的地位，显示出与奥林匹斯信仰对象的差异和民间特性。传说俄耳甫斯的祖父曾帮助过狄俄尼索斯，狄俄尼索斯便将其教义传给俄耳甫斯。

农神得墨忒耳与天神宙斯所生的女儿珀耳塞福涅容貌美丽，为了避免女儿落入好色的宙斯的魔掌，得墨忒耳将亭亭玉立的珀耳塞福涅深藏起来，但还是被宙斯找到了，宙斯变为一条龙与之结合，珀耳塞福涅生下了角神匝格瑞俄斯（Zagreos），该儿童深得宙斯的欢心，引来天后赫拉的嫉恨。赫拉唆使泰坦巨神们捉拿匝格瑞俄斯，匝格瑞俄斯变形奔逃，泰坦们则用拨浪鼓、响板和镜子等引诱他。年幼的角神被镜子中自己的影像所吸引，终被巨神诱捕，并被杀死撕碎，智慧女神雅典娜抢出了他的心脏，送给了宙斯，宙斯将其吞下。后来宙斯迷恋上了凡人、忒拜公主塞墨勒（Semele），将匝格瑞俄斯的心脏放入塞墨勒的腹中。塞墨勒中了赫拉的奸计，在隆隆的雷声和熊熊的火焰中被烧死，宙斯将塞墨勒腹中的婴儿救出，缝在自己的大腿里孕育，最后，一个新的生命诞生了，这就是转世的狄俄尼索斯。为了避免赫拉的进一步迫害，狄俄尼索斯被寄养在山林仙女们那里，曾被指派为狂欢之神，他所到之处歌声飘扬。在半人半羊的森林神西勒诺斯（Silenus）的教育下，狄俄尼索斯掌握了种植葡萄的技术并酿出甜美的葡萄酒，因此被奉为酒神。人们以纵酒狂欢的方式祭拜这位给人带来迷狂的酒神，在迷狂中实现人神合体，借酒神精神实现对现实世界的超越，进而到达理念世界。酒神与悲剧密切相关，亚里士多德在《诗学》中指出悲剧起源于祭拜狄俄尼索斯的庆典表演。尼采借日神和酒神来解释希腊悲剧的诞生。

在美学领域，柏拉图认为人们通向最高真实和美的途径有两个：一个是智慧，一个是迷狂。"智慧"是借人自身的理性从美的形体开始，沿着上升的通道最后认识"美本身"；"迷狂"则是人受到神的感发进入梦幻般的状态，隐约"回忆"起美本身。在《斐德若篇》中，柏拉图将迷狂区分为非神灵凭附的迷狂和神灵凭附的迷狂，前者是"绝对坏的"，而神灵凭附的迷狂则能消灾纳福，它又分四种：预言、教仪、诗歌、爱情，它们分别由不同的神来"主宰"，预言由阿波罗，教仪由狄俄尼索斯，诗歌由缪斯，爱情由阿芙洛狄忒和厄洛斯来主宰。

在人类的众多活动中都具有这种"入神"的状态，人类的许多重要的福利都是从它来的。诗人的迷狂就是灵感。《法律篇》卷四提及"当诗人坐在诗神的祭坛上时，他是精神恍惚的"。在艺术起源问题上，安德烈斯·隆梅尔等学者提出"萨满论"。萨满在进行仪式时进入的恍惚状态与酒神提供的醉态相似，酒神带来的迷狂构成文学艺术的重要触媒。诗人应该是"通灵者"，在《伊安篇》中，柏拉图指出，"因为诗人是一种轻飘的长着羽翼的神明的东西，不得到灵感，不失去平常理智而陷入迷狂，就没有能力创造，就不能作诗或代神说话"。

在集中谈论灵感的《伊安篇》中，柏拉图提到灵感有两个来源，一种是诗神缪斯的凭附，使诗人陷入迷狂状态；而另一种则是不朽的灵魂从前生带来的回忆。在《斐德若篇》中把诗归结为神灵感召的迷狂，是不朽的灵魂的前世记忆，而人现世对于爱的追寻是为了寻求"上界事物在下界的摹本"。朱光潜先生在《西方美学史》中概括道："对所谓灵感有两种不同的解释，""第一种解释是神灵凭附到诗人或艺术家身上，使他处于迷狂状态，把灵感输入给他，暗中操纵着他去创作"。① "灵感的第二种解释是不朽的灵魂从前生带来的回忆。""有这种迷狂的人，见到尘世的美，就回忆起上界里真正的美，因而恢复羽翼，而且新生羽翼，急于高飞远举，可是心有余而力不足，像一个鸟儿一样，昂首向高处凝望，把下界一切置之度外，因此被人指为迷狂。"②

"回忆"说隐含着一种古老的思维理念，与灵魂不灭相关。在《斐多篇》中，柏拉图指出，人们关于理念的知识只能从"回忆"中获得，"回忆"意味着"我们必须在以前的某个时候学习过现在回忆起的事情"，"从这方面看，也足见灵魂是不灭的"。"既然心灵是不死的，并且已经投生了好多次，既然它已经看到了阳间和阴间的一切东西，因此它获得了所有一切事物的知识。因此人的灵魂能够把它以前所得到的关于美德和其他事物的知识回忆起来，是不足为奇的。"③ 人在出生以前，灵魂原本与神一道共同居住于天界，具有理念的知识，"那时它追随神，无视我们现在称作存在的东西，

① 朱光潜：《西方美学史》（上），人民文学出版社，1979，第57页。
② 朱光潜：《西方美学史》（上），人民文学出版社，1979，第58页。
③ 北京大学哲学系外国哲学史教研室编译《古希腊罗马哲学》，商务印书馆，1982，第191页。

只昂首于真正的存在"。可是一旦人出生，灵魂和肉体结合，灵魂就受到肉体的熏染和干扰，于是发生了遗忘。不过，人可以借对具体事物的认识，唤醒灵魂对既有知识的回忆。

当然，并非每个灵魂都能回忆起既定的知识。在柏拉图看来，灵魂由三部分构成：理智、激情和欲望。理智最为高贵，欲望最卑俗，激情居中。只有借助理智的指引，灵魂才能保持向上的运动；如果迎合人的欲望，灵魂就失去了向上的冲动，即丧失了灵魂的本性。每个人的灵魂"天然地曾经观照过永恒真实界，否则它就不会附到人体上来。但是从尘世事物来引起对于上界事物的回忆，这却不是凡是灵魂都可容易做到的"，包括那些"对于上界事物只暂时约略窥见的"或"下地之后不幸习染尘世罪恶而忘掉上界伟大景象的"的灵魂。能够做到的只有少数人，主要是"专注在这样光辉景象的回忆"的哲学家。他们往往得到神灵的辅佐进入迷狂状态，"有这种迷狂的人，见到尘世的美，就回忆起上界里真正的美"。①

柏拉图的"回忆"说将感性现实世界与理念世界结合起来，运用到美学领域就是将有限世界的美与"美本身"结合起来。由于下界事物的美"摹仿""分有"理念的美，彼此之间会多多少少有相似之处，因此下界事物的美可以刺激我们的感官使得我们的灵魂回忆起曾经在上界认识的理念的美，也就是说，有限世界的美激起灵魂对上天之美的回忆。同时，不能满足于可见的有限世界的美，而应追求更高的美——无限的、神性的美。在《会饮篇》中，柏拉图认为，要想认识美本身，就应该从幼年起就关注美的形体，"第一步应从只爱某一个美形体开始，凭这一个美形体孕育美妙的道理。第二步他就应学会了解此一形体或彼一形体的美与一切其他形体的

①　〔古希腊〕柏拉图：《柏拉图文艺对话集》，朱光潜译，人民文学出版社，1988，第125页。

美是贯通的。这就是要在许多个别美形体中见出形体美的形式"。①
从而"不再把过烈的热情专注于某一个美的形体"。"再进一步，
他应该学会把心灵的美看得比形体的美更可珍贵"，"凭他来孕育最
适宜于使青年人得益的道理"。"从此再进一步，他应学会见到行为
和制度的美，看出这种美也是到处贯通的，因此就把形体的美看得
比较微末。从此再进一步，他应该受向导的指引，进到各种学问知
识，看出它们的美。于是放眼一看这已经走过的广大的美的领域，
他从此就不再像一个卑微的奴隶，把爱情专注于某一个个别的美的
对象上，某一个孩子，某一个成年人，或某一种行为上。这时他凭
临美的汪洋大海，凝神观照，心中起无限欣喜，于是孕育无量数的
优美崇高的道理，得丰富的哲学收获。如此精力弥满之后，他终于
一旦豁然贯通唯一的涵盖一切的学问，以美为对象的学问"。②

　　柏拉图的"回忆"不同于后世心理学意义上的"回忆"，它不
是现实世界中的经验的反映，而是"自动性"的，它来自灵魂自
身，是灵魂对上界的神灵和理念的回忆。在《斐德若篇》中描述众
灵魂驾驭双驾马车追随诸神的情形，它们原本与理念融合在一起，
认识到"无色的、无形的、无质料的、真实存在着的本质"，可是，
其中一匹马（代表欲念）的破坏，使众灵魂的翅膀受到了伤害跌落
尘世，与肉身结合，只有借对既定知识的回忆才能恢复灵魂飞升的
本性。

　　《斐德若篇》中指出文学艺术家要有三个条件："第一是生来
就有语文的天才；其次是知识；第三是练习。"这三个条件之中先
天的能量被置于首位，似乎诗神的作用和灵感更为重要，诗的才能

①　〔古希腊〕柏拉图：《柏拉图文艺对话集》，朱光潜译，人民文学出版社，1988，第
　　272页。
②　〔古希腊〕柏拉图：《柏拉图文艺对话集》，朱光潜译，人民文学出版社，1988，第
　　272页。

不是后天习得的，而是神赐的。神赐予诗人的不仅仅是歌唱的技艺，还有提示所讲故事的内容，更主要的是赐予、启发诗人以灵感。如果没有神灵的依附。诗人是没有能力传达真理的，诗人并非借自己的力量来向人说话，只有得到神灵的帮助进入"迷狂"，诗人才能揭示真理，解释真实。"诗人只是神的代言人，由神凭附着，最平庸的诗人有时也唱出最美妙的诗歌。"[1]

迷狂不仅体现在诗人的创作活动中，也体现在听众和欣赏者的审美接受中。诗人接受神灵的感发，启动诗情，产生美妙的歌声。诗人美妙的歌声能使听众迷狂，忘乎所以。《伊安篇》中论述道：

> 这缘故我懂得，伊安，让我来告诉你。你这副长于解说荷马的本领并不是一种技艺，而是一种灵感……有一种神力在驱遣你，象欧里庇得斯所说的磁石，就是一般人所谓"赫库利斯石"。磁石不仅能吸引铁环本身，而且把吸引力传给那些铁环，使他们也象磁石一样，能吸引其他铁环，有时你看到许多个铁环互相吸引着，挂成一条长锁链，这些全从一块磁石得到悬在一起的力量。诗神就象这块磁石，她首先给人灵感，得到这灵感的人们又把它传递给旁人，让旁人接上她们，悬成了一条锁链。[2]

诗人在吟诵的当下并非总是陷入迷狂。陈中梅从心理学的角度对口诵时代诵诗者的灵感说（神赋论）做了如下分析。

> 荷马的神赋论中肯定带有向神乞求灵感的一面，否则，他

---

① 〔古希腊〕柏拉图：《柏拉图文艺对话集》，朱光潜译，人民文学出版社，1988，第9页。
② 〔古希腊〕柏拉图：《柏拉图文艺对话集》，朱光潜译，人民文学出版社，1988，第7～8页。

就不好解释诗人通神的（theios）特殊性，不好解释诗人与非诗人（即普通百姓）之间的区别。但是，不可否认的是，荷马对神的吁请中，无疑还带有求神保佑，使他得以顺当和流畅地讲说故事，把已经存于脑海中的记忆有序和准确不误表达出来的意思。此外，可以想见，古代口诵诗人有必要满足听众的即兴需要，诵说他们想听的段子，而即便吟诵成竹在胸的老段子，诗人也不可能一成不变，完全排斥有助于临场发挥的灵动。在诸如此类的情况下，他们同样需要神灵助佑，以便克服"自卑"心理，增强随机应变、从容诵诗的信心。所有这些后世或现代诗人通常所不能体验到的艰难，促使没有成文文本可依的古代诗人笃信神赐的必要，难以摆脱对神启的依赖，一般情况下只能虔诚地满足于神的代言人的地位，相信自己是在神的助佑下从业。……他之吁请神佑以达成精神上的沟通，受限不在或不完全在于祈望取得神赐的灵感——比这远为重要的，也是使现代诗人难以真正理解的，是他对获得诗歌（即故事）内容的冀盼。他请求申明告诉他应该讲述的内容（实际上是记取早已烂熟在心的故事——但记忆也可以是以为女神，亦即缪斯的母亲），使他得以权威地诵说发生在以往的事情。[①]

这在《伊利亚特》中可以随处找到印记。例如第二章罗列参战诸队伍时，"告诉我，你们住在奥林匹斯的诸位缪斯，达南人的队长和首领是些什么人？因为你们诸位女神亲眼看见事情的发生，而我们人只是听说的。至于那些来到伊利亚的兵丁们，我纵有十根舌头，十张嘴，一个不会疲敝的嗓子和一颗铜打的心，也不能叫出他们的名字，甚至数不清他们的数目，除非你们奥林匹斯女神，披乙

---

① 陈中梅：《荷马史诗研究》，译林出版社，2010，第94页。

己斯的宙斯的女儿们，提醒我的记忆"。①接下来诗人不厌其详地介绍了各参战队伍的来源地、物产、族类的性格、作战的特点、将领的家谱、船只的数量等。如果没有记忆女神的帮助，的确难以完成。神话是从精灵得来灵感的言辞，是神助的结果。

按照神话观念，人本身是上帝（神灵）将"气"吹进其鼻孔而形成的。大地上的一切无不是神灵感发的产物，诗人能更敏感地接受神灵的气息。英国美学家阿诺·理德认为灵感是指艺术家借助于某种超出自己的存在（如神、上帝、缪斯、天使等）的力量创造作品。灵感意味着"吸气"，通过神灵把灵性吹进艺术家的心中，让他具有诗才写出作品。

柏拉图被视为西方美学理性主义的开山，其理想国要驱除诗人。然而，这只是表象。柏拉图的哲学对话深受神话思维的影响，譬如其灵感说。柏拉图的理论表述形式充满神话因素，将非论证性、非证伪性的神话（Muthos）话语与论证性的、可证伪性的逻各斯（Logos）整合在一起，在其哲学对话中编织进了众多神话，借神话叙述来表达难以明言的深邃、丰富的哲理，例如《理想国》中的"洞穴隐喻"（"洞穴神话"）。这些生动而富有意义的形象表述比起单纯的逻辑论证更能启发人们的深思。中国古代哲人庄子同样借助志怪类的神话故事表达其哲理，神话与哲学并非二元对立的，而是相互蕴含，相互交织。正是神话与哲学的内在张力拓展了意义空间。

第三节　互渗·应和

在研究早期人类的思维方式领域，法国文化人类学家列维－布

---

① 〔古希腊〕荷马：《伊利亚特》，曹鸿昭译，吉林出版集团有限公司，2010，第29~30页。

留尔（1857～1939）用力最勤，影响巨大，他写作了享誉学界的
《初级社会的智力机能》（1910年，英文版译为《土著如何思考》）、
《原始人的心灵》、《原始人的灵魂》，最后将其研究精髓浓缩在
《原始思维》这部著作中。布留尔认为原始人的思维是原逻辑的、
神秘的思维。布留尔在《原始思维》中归纳了原始思维的三个特
点：集体表象、互渗律和原逻辑思维。在这三个要点中，互渗律最
为关键。

互渗律（Law of Participation），是基于人与自然之间浑然不分，
人与万物之间自由流通，我国人类学家杨堃先生将其译为"混沌
律"。"集体表象"实际上也是一种互渗，在集体表象中，联想为
互渗律所左右；图腾集团与世俗境域之间，世俗境域与花、风、神
幻动物、林木、河溪等之间的神秘互渗则应运而生。自然界成为神
秘的相互作用之活动的总体。

互渗首先发生在人－物之间。人类的儿童时期，尚不能将自己
与自然万物分割开来，人与世界万物浑然一体。正如费尔巴哈所言：

> 人本来并不把自己与自然分开，因此也不把自然与自己分
> 开；所以他把一个自然对象在他身上所激起的那些感觉，直接
> 看成了对象本身的性态。有益的、好的感觉和情绪，是由自然
> 好的、有益的东西引起的；坏的、有害的感觉……是由一个恶
> 的东西，或者至少是由坏心、恶意、愤怒等状态下的自然引起
> 的。因此人们不由自主地、不知不觉地——亦即必然地……将
> 自然的东西弄成了一个心情的东西，弄成了一个主观的亦即人
> 的东西。①

---

① 〔德〕费尔巴哈：《费尔巴哈哲学著作选集》（下卷），荣震华等译，商务印书馆，1984，
第458～459页。

神话学家袁珂认为物我混同是原始思维的最大特点，"原始思维的特征就是以好奇作基础，把外界的一切东西，不管是生物或无生物，自然力或自然现象，都看作和自己相同的有生命、有意志的活物。而在物我之间，更有一种神秘的看不见的东西作自己和群体的连锁。这种物我混同的原始思维状态，我们就叫它神话思维，由此而产生的首批传说和故事，我们便叫它做神话"。①

互渗也发生在物物之间。布留尔指出，"作为这种思维的指导原则的互渗律使它毫不费力地同时在集体中思维个体的东西，又在个体中思维集体的东西。这种思维想象在个别的熊和一般熊之间，在个别的野牛和一般野牛之间，在个别的鱼和一般的鱼之间有神秘的互渗"。②

卡西尔认为，神话思维使那些彼此相关的事物结合起来，"融汇成一个无差异形态"是"靠神秘的纽带"——巫术联想、巫术交感。英国人类学家弗雷泽在《金枝》中指出，原始先民认为植物的生长繁衍与人类的繁衍具有"同类相生"关系，因而在祭祀中举行两性结合的仪式，希望通过男女性交来帮助作物的生长。

互渗律支配下的"思"保存了人与世界之间的原始亲密性，尚未将人"抽象"为"主体"，尚未将世界固化为"客体"，人是世界中的人，世界是与人亲熟的世界而不是冷冰冰的世界。在这种关系中，人与相关的事物同属一个神秘的意义世界。"在原始人思维的集体表象中，客体、存在物、现象能够以我们不可思议的方式同时是它们自身，又是其他什么东西。它们也以差不多同样不可思议的方式发出和接受那些在它们之外被感觉的、继续留在它们里面的

---

① 袁珂：《前万物有灵论时期的神话》，《民间文学论坛》1985 年第 5 期。
② 〔法〕列维－布留尔：《原始思维》，丁由译，商务印书馆，1985，第 89 页。

神秘的力量、能力、性质作用。"① 这也是"象征"的世界，神话世界就是象征的世界。

现代象征主义对近代以来二元分置框架下的现实主义和浪漫主义都不满，而是强调整体融合和原始丰富性，从某种意义上是复活了神话思维。象征主义的核心概念是"Correpondances"（梁宗岱译为"契合"，穆木天译为"交响"，王独清译为"交错"，戴望舒、卞之琳译为"应和"，也有人译为"通感""交感"等）。波德莱尔（1821～1867）以 *Correspondances* 一诗"带来了近代美学的福音"（梁宗岱《诗与真·诗与真二集》）。

《契合》

大自然正是一座神殿，那充满活力的柱石
往往发出朦朦胧胧的喃喃的声音；
人漫步穿越这一片象征的森林，
森林投出亲切的目光，注视着人的举止。

宛如来自远处的一阵阵悠长的回声，
融入深邃而不可思议的统一体中，
像光明一样无边无际，又像黑暗一样无穷无尽，
香味、色彩、声音纷纷互相呼应。

有的香味鲜嫩如儿童的肌肤，
轻柔如双簧管的音调，翠绿如草地，
——有的香味却异化、绚丽而眉飞色舞，

---

① 〔法〕列维－布留尔：《原始思维》，丁由译，商务印书馆，1985，第69~70页。

> 流露出无限的天地万物的心迹，
> 仿佛龙涎香、麝香、安息香和乳香，
> 歌唱着精神的振奋与感觉的激昂。①

在这首十四行诗中，诗人描绘了在象征的森林中，人与自然界的万物相互应和，构成神秘的统一体。同时，在人的感觉世界内各种感觉方式相互应和，此即所谓"通感"。"Correpondances"基于人与世界的内在统一，人与万物互相渗透，"心与物冥"，这是一种超越二元论的思维模式，是"思"与"在"的统一。"契合"不同于一般的表征与被表征的关系，不同于类比，也不同于联觉、通感，也不同于普通的符号能指和所指的关系。象征是一种"契合"，是经验世界与超验世界的契合，是对超验领域的沉潜。诗人在有限的、不完美的世界中透过"象征的森林"窥见天国的光辉。诗人与世界的契合使得诗人成为通灵者，诗人沉潜于世界万物的一体感之中聆听，接受神启。诗人的这种角色在原始时代正是任意一位初民的身份。

基于"互渗"，原始人类建立起事物之间的神秘联系，这种联系不同于后世基于因果律的事物之间的联系，而是逸出因果律之外的联系，是超越逻辑关系的关联。因而神话思维也可称为"原逻辑思维"。这种原逻辑思维在逻辑关系之外发现了神秘的关联。原始人类尚不能发现事物之间的客观联系，或者说他们对这些联系毫不在意，他们关注的是现象之间的神秘联系。《山海经》中有大量的记载。

> 又东五百里，曰丹穴之山，其上多金玉。……有鸟焉，其

----

① 〔法〕夏尔·波德莱尔：《波德莱尔诗全集》，张秋红译，浙江文艺出版社，1996，第13~14页。

> 状如鸡，五采而文，名曰凤皇……是鸟也，饮食自然，自歌自
> 舞，见则天下安宁。（《南山经》）

> 又东一百五十里，曰熊山。有穴焉，熊之穴，恒出入神
> 人。夏启而冬闭；是穴也，冬启乃必有兵。（《中山经》）

为什么凤凰出现天下就太平？为什么熊穴冬启必有兵？初民无意于
寻找其间的因果联系，但他们相信这一切。安德鲁·兰曾说：野蛮
人是好奇的，他渴望对自己所生活的世界进行解释。但显然原始初
民对世界的解释不同于认识论背景下的科学解释，而是立足于人与
世界的浑融所做出的解释，这种解释就构成了神话。鲁迅在《中国
小说史略》中说："昔者初民，见天地万物，变异不常，其诸现象，
又出于人力之所能以上，则自造众说以解释之。凡此解释，今谓之
神话。"

原逻辑思维还常常表现出自相矛盾。赫拉克利特认为"神是日
又是夜，是冬又是夏，是战又是和，是不多又是多余。他变换着形
象，和火一样，当火混合着香料时，便按照各人的口味，而得到各
种名称"。[①] 神话世界中的万物是流动变形着的，万物之间尚未形成
固定的分界。神话中的事物一会儿以这种形式出现，一会儿又以另
一种形式出现，从逻辑的角度看是"矛盾""荒诞"，然而当我们
跳出逻辑的格式与规范，这正是活性的神话世界的特征。中国古代
神话典籍《山海经·海内北经》中记载："蟜，其为人虎文，胫有
胯。在穷奇东。一曰状如人，昆仑虚北所有。"蟜，一会儿被说成
是人，一会儿又被说成"状如人"。从形式逻辑特别是从"排中
律"的立场上看，神话是虚妄的论证。然而，当我们跳出理性思维
的范围，从更本源的思的角度上看，神话思维开启了一个创造性的

---

① 北京大学哲学系外国哲学史教研室编译《古希腊罗马哲学》，商务印书馆，1982，第
25页。

天地。基于此，意大利历史学家、美学家维柯为初民的思维方式正名。神话思维是"诗性思维"。

第四节　诗性思维·拟人化

维柯在 1725 年完成的《新科学》（《关于人类原则的新科学》）一书旨在解决"人类是如何起源并发展到今天这种程度的"。维柯研究历史强调历史的完整性、连续性，特别重视史前历史。神话往往被视为野蛮的、无意义的。柏拉图贬损诗歌，推崇哲学，打压诗人，贬低诗性，抬高理性，这形成西方对待神话的主流传统。然而，维柯为神话翻案。他确认历史的神话起源，将神话视为历史的"开端"。"凡俗的世界通史前此都缺乏开头，而且由于缺乏诗性历史的合理的时历，也就缺乏历史的赓续性。"① 为了补全人类历史，维柯将历史的"开端"追溯到原始社会及其神话。一切古代世俗历史都起源于神话故事，"一切野蛮民族的历史都从寓言故事开始"。② "各异教民族所有的历史全部从神话故事开始，而神话故事就是各异教民族的一些古老的历史。凭这种方法，就可发现各民族及其科学（知识）的起源……"③ "寓言（维柯所说的'寓言'或'寓言故事'也就是神话——引者注）就是些最古的希腊民族习俗的真实可靠的历史。"④ 维柯认为荷马史诗以及许多类似的神话故事其实都是原始民族的历史。

维柯按照思维方式把人类文化史划为三个时代：神的时代、英

---

① 〔意〕维柯：《新科学》，朱光潜译，人民文学出版社，1987，第 158 页。
② 〔意〕维柯：《新科学》，朱光潜译，人民文学出版社，1987，第 102 页。
③ 〔意〕维柯：《新科学》，朱光潜译，人民文学出版社，1987，第 43 页。
④ 〔意〕维柯：《新科学》，朱光潜译，人民文学出版社，1987，第 8 页。

雄的时代和人的时代，它们分别产生了神话、史诗和哲学。西方在进入"人的时代"之后，理性成了王者，特别是在西方启蒙运动以降的社会理性设计中，神话是没有价值的，在启蒙者看来，神话是愚昧和谎言的产物。维柯对理性主义和科学提出怀疑，力图建立一种与自然科学有别的"新科学"，一种以人类及其感受世界为中心的新科学。在新科学中维柯突出了被"Logos"遮蔽了的人类文化传统——Muthos。神话成了人类文化的基础和核心。

通过对人类历史的研究，维柯发现了古代人类的智慧不同于文明时代人类的智慧。古代人类的智慧形态是"诗性的"，即"诗性智慧"（poetic wisdom）。《新科学》1730年第二版出版时是由《论诗性的智慧》和《论真正荷马的发现》这两本专著组成的，《新科学》第三版在维柯去世半年后于1744年7月出版，第三版改名为《关于各民族的共同性的新科学的一些原则》，简称《新科学》。《新科学》用了一半的篇幅来谈诗性智慧。何为"诗性智慧"？维柯认为，人包括理智和意志两个主要部分，"智慧的功能就在于完成或实现人的这两个部分"。科学、哲学是人类发展到具有充分发展的、深思熟虑的理性的阶段才得以产生的，这种系统的知识、方法的自觉和理性的思考是进入"人的时代"的智慧，是一种理性智慧。而在人类创建世界的初期，创建活动不是由深思熟虑的理性活动驱使的，而是由"诗人"诗性的创造活动驱动的。

智慧的发端是诗——诗不只是一种文体形式，它首先是一种与理性活动不同的人类原初的生命能量（原始感觉、情感、想象），诗是原始人的自发的活动方式，他们对一切充满好奇和疑问，想探究其中的隐秘。先民的祭仪是诗，占卜是诗。维柯借"诗性智慧"超越以"我思"为基础的现代理性主义，这种诗性智慧没有或不受理性的约束，充满激情和神秘。在人类的早期和个体的童年时期都充满"诗性智慧"。"这种诗性智慧，即神学诗人们的认识，对于诸异教民族来说，无疑就是世界中最初的智慧。"①

诗性智慧的基本特点是想象力的丰富和感受力的强烈。人类最初创始人那里，"浑身是强烈的感觉力和广阔的想象力。他们对运用人类心智只有一种昏暗而笨拙的潜能"。②

维柯的《新科学》将神话定义为与想象的类概念相应的一些寓言故事。马克思也认为："在野蛮时代低级阶段，人类的较高的属性便已开始发展起来了。"③ 维柯在论及初民的"心灵状态"时，强调初民"浑身是强烈的感觉力和广阔的想象力"。④

神话想象有何特点呢？我们将其概括为想象的纯真性。

想象是先民心智的全部，没有理性思辨、逻辑推理能力，因而是纯粹的想象力。这种纯粹的想象力若站在后世的立场上来看也许是幼稚的，然而正因其幼稚才构成真正意义上的想象，也才会产生原始的神话。"荷马所写的英雄们在心情轻浮上像儿童，在想象力强烈上像妇女，在烈火般的愤怒上像莽撞的青年，所以哲学家不可能自然轻易地把他们构思出来……纵使荷马的诗篇含有玄奥智慧的最崇高的秘密教义（这是我们在《诗性智慧》中已证明绝对不确实的），这些秘密教义的表达方式也不可能由一个哲学家的直截了当、按部就班的谨严的心灵所能构思出来的。"⑤

原始先民的心理结构中分析力和理性思维能力不及现代人，但正因为少了思辨、逻辑推论的干扰，初民的感觉力、想象力就特别纯粹而显明，"推理力愈薄弱，想象力也就成比例地愈旺盛"。⑥ 维柯认为在原始初民那里，各种感官是他认识事物的唯一渠道，"这

---

① 〔意〕维柯：《新科学》，朱光潜译，人民文学出版社，1987，第 7 页。
② 〔意〕维柯：《新科学》，朱光潜译，人民文学出版社，1987，第 6 页。
③ 《马克思恩格斯全集》（第 45 卷），人民出版社，1985，第 384 页。
④ 〔意〕维柯：《新科学》，朱光潜译，人民文学出版社，1987，第 6 页。
⑤ 〔意〕维柯：《新科学》，朱光潜译，人民文学出版社，1987，第 431 页。
⑥ 〔意〕维柯：《新科学》，朱光潜译，人民文学出版社，1987，第 98 页。

些原始人没有推理的能力，却浑身是强旺的感觉力和生动的想象力"。① 在初民的世界里，概念等思维形式尚未建立，还不具备反思能力，其想象力是完全的肉体方面的想象力。"在人类还那样贫穷的时代情况下，各族人民几乎只有肉体而没有反思能力，在看到个别具体事物时必然浑身都是生动的感觉，用强烈的想象力去领会和放大那些事物，用尖锐的巧智（wit）把它们归到想象性的类概念中去，用坚强的记忆力把它们保存住。"② 人类的感觉力和思维力是此消彼长的关系，原始初民思维力尚未产生，纯然是感觉的，因而其想象是旺盛的、锐敏的。"后来人类进入思索的年龄了，可以凭思索来对保卫身体想出办法，他们的各种感官就变得不那么锐敏了。"③

这种旺盛的、强烈的、尖锐的感性力量和想象力，构成了神话。原始初民在强烈的想象中将个别具体事物放大了，表达人类心智中的神性，"神话故事都有一种永恒特征，就是经常要放大个别具体事物的印象"。④ 维柯在描述原始初民的想象力或感性力量时采用了"强烈""尖锐""生动"等修饰词，以区别理性时代的人们的想象力，一种受到理性干扰的感受力和想象力。维柯所说的"诗性智慧"是只存在于理智不发达时代的心灵状态，其想象力也非一般的想象力所能比拟。在维柯看来，原始初民心智薄弱像儿童，想象力强烈像妇女，情感狂放像年轻人。现代人呢？现代人也许像长者。理智时代的智慧可以产生哲学（玄学）、科学，也可以产生小说、散文，而"诗性智慧"产生了神话。远古的诗性智慧创造了神话，反过来，"从这些神话故事中仿佛从胎盘中我们发现到全部玄

---

① 〔意〕维柯：《新科学》，朱光潜译，人民文学出版社，1987，第 161~162 页。
② 〔意〕维柯：《新科学》，朱光潜译，人民文学出版社，1987，第 428 页。
③ 〔意〕维柯：《新科学》，朱光潜译，人民文学出版社，1987，第 365 页。
④ 〔意〕维柯：《新科学》，朱光潜译，人民文学出版社，1987，第 426 页。

奥智慧的大轮廓"。①

后世的艺术生产和审美活动也十分重视想象的作用，通过想象的中介使理智淡化。也就是说，经历了理智洗礼的人，要想恢复想象的活力，就必须暂时将理智放置一旁。然而，理智并未消失。神话想象与后世的想象相比则"纯"得多，即很少受理性和现实逻辑的干扰，少有对现实事物的模仿。后世的想象时常是个体的心理活动，是一种联想的能力，甚或是赋予理念一种感性外观。

从本质上讲神话想象不是一种个体的心理联想能力，而是人居于世界中的生存本身。

卡西尔《神话思维》分别论述"作为思维形式的神话"、"作为直觉形式的神话"和"作为生命形式的神话"。从本质上讲，原始人实际上并不存在思维形式的神话，神话都是生命能量的表达。

同样，对于原始人而言，想象是真实感受到的人与万物之间的渗透、感发。因此，神话在原始人那里并不是虚构，而是最真切的生存。我们现代人以为是想象的地方，原始人则沉浸其间。

由于原始人的心灵状态是被最切近生存的想象所鼓动，"拟人化"就不单单是一种表现手法。

诗性智慧的特征是"人在无知中就把自己当做权衡一切事物的标准"②，原始初民"以己度物"，将无生命的事物赋予人的感觉和情欲。就此而言，儿童的心灵很像原始人类，将一切事物生命化、拟人化（anthropomorphic）。

> 值得注意的是在一切语种里大部分涉及无生命的事物的表达方式都是用人体及其各部分以及用人的感觉和情欲的隐喻来形成的。例如用"首"（头）来表达顶或开始，用"额"或

① 〔意〕维柯：《新科学》，朱光潜译，人民文学出版社，1987，第407页。
② 〔意〕维柯：《新科学》，朱光潜译，人民文学出版社，1987，第181页。

"肩"来表达一座山的部位，针和土豆都可以有"眼"，杯或壶都可以有"嘴"，耙、锯或梳都可以有"齿"，任何空隙或洞都可叫做"口"，麦穗的"须"，鞋的"舌"，河的"咽喉"，地的"颈"，海的"手臂"，钟的"指针"叫做"手"，"心"代表中央，船帆的"腹部"，"脚"代表终点或底，果实的"肉"，岩石或矿的"脉"，"葡萄的血"代表酒，地的"腹部"，天或海"微笑"，风"吹"，波浪"呜咽"，物体在重压下"呻吟"，拉丁地区农民们常说田地"干渴"，"生产果实"，"让粮食胀肿"了，我们意大利乡下人说植物"在讲恋爱"，葡萄长的"欢"，流脂的树在"哭泣"。①

从上述表述中可以看出，在诗性智慧下，人将自己变成了整个世界。

荷尔德林盛赞这种拟人化的审美意义。

抽象概念的拟人化就像简古的表达一样具有它的审美价值。我们不会称任何没有对感觉和欲求能力发挥作用的东西为美的，这里的前提是，我们作出的判断是我们自己的，而不是人云亦云。而在一种全体显像之外，却没有任何对象作用于我们的感觉和欲求能力。在我们分析之处，在我们有清晰的概念之处，我们总归没有感觉。可是诗人要作用于感觉和欲求能力，或者，他以美和崇高为目标，这是同一回事。抽象概念按照其天性倾向于激发分析和向清楚之概念的瓦解，诗人必须这样来表现它们，不是使之成为清晰的概念，就是成为全体显像，这就是说，他必须将抽象概念感性化。而这是抽象概念拟

---

① 〔意〕维柯：《新科学》，朱光潜译，人民文学出版社，1987，第180～181页。

人化的杰作。

对于古诗人，抽象概念的拟人化与其为目的，不如说是必然性。在未开化的民族中，想象总是最先发展的心灵力量。从而出现所有神话学、神话和神秘学，从而有抽象概念的拟人化。[①]

拟人化直接诉诸人的感觉、情欲，也就产生了美的艺术。诗性思维的产品是诗，这里的"诗"是广义的诗，或可称为诗性，它统摄人类一切文化活动（包括经济、政治、天文等），而神话是诗的最原始、最基本形式。

表达诗的文字也是与诗性相适应的诗性文字（poetic characters）："诗性语句是凭情欲和恩爱的感触来造成的，至于哲学的语句却不同，是凭思索和推理来造成的，哲学语句愈升向共相，就愈接近真理；诗性语句却愈掌握住殊相（个别具体事物），就愈确凿可凭。"[②] 诗性的语句是形象的、生动的。语言学家缪勒写道：

> 在创造神话的那个时代，每个词，无论是名词，还是动词，都有充分的原生功用，每个词都是笨重和复杂的，它们的内涵非常丰富，远远超出它们所应所说的东西。所以，我们对于神话学语言中的千奇百怪，只能理解为会话的自然成长过程。在我们的谈话里是东方破晓，朝阳升起，而古代的诗人却只能这样想和这样说：太阳爱着黎明，拥抱着黎明。在我们看来是日落，而在古人看来却是太阳老了、衰竭或死了。在我们眼前太阳升起是一种现象，但在他们眼里这却是黑夜生了一个光辉明亮的孩子，而在春天，他们会真的以为太阳（或天）和

---

① 〔德〕《荷尔德林文集》，戴晖译，商务印书馆，1999，第 161 页。
② 〔意〕维柯：《新科学》，朱光潜译，人民文学出版社，1987，第 105 页。

大地热烈地拥抱在一起，并把巨大的财宝滋润于自然的怀抱之中。①

维柯"破天荒第一次创立了名副其实的神话哲学"。② 然而，《新科学》出版后很长一段时间并不被重视，直到 20 世纪克罗齐等人重新发现维柯及其《新科学》。在 1902 年出版的《作为表现的科学和一般语言学的美学的历史》中，克罗齐第五章专门探讨维柯的美学思想。称"新科学实在就是美学"，将维柯视为真正的"美学科学的发现者"，他是"一个把类似概念放到一边，以一种新方法理解幻想，洞察诗和艺术的真正本性，并在这种意义上讲发现了美学科学的革命者"。③ 综合克罗齐和梅列金斯基对《新科学》的判断，我们也可以说维柯创立了神话美学。

《新科学》的这种接受史说明了历史文化的演变轨迹，在理性文化发达的时代《新科学》被冷落是必然。20 世纪迎来了神话的复兴，维柯及其《新科学》的意义也逐渐成为美学家研究的对象。神话是诗意对平庸之最初的抗争，"'神话主义'是 20 世纪文学中引人注目的现象，它既是一种艺术手法，又是为这一手法所系的世界感知（当然，问题不仅在于个别神话情节的运用）。……神话的对应者势必使那种与资产阶级'平庸'极度不契合的现象特别引人注目，势必突出神话和叙事诗的崇高范型"。④ "在《尤利西斯》中，直接的描述对象为都柏林城市生活的一日（1904 年 6 月 16 日）；而这一日似乎是透过两个主要人物的意识得以展现……把生活细节和心理活动细节突出到怪诞的地步，从而将一幅生活平庸、

---

① 〔英〕麦克斯·缪勒：《比较神话学》，金泽译，上海文艺出版社，1989，第 68 页。
② 〔俄〕叶·莫·梅列金斯基：《神话的诗学》，魏庆征译，商务印书馆，2004，第 8 页。
③ 〔意〕克罗齐：《作为表现的科学和一般语言学的美学的历史》，王天清译，中国社会科学出版社，1984，第 64 页。
④ 〔俄〕叶·莫·梅列金斯基：《神话的诗学》，魏庆征译，商务印书馆，2004，第 316 页。

紊乱、百无聊赖的图景展现在读者面前。"① "乔伊斯那种随心所欲的想象游戏，使构成现代日常生活诸因素的物体（电车、肥皂、饼干盒等）变形化和魔幻化。"②

被诗性智慧所浸染的都是诗人，诗人意味着创造。维柯认为，在世界的童年时期，人们按本性就是些崇高的诗人。在人类的童年时期，诗并非少数人的事业，凡是最早的民族都是诗人。这些天生的诗人以自己的特殊方式创造世界，赋予感觉和情欲于本无感觉的事物，于是人类最初的世界——艺术的世界——便展现出来。最初的民族，都是人类的儿童，他们创建的世界是艺术的世界。过了很长时间，人类渐趋成熟，才有了哲学的世界、科学的世界。

第五节　"最高的东西"与"审美直观"

启蒙运动之后，泛逻辑主义流行，神话被视为荒诞不经、毫无意义的东西加以排斥。神话与哲学的统一被破坏掉了。尼采对此提出怀疑："神话的光芒所到之处，希腊人的生活就被照亮了，否则他们就生活在黑暗之中。哲学家现在丢掉了神话，他们该如何忍受这种黑暗？"③

如果说维柯第一次用历史的眼光来理解神话，那么，谢林则从哲学的角度探讨神话，将神话与哲学再一次结合起来，首次提出"神话哲学"。

1793 年，谢林发表了《论神话、历史传说和古代哲学》，探讨神话与哲学的关系。1820 年，谢林离开了慕尼黑前往气候温和的巴

---

① 〔俄〕叶·莫·梅列金斯基：《神话的诗学》，魏庆征译，商务印书馆，2004，第 322 页。
② 〔俄〕叶·莫·梅列金斯基：《神话的诗学》，魏庆征译，商务印书馆，2004，第 368 页。
③ 〔德〕尼采：《哲学与真理》，田立年译，上海社会科学院出版社，1990，第 158 页。

伐利亚北部的埃尔朗根大学讲学，在那里他开始讲授神话学，并决定将讲课内容写成一部有趣的书——《神话哲学》。这本书他原本准备写十二讲，后来扩展到三十六讲。在谢林去世两年后的1856年，《神话哲学导论》正式出版，该书的第一部分在1822年就曾印刷过一次，尽管并没有正式出版发行，但书稿内容已经在社会上流传，穆勒1825年出版的一本书中就引用了谢林的神话观念："神话起初是作为观念和实体的统一体并相互渗透而产生的。"谢林的同窗、德国浪漫主义诗人荷尔德林也推崇神话与哲学的融合，并借助这种融合培养均衡的生命。在据称为荷尔德林所作的《德国唯心论最早的体系纲要》[①] 中，他提到"不仅是大众，哲人也需要感性宗教。理性和心的一神论，想象和艺术的多神论，这就是我们所需要的！这里我首先要谈到一个理念，就我所知，还没有人想到它——我们必须有一种新的神话。而这种神话必须服务于理念，它必须成为理性的神话。……神话必须变得富于哲理，以使民众理性，而哲学必须变得具有神话性，以使哲人感性。"[②]

谢林思想的基础是观念与存在、主观与客观的绝对同一。他在《先验唯心论体系》中说：

> 一切知识都以客观东西与主观东西的一致为基础。因为人们认识的只是真实的东西：而真理普遍认为是在于表象问题同其对象一致。我们知识中单纯客观东西的总体，我们可以称之为自然；反之，所有主观的东西的总体则叫做自我或理智。理智本来被认为是仅仅作表象的东西，而自然则被认为是仅仅可予表象的东西，前者被认为是有意识的，后者被认为是无意识

---

① 《德国唯心论最早的体系纲要》存在著作权争议，分别有人认为作者是荷尔德林、谢林、黑格尔，所以，该文被收入这三者各自的文集中。
② 〔德〕《荷尔德林文集》，戴晖译，商务印书馆，1999，第282~283页。

的。但在任何知识中（有意识的东西和本身无意识的东西）都必然有某种彼此会合的活动；哲学的课题就在于说明这种会合的活动。①

谢林认为知识的基础是自我，但这个自我不是费希特的主观的自我，而是主观与客观无差别的绝对同一的自我。这种观念与存在、主观与实存的同一在神话中体现得尤为充分，神话的实质是思想和行动的相互渗透。在谢林看来，神话不仅是意识的形式，也是存在的形式，尽管这种存在是虚幻的，但在原始初民那里却是实实在在的。神话不是个人创造的，而是民众创造的，应从人类意识那里去寻找神话的根源，在人类意识之中发生着神产生的实际过程，即宗教信仰形成和更替的实际过程。从某种意义上讲，不应从人的知识，而应从共在出发来理解神话，有着共同语言的民众有着共同意识、共同的生活，有着共同的神和英雄。

谢林是西方现代非理性主义美学的开拓者。谢林生活的年代是启蒙思想普及的年代，理性主义成为主流，谢林的同窗黑格尔因《逻辑学》和《哲学百科全书》等著作声誉日隆。然而在谢林看来，世界源自绝对者，绝对者是非理性的初始事实，无法通过理性加以解释。而黑格尔对抽象思维的作用做了过分的抬高，其泛逻辑主义将一切存在物，包括自然、上帝等都当成了概念。在黑格尔那里，概念自身的运动取代了自然的实际发展，"自然界的生机勃勃的景象在黑格尔那里变成了干巴巴的概念。自然界曾有过的果实累累的情况变成了逻辑游戏，自然哲学的鲜花盛开的花园变成了死气沉沉的墓地"。② 在谢林看来，概念本身只存在于意识之中，我们可以对它进行客观的考察，然而它们并不先于自然界而是在自然界之

---

① 〔德〕谢林：《先验唯心论体系》，梁志学、石泉译，商务印书馆，1976，第6页。
② 〔苏〕阿尔森·古留加：《谢林传》，贾泽林等译，商务印书馆，1990，第259页。

后才存在的。谢林力图将自然的活性从抽象的概念、范畴的遮蔽和枷锁中释放出来。恩格斯在《谢林和启示》一文中这样评价谢林，"他敞开推究哲理之门，在抽象思想的斗室内散发出自然界的新鲜气息；和煦的春光撒落在范畴的种籽上，在它们身上唤醒了一切沉睡着的力量。"①

谢林的神和上帝不仅是纯粹思辨的、理性的精神实体，它也是情感、爱和意志，上帝"既是光明和思想的力，同时也是激情的力"。② 谢林力图建立一种感性的宗教，在谢林看来，如果将宗教变成理性主义，那么教堂就要荒芜了。与黑格尔将现实分解、抽象为逻辑概念不同，谢林以经验主义来对抗理性主义。

不过，谢林的"经验主义"与日常的感性无关，也与科学实验无关，作为德国唯心主义、神秘主义的代表，他的"经验"是建立在具体事实之上的有关神祇、上帝以及人与自然神秘关联之上的。谢林也谈有灵性的"原初物质"，谈实在论，但晚年他谈得最多的是神，认为对神的恐惧乃是智慧的起点。谢林15岁进入图宾根大学神学院学习哲学和神学，他的哲学也是神学。从某种意义上讲，哲学在本原的和本质的意义上都是神学，只不过这种神学不是教会神学，而是哲学中所包含的神学，它对"形而上"者，对"崇高的东西"保持敬仰。谢林对"有魔力的东西"特别感兴趣，他的哲学具有鲜明的神秘主义倾向，海德格尔称他为德国唯心主义的顶峰。

神话是谢林克服理性主义的有力武器。神话是混沌初开的思维形式，其中充满想象、情感、超逻辑的因素，借此可将人们从抽象的概念和机械的逻辑中解放出来。《德国唯心论最早的体系纲

---

① 《马克思恩格斯全集》（第41卷），人民出版社，1982，第265页。
② 〔德〕谢林：《关于人类自由的本质及其与之相关对象的哲学研究》，邓安庆译，商务印书馆，2008，第29页。

要》指出："我们必须有一种新的神话"，"一种自天而降的更高的精神，必须在我们中间创立这种新的感性宗教，它将是最后的、最伟大的人性作品"。①

神话在谢林的思想中占有十分显著的位置，1815 年，谢林受邀写一篇庆祝国王命名日的祝词，他从古希腊宗教和神话历史上选了一个题目——《论萨摩特拉克的诸神》。萨摩特拉克是爱琴海中的一座岛屿，岛上有一位美丽的海洋女神。有一天宙斯经过此地，发现了美丽的女神，宙斯蛊惑海洋女神，并生下了两个儿子——依阿西翁和达耳达诺斯。长子依阿西翁自恃是天神之子飞扬跋扈，惹怒了众神，宙斯用闪电将其劈死。次子达耳达诺斯痛恨父神的绝情，离开了宙斯所赐予的岛屿，来到了亚细亚大陆的密西埃海岸，在那里他的子嗣建立了特洛伊城。谢林在这篇祝词中以古代神话的材料为依据，谈到了神的观念的发展。

谢林青年时期在图宾根大学神学院最初接触的是神学，其后从神学转向哲学，再后来从哲学转向神话和宗教，其中对"神性"、神秘的事物、"最高的东西"的敬仰和兴趣是赓续一致的。早在大学期间，谢林就热衷于研究基督教神话，并写了两篇论文：《对创世纪第三章中有关人的恶的起源的古代箴言所作的批判的和哲学的阐释》和《论马西翁对保罗书信所作的修订》。1816 年，耶拿大学有一个教授职位空缺，魏玛政府邀请谢林出任。人们希望他开设逻辑和形而上学讲座，而他最想讲授的则是神学，他不愿只是一个哲学教师，他希望借助上帝保佑为德国做出一番大事业并在德国点燃圣火。谢林晚年的主题是神话哲学和启示哲学，1841 年，他在柏林大学讲授神话哲学和启示哲学，发表《论神话和天启哲学》的演讲。在其讲授的宗教哲学中，神话也是他关注的中心，因为天启必

---

① 〔德〕谢林：《关于人类自由的本质及其与之相关对象的哲学研究》，邓安庆译，商务印书馆，2008，第 4 页。

须由一个独立于天启的事实来证明，而这个独立于天启的事实就是神话。

当然，谢林的神话不同于原始的神话。在存在著作权争议的《德国唯心论最早的体系纲要》中提到"新神话学"："现在我坚信，理性的最高行动（理性在此最高行动中才囊括所有的理念）是一种审美的行动，而且真和善只有在美之中才结成姐妹。哲学家必须像诗人……具有同样多的审美力量"，"诗将协助并开创这个时代如此迫切需要的一种新的'感性宗教'"，"我们必须有一种新的神话"，"一种自天而降的更高的精神，必须在我们中间创立这种新的感性宗教，它将是最后的、最伟大的人性作品"。① 这种新神话是经历了理性运动之后对理性的"超越"，并且以"自由"为最高之物。

《德国唯心论最早的体系纲要》（*Das Systemprogramm des Deutschen Idealismus：Ein handschriftlicher Fund*）中是这样界定"新神话"的。

这里我首先要谈到一个理念，就我所知，还没有人想到它——我们必须有一种新的神话，而这种神话必须服务于理念，它必须成为理性的神话。

在我们使理念变得富有审美性，这就是说，具有神话性之前，理念对于民众来说没有意思，反之，在神话是理性的之前，哲人必定羞于此道。于是，开明之士和蒙昧之士终将携起手来，神话必须变得富于哲理，以使民众理性，而哲学必须变得具有神话性，以使哲人感性。然后永恒的统一亲御我们

---

① 〔德〕谢林：《关于人类自由的本质及其与之相关对象的哲学研究》，邓安庆译，商务印书馆，2008，第4页。

之中。①

这段文字中，"神话性"是可以置换"审美性"的。这种"神话性"是在克服了近代人与世界分离的基础上获得的人与世界的"更高的关联"（höherer Zusammenhang）。

> 人因其天性而超越必然，与他的世界处于丰富多彩而更为内在的关系中，就人超越自然和道德的必需而言，他始终过着一种人性上更高的生活，于是一种大于机械的更高的关联，一种更高的天命存在于他和他的世界之间，因为人感觉到自身和他的世界以及他之所是和所有的一切都融合为一，这种关系对于他的确是最神圣的。②

在更高的"关联"和"整体性"中，没有原始神话的实用功能（虽然是想象的），也没有原始人面对自然时的恐怖感，而是一种自由的信仰，真正与美融合在一起。

如果说绝对者——绝对主体与客体的同一体——是谢林哲学的本体论，那么"智性直观"（intellektuelle Anschauung）则是其方法论。卢卡奇在评述现代非理性主义的历史时认为谢林的"智性直观"是非理性主义的最初表现形式。

智性直观是在特殊中见到普遍，在有限中见到无限，并将特殊与普遍、有限与无限融为一体的能力。

"绝对者"不是知识的对象，不可能从外部的同质的"多"中推导出来的，而只能从内在的神秘的直觉中领悟出来，这从本质上

---

① 〔德〕《荷尔德林文集》，戴晖译，商务印书馆，1999，第 282 页。

② Friedrich Hölderlin, *Sämtliche Werke und Briefe in drei Bände*, Bd. 2, p. 562. 参见李永平《荷尔德林：重建神话世界》，《山东社会科学》2013 年第 3 期。

讲是一个非概念的过程。就像老子的"道"不是知识的对象，不论是感官闻见知识还是概念名言知识都无法把握它。绝对者只可为人心所信，不可为人智所知。

对于德国唯心主义思想家而言，"哲学就是对绝对之物的智性直观"。① 作为德国唯心主义的代表性哲学家，谢林十分强调直觉的作用。

> 我们的整个哲学都是坚持直观的立场，而不是坚持反思的立场，例如康德及其哲学所站的那种立场，所以我们也将把理智现在开始的一系列行动作为行动，而根本不作为行动的概念或范畴来推演。②

智性直观既不同于知性思维，也不同于感性直观，智性直观的特性是思维（被思考的对象）与存在（存在的对象）的"统一性"。

而神话思维是人类最质朴的思维，它天然是直观的、非概念的。"神话排除反思和沉思，它是对思想（对自己和他人的行为）的彻底背离：掌握思想则意味着对神话的摧毁。"③ 神话是谢林哲学方法论的典型形式。

除了神话哲学，谢林哲学体系的另一个重要组成部分是艺术哲学。他在讲述现代哲学发展状况时指出，理论哲学到了康德和费希特那里就结束了，以后便开始了实践哲学，其中心是自由问题。谢林十分关注自由，艺术乃是自由的、创造性的活动，因此，在谢林

---

① 〔德〕马丁·海德格尔：《谢林论人类自由的本质》，薛华译，辽宁教育出版社，1999，第66页。
② 〔德〕谢林：《先验唯心论体系》，梁志学、石泉译，商务印书馆，1976，第117页。
③ 〔苏〕阿尔森·古留加：《谢林传》，贾泽林等译，商务印书馆，1990，第245页。

的哲学体系中，艺术哲学具有十分重要的作用和地位。

与柏拉图等人贬低诗人不同，作为哲学家的谢林却特别强调艺术、诗的地位，在他看来，思想和作诗属于同一世界进程。"哲学家必须像诗人……具有同样多的审美力量。"①

艺术作品是主观与客观、精神与自然、内在与外在、有意识与无意识、普遍与特殊、有限与无限的高度统一，是存在的完善形态。艺术是认识的最高形态，它借助直观洞悉绝对。

不过，艺术活动中的智性直观与普通的智性直观相比多了一些可感性，具有感性外观（客观性），艺术活动是审美直观（Asthetische Anschauung）。在《先验唯心论体系》中，谢林将"智性直观"与"审美直观"做了区别。

> 整个哲学都发端于、并且必须发端于一个作为绝对本原而同时也是绝对同一体的本原。一个绝对单纯、绝对同一的东西是不能用描述的方法来理解或言传的、是绝对不能用概念来理解或言传的。这个东西只能加以直观。这样一种直观就是一切哲学的官能。但是，这种直观不是感性的，而是智性的；它不是以客观事物或直观事物为对象，而是以绝对同一体、以本身既不主观也不客观的东西为对象。这种直观本身纯粹是内（inner）直观，它自己不能又变成客观的：它只有通过第二种直观才能变成客观的。而这第二种直观就是美感直观。②

"智性直观"是"内（inner）直观"，它没有自己的对象，不是客体化的行为。而"审美直观"或"感知直观"借助感性形式

---

① 〔德〕谢林：《关于人类自由的本质及其与之相关对象的哲学研究》，邓安庆译，商务印书馆，2008，第 4 页。

② 〔德〕谢林：《先验唯心论体系》，梁志学、石泉译，商务印书馆，1976，第 274 页。

使人领悟崇高的存在。审美直观和艺术是现实的（这种现实不是分化的事物，而是作为绝对者的呈现或象征），而非理念，其所直观的既是无限的又是感性的，或者反过来，审美直观的对象既是感性的，又是无限的。我们面对一件真正的艺术品，其生动具体的形式中隐含着无限的意味。艺术品和神一样，都是普遍与特殊的同一。神一方面是普遍的，另一方面又是个别的、具体的、活生生的。艺术品也同样如此，艺术活动是一种智性直观（审美直观）。

谢林将普遍与特殊、有限与无限的同一看作艺术的基本原则，在《从哲学体系出发的进一步阐述》（1802）中他指出，"智性直观""是在特殊东西中见到普遍东西，在有限东西中见到无限东西，并见到两者结合为有生命统一性的整个能力。……在植物中见到植物，在官能中见到官能，简言之，在差别中见到概念或无差别，只有通过智性直观才是可能的"。[①]

谢林的艺术观和美学观基本上与浪漫主义一致。18世纪末19世纪初，德国耶拿浪漫派登上历史舞台，他们以《雅典娜神殿》为思想阵地，反对古典主义和启蒙运动思想，追求自由、神秘。有学者认为，"谢林不仅以其特有的诗人气质和性格，而且以其浪漫的自然哲学深深吸引了浪漫派的主要人物，而且成为耶拿浪漫派的精神领袖"。[②] 谢林的艺术哲学代表整个德国浪漫派的美学观点，为浪漫主义的文艺实践活动奠定了理论基础。

谢林的艺术观具有浪漫主义的一般特征，如对"自我"的迷恋，对自然的推崇，反理性主义，反机械主义。但谢林尤为重视神话在艺术中的地位和作用，他曾建议出版商科塔出版一本论述爱琴

---

① 转引自马丁·海德格《谢林论人类自由的本质》，薛华译，辽宁教育出版社，1999，第69页。

② 邓安庆：《思辨与浪漫——谢林哲学的内在精神及其张力结构》，《德国哲学》（第14辑），北京大学出版社，1995，第100页。

海周边雕塑的书，他还与艺术家瓦格纳一道整理出版了出土的古希腊、罗马的神像雕塑。

在其《艺术哲学》中，神话居核心地位。"神的理念为艺术所不可或缺"①，神是被现实地观照的神圣者形象，是理念性与现实性的契合。艺术"乃是绝对美好者以及自身美好者通过特殊美好的物体之显现，即绝对者显现于限制中，而绝对者并未遭摈弃。这一矛盾只有在神的理念中方可解决"。②

首先，"神话乃是尤为庄重的宇宙，乃是绝对面貌的宇宙，乃是真正自在的宇宙、神圣构想中生活和奇迹迭现的混沌之景象；这种景象本身即是诗歌"。③ 神话以象征的形式呈现整体的世界，绝对者是不可分的，这与艺术的致思相一致，艺术也是以象征的形式呈现世界，艺术的形式和内容浑然不分（在其他科学中形式与内容则常常是分离的），在艺术中，有限者与无限者的浑然一体，这贯穿于艺术的所有形式中，"雕塑艺术是无限者凭借有限者的完满呈现"④，"所谓抒情之作，一向是无限者或普遍者在特殊者中的映现"。⑤

其次，神话是艺术的质料和元素。"神话乃是任何艺术的必要条件和原初质料。"⑥ 神话世界是艺术世界的土壤，唯有植根于此，艺术作品才能吐葩争艳、枝繁叶茂，只有仰仗神话奇异的混沌之景象，艺术的形象才可能形成，永恒的理念才得以呈现。后来的神话原型批评进一步深化了谢林的这种理论。荣格把神话看成民族集体无意识的表现，是种族的记忆，这种记忆构成该族群文化的"原

---

① 〔德〕谢林：《艺术哲学》，魏庆征译，中国社会出版社，1996，第47页。
② 〔德〕谢林：《艺术哲学》，魏庆征译，中国社会出版社，1996，第64页。
③ 〔德〕谢林：《艺术哲学》，魏庆征译，中国社会出版社，1996，第64页。
④ 〔德〕谢林：《艺术哲学》，魏庆征译，中国社会出版社，1996，第287页。
⑤ 〔德〕谢林：《艺术哲学》，魏庆征译，中国社会出版社，1996，第312页。
⑥ 〔德〕谢林：《艺术哲学》，魏庆征译，中国社会出版社，1996，第64页。

型"（Archetype）。"诗人为了最确切地表达他的经验，就非求助于神话不可。如果认为诗人是运用第二手材料进行创作那就大错特错了。原始经验是他的创作之源，为避免使人一眼看穿，因此要求加一层神话意象的外表。"① 神话原型中的诸如诞生、死亡、再生、大地之母等会在后来的文学艺术中一再重演、复述。加拿大文论家弗莱认为神话不单单是古老的关于诸神的故事，神话还是一种具有结构功能的文化模式。神话在一个民族的文化中是一种凝聚力量，是核，是"原型"，"我强烈感到文学传统中的某些结构因素极其重要，例如常规，文类以及反复使用的某些意象或意象群，也就是我最终称之为原型的东西"。② 神话原型作为一种结构单位，它主要指原始意象，也包括情节、主题等。

弗莱还以"原型"分析文学演进的规律，认为文学总是反复呈现四季交替的结构，即"喜剧"对应喜悦的春天，象征神的诞生；"传奇"（爱情故事）对应梦幻的夏天，象征神的历险；"悲剧"对应悲壮的秋天，象征神的受难；"讽刺"则对应在寒凝大地孕春华的冬天，象征神的有待复活。文学的发展即原型及其置换变形。"我们只要抓住一首程式化的诗篇，然后追究其伸展进文学的其他部分中的原型，就可以把握一种整个的文理知识。"③ 神话作为原型是文学艺术的母体和源源不断的能量，文学艺术和审美活动都是从神话这个深邃的灵性本源上涌现出来的。坎贝尔提出"单一神话"（monomyth）概念，认为世界上只有一个神话，尽管这个神话因历史和社会环境的不同而呈现不同的形态。神话的基本主题并不会改

---

① 〔瑞士〕C·G·荣格：《人、艺术和文学中的精神》，卢晓晨译，工人出版社，1988，第106页。

② 〔加〕诺思洛普·弗莱：《批评之路》，王逢振、秦明利译，北京大学出版社，1998，第8页。

③ 〔加〕诺思洛普·弗莱：《批评之路》，王逢振、秦明利译，北京大学出版社，1998，第100～101页。

变，文学艺术依据特定的处境将神话原型转译为活的当下。

西方美学自柏拉图开始一直是理性主义的美学，注重概念式的反思。谢林的美学则注重审美直觉，谢林开启了现代非理性主义美学的先河，此后，叔本华的生命意志论、尼采的酒神精神、弗洛伊德的潜意识理论、荣格的原型理论等，形成一条以神秘事物为方向的思维，形成西方非理性美学。非理性主义美学总是与神话学发生这样或那样的联系。

理性借概念的明晰性将世界主题化，然而，在艺术和审美领域，存在不可分析的模糊整体，对这个模糊整体的把握就如同庄子寓言中的黄帝的"玄珠"。

> 黄帝游乎赤水之北，登乎昆仑之丘而南望。还归，遗其玄珠。使知索之而不得，使离朱索之而不得，使吃诟索之而不得也。乃使象罔，象罔得珠。黄帝曰："异哉，象罔乃可以得之乎？"（《庄子·天地》）

按照莱布尼茨的划分，认识可分为模糊认识和明晰认识。艺术显然属于模糊认识，它难以用概念式的语言来分析和把握。更进一步讲，艺术不是认识，而是一种存在状态，它逸出人的认识之外，它如同庄子笔下的"玄珠"，"知"（代表知识）、"离朱"（代表感官知觉）和"吃诟"（代表语言）都难以把握艺术这枚"玄珠"，只有"象罔"（代表神秘的直觉）才能把握住它。艺术和美学既需要技术的支撑，又需要神性的维度。

第四章

神秘·隐喻、象征、意象

　　在原始先民眼中，一切可见的东西的背后都有不可见的东西。不可见的神祇投射到外物，借可见的外物表现自己，于是可见的外物就不再是可见的事物本身，而成了神祇的符号或象征。对于原始人类，可见的世界只是神性世界的象征。借助隐喻意象和象征形象，人们可以与神秘的世界发生关联。"中国不少民族的土地神以土丘、石、树、树枝、木桩为神的形象或象征……天神、山神、雷神、风神、雨神等也各以动物、植物、无生物或人造物为形象。"[①]

　　神话世界的特性是其无尽的隐秘性、神秘性，神话的可贵之处就在于其秘密。布留尔认为，神秘成分是神话中最珍贵的东西。神话的世界是难以言表的神秘的世界，是无底的深渊。对于这个秘密或深渊，理性失效了，概念的管辖权失效了，我们不能靠制定概念来加以理性化，"单单依靠理性我们不可能深入信仰的神秘中去"。[②] 对于这个秘密或深渊，一般的语言太过贫乏，太过武断，于是人们被逼上对"不可说"之物的艰难言说之路——"说不可说"，诗性的话语由此而生。"诗性语言的产生完全由于语言的贫乏

[①] 何星亮：《中国自然神与自然崇拜》，上海三联书店，1992，第21页。
[②] 〔德〕恩斯特·卡西尔：《人论》，甘阳译，上海译文出版社，1985，第92页。

和表达的需要。诗的风格方面一些最初的光辉事例就证明了这一点，这些事例就是生动的描绘，意象，显喻，比譬，隐喻，题外话，用事物的自然特性来说明事物的短语，把事物的细微的或较易感觉到的效果搜集在一起的描绘……"[1] 通达神秘之境的道路不是一条光照显耀的康庄大道，而是一条幽径，一条由隐喻、象征、意象构成的秘密小道。神话就是由象征、隐喻、意象所启示和引导的秘境，因为当时尚未产生概念。艺术也是由象征、隐喻和意象开启的世界，因为艺术还保留了世界的秘密。

第一节　神秘

英语 mystery 一词源自希腊语 Μυστήριο 以及拉丁文 Mysterium，原意为"闭嘴"。指在祭祀活动中，"闭嘴"禁音，不说话而单靠祭仪和肃穆的气氛与神交流，敬畏神祇。后来的引申词"mysteri"有"秘仪""神秘"的意思。"秘仪"是一种古老的宗教仪式，因其具体细节和启示意义对入会者以外的人保密，故称"秘仪"。古代许多部落或民族有自己的秘仪，古希腊的厄琉息斯秘仪（Eleusis Mysteries）最负盛名。《荷马致得墨忒耳颂歌》介绍了厄琉息斯秘仪的由来。

得墨忒耳是瑞亚与克洛诺斯的女儿，宙斯的姐姐，并和宙斯生下了女儿珀耳塞福涅。冥王哈得斯觊觎珀耳塞福涅的美貌，将其掳走。失去女儿的得墨忒耳极为悲伤，身穿黑衣，手举火把，四处寻找女儿。她变成一个老妇人来到了阿提卡的厄琉息斯，受到国王的

---

[1] 〔意〕维柯：《新科学》，朱光潜译，人民文学出版社，1987，第213页。

热情接待。她在厄琉息斯期间帮国王照看小王子，为了使他永生，得墨忒耳趁着夜色将他放在火上烤。这一情形被王后撞见，惊叫了一声。得墨忒耳对王后的莽撞十分愤怒，好心反被指责的得墨忒耳将婴儿夺出火焰，摔在地上，说："愚蠢的凡人……我本可以赋予你的爱子以不死之身，而今他已难逃死劫。"得墨忒耳显示了真身，要求厄琉息斯人为她建立神庙，虔诚祭拜。国王召集民众为女神修建神庙。女神在厄琉息斯期间禁食，拒绝一切舒适享受。为了向宙斯抗议，她发誓找不到女儿她就让大地不孕育果实。于是大地万物凋零，了无生机，人们面临饥荒和毁灭的威胁，神也面临失去人类献祭的威胁。宙斯只好命令哈得斯将珀耳塞福涅还给得墨忒耳。冥王不敢违抗天父的命令但又于心不甘，便哄骗珀耳塞福涅吃下了石榴籽，因为吃了阴间的食物便无法再返还阳间。于是，珀耳塞福涅每年必须有三分之一的时间住在冥界，三分之二的时间与她母亲和众神在一起。母女团聚后，得墨忒耳将种子撒向大地，大地上又开始开花结果。得墨忒耳向厄琉息斯人传授了纪念她的秘仪。厄琉息斯秘仪与生殖崇拜相关。得墨忒耳是地母神、谷物神，象征着丰产。

神是隐身的，是神秘的。古罗马哲学家西塞罗在《论神性》中指出："有许多哲学问题一直还没有令人满意的答案，而诸神的本性问题就是其中最隐晦、最困难的一个。"鲁道夫·奥托在《论神圣》一书中对各种"神圣"概念做了详细的辨析，他认为"神圣"最本质的规定性就是非理性的"神秘"。"神秘"即"神"的"秘密"。泛指所有不可理解、神秘莫测的存在。神性往往指超越认识范围的性质，是绝对不可接近性，因而也是神秘的。《周易·系辞上》："阴阳不测之谓神。"正因其不可知，才神秘。

神秘不是虚幻的存在，而是超出人的认识视野的存在。神秘之物总是某种藏在"后面的"东西。如果我们承认人类的认识是有局限的，那么就不能断然否认人类认识视野之外的存在。"'神秘的'

这个术语含有对力量、影响和行动这些为感觉所不能分辨和觉察的但仍然是实在的东西的信仰。"① 对神秘的绝对者的内心确信构成人类永恒的未来和希望。

神的秘密是不可消除的，神的秘密是终极的奥秘。破解了谜底的神就丧失了神性。

终极的奥秘在神话的象征性表达中得到了最经典的呈现，神秘在早期都是以神话形象呈现的。古埃及神话中的众神之首太阳神拉威力无穷，他创造了宇宙万物，创造了众神祇，创造了人类。拉面目多方，变幻莫测，因此被赋予众多的名字，但他真实的名字谁也不知道，那是最高的秘密。谁掌握了这个秘密，就会获得神力。拉神的女儿伊西斯（Isis）想篡夺拉神的权力，统御世界，唯一的办法就是探听拉神的真实名字。伊西斯施展魔法，让年老的拉神遭到了毒蛇的侵袭，拉神被蛇毒所伤，神思恍惚，便向周围的侍从说，他的父亲曾给他取过名字，他的父亲喊完他的名字后就将名字藏在他的体内，这样任何人也不能对他施展魔法加害于他了。伊西斯来到拉神的身旁，说：请说出您的秘密名字，借您名字的法力才能解除您的痛楚。拉神听到问自己的真名，内心一惊，敷衍道：我的名字是造世主，我造出了宇宙万物。我清晨叫开普芮（Khepri，太阳神的一个神格，日出时的太阳），正午时叫拉，黄昏时叫阿图姆（Atum，太阳神的另一个神格，黄昏时的太阳）。拉神说完这些名字，依然疼痛难忍，因为他还没有说出自己的真名。伊西斯催促道：快告诉我您的真名吧，这样才能化解您的痛苦。拉神发现瞒不住伊西斯，只好说：亲爱的女儿，我答应借我的一只耳朵给你，这样我的名字就可传到你的身体里。要知道，所有的神祇都不知道我的真实名字，它是秘密，除了你的儿子荷鲁斯（Horus），不要将它

---

① 〔法〕列维－布留尔：《原始思维》，丁由译，商务印书馆，1985，第28页。

告诉其他的神祇。于是，拉神将自己的一只耳朵给了伊西斯，伊西斯便成了宇宙的新主人。其后，伊西斯将拉神的秘密名字告诉了荷鲁斯，荷鲁斯就成了埃及的主神，因为他拥有拉神的秘密。①

神秘性是神话的本质特征。密尔顿指出，"神话是一个深不可测的海洋，无边无际，苍苍茫茫，在这里长度、宽度、高度和时间、空间都消逝不见"。②

在人们心目中最神秘的无疑是神，在人类的文化形态中最具神秘性的无疑是神话。德国神秘主义哲学家雅各·波墨（Jakob Boehme，1575－1624）说：神是一切，他是黑暗和光明、爱和恨、火和光；但人们却从光明和爱的一面称他为唯一的神。神秘才是这个世界最本原的状态，人类的知识和认知力量充其量只是各照隅隙，我们的认识、理性也许仅仅达到事物的表层，甚至是曲解的。"神话表达了这样一种思想，即人并非世界和自然生活的主宰，人生活在其间的世界充满着不解之谜和神秘之域，人的生命也同样如此。"③

神秘性并非神话特有，当我们进入事物内部时，会发现事物自行运作，它具有超越我们的认识、让我们惊叹的秘密。法国哲学家加布里埃尔·马塞尔认为存在即神秘。存在逸出我们的认识能力，独立于自身之中，神秘又能唤醒人们投身其间。人类的生存及其意识以其复杂、幽隐呈现为神秘。马克思经典作家坚持唯物主义的立场，但也充分肯定精神活动的复杂性和神秘性。作为整体性的世界，其存在总是充满神秘、神圣。

然而，生活在理性的光照之下的人们总是力避神秘，但凡不能

① 王海利编著《古埃及神话故事》，吉林人民出版社，2001，第1～6页。
② 转引自〔德〕恩斯特·卡西尔《人论》，甘阳译，上海译文出版社，1985，第93页。
③ 〔德〕布尔特曼：《耶稣基督与神话学》，载刘小枫选编《海德格尔式的现代神学》，2008，第5～6页。

被人的认识把握的东西就斥为"神秘主义"（Mysticism）。在理性主义流行的时代，"神秘主义"无疑是恶的。为了避免"神秘主义"给人带来坏的印象，我们不妨采用基督教思想家谢扶雅（1892～1991）的提法"冥契主义"或沈清松的提法——"密契主义"。① 当然，与人为地制造幻觉的虚假的神秘主义不同，"真正的神秘主义就是实在论，它面向原初的实在，生存的秘密"。② 中国原始道家的"道"就是富有神秘性的存在，对"道"的体悟（体道）就是生存的秘密。毛峰认为，"神秘是宇宙存在的本真方式"。③ "宇宙的神秘性就是拒绝听命于人的变幻无常的意志。宇宙的神秘性就是它的不可利用性和不可操纵性。"④

神秘是艺术作品的本性。海德格尔以"大地"与"世界"的交织来理解艺术作品的本源，"大地"成为他分析、理解艺术作品的关键，并借助"大地"超越现代哲学的本质主义设定以及技术理性的。在分析古希腊神殿时，海德格尔说道：

> 这个建筑作品阒然无声地屹立于岩石上。作品的这一屹立道出了岩石那种笨拙而无所逼迫的承受的幽秘。建筑作品阒然无声地承受着席卷而来的猛烈风暴，因此才证明了风暴本身的强力。岩石的璀璨光芒看来只是太阳的恩赐，然而它却使得白昼的光明、天空的辽阔、夜晚的幽暗显露出来。神庙的坚固的

---

① 谢扶雅将 Mysticism 翻译为"冥契主义"，意指"透过沉默的冥思而进达于与超本质的实体相'契'合而为一"（谢扶雅：《导论》，载〔俄〕费多铎编《东方教父选集》，沈鲜维桢等译，东南亚神学教育基金会基督教辅侨，1964）。沈清松将 Mysticism 一词翻译为"密契主义"，既能揭示"与终极实在密相契合之意"，还有汉语语音上的联想（沈清松：《对比、外推与交谈》，台北五南图书出版股份有限公司，2002，第555页）。

② 〔俄〕尼古拉·别尔嘉耶夫：《精神与实在》，张百春译，中国城市出版社，2002，第137页。

③ 毛峰：《神秘主义诗学》，生活·读书·新知三联书店，1998，第37页。

④ 毛峰：《神秘主义诗学》，生活·读书·新知三联书店，1998，第38页。

耸立使得不可见的大气空间昭然可睹了。作品的坚固性遥遥面对海潮的波涛起伏，由于它的泰然宁静才显出了海潮的凶猛。树木和草地，兀鹰和公牛，蛇和蟋蟀才进入它们突出鲜明的形象中，从而显示为它们所是的东西。希腊人很早就把这种露面、涌现本身和整体叫做 Φυσις。Φυσις 同时也照亮了人在其上和其中赖以筑居的东西。我们称之为大地（Erde）。

在这里，大地一词所说的，既与关于堆积在那里的质料体的观念相去甚远，也与关于一个行星的宇宙观念格格不入。大地是一切涌现者的返身隐匿之所，并且是作为这样一种把一切涌现者返身隐匿起来的涌现。在涌现者中，大地现身而为庇护者（des Bergende）。

神庙作品阒然无声地开启着世界，同时把这世界重又置回到大地之中。如此这般，大地本身才作为家园般的基地而露面。

在海德格尔看来，"大地"的本质是自行锁闭。"只有当它尚未被揭示、未被解释之际，它才显示自身。因此，大地让任何对它的穿透在它本身那里破灭了。大地使任何纯粹计算式的胡搅蛮缠彻底幻灭了。虽然这种胡搅蛮缠以科学技术对自然的对象化的形态给自己罩上统治和进步的假象，但是，这种支配始终是意欲的昏庸无能。只有当大地作为本质上不可展开的东西被保持和保护之际——大地退遁于任何展开状态，亦即保持永远的锁闭——大地才敞开地澄亮了，才作为大地本身而显现出来。"[1] 但是，大地在自行锁闭的同时又不断地涌现和展开。"但大地的自行锁闭并非单一的、僵固的遮盖，而是自行展开到其质朴的方式和形态的无限丰富性中。"[2]

---

[1] 〔德〕海德格尔：《林中路》，孙周兴译，上海译文出版社，2004，第31页。
[2] 〔德〕海德格尔：《林中路》，孙周兴译，上海译文出版社，2004，第31页。

艺术作品特别是优秀的艺术作品总是如同"大地"一样，一方面敞开世界，但另一方面又隐藏着无尽的秘密，正如伽达默尔所言，"大地"这个概念虽然听起来神秘玄虚，"它也许在诗歌世界中才有其真正的故乡"。[①] 神秘是艺术感染力的渊薮。对于文学艺术而言，神秘往往是保持与世界直接贯通的隧道。它需要防止认识或知识的一览无余的表白。海子在《我热爱的诗人——荷尔德林》中说："做一个热爱'人类秘密的诗人'。这秘密既包括人兽之间的秘密，也包括人神、天地之间的秘密，在神圣的黑夜中走遍大地。"[②] 德国诗人格林拜恩认为诗歌的价值就在其神秘性、隐晦性。

　　诗人们总是位于思想史的阴面，在迷失方向的长期漂泊之后，除了返回故里，难道他们还有什么别的要求？在几百年里，他们把诗艺术的自主扩建成了一种堡垒，并进一步扩建成了一种令人难以进入的地下墓穴体系，这难道不令人惊叹吗？他们本人也许不知道，在墓穴的墙里，在纵横交错的墓道里究竟隐藏着什么东西。在地下深处出现的也许只是诗人往昔自信的幽灵。每一位诗人都宣称曾亲眼见过那个幽灵。那里肯定有某种东西在活动。诗人在写诗时，这种东西有时在他的颅顶下面打着节拍。一个模糊不清的、永远也无法查明的谜，一个古老的家族秘密的残余，每一位加入秘密会社的新人都严守这个秘密，都向下走进这个内心的迷宫。这也许就是还有诗人在不断写诗的主要原因。诗人冷对一切轻视，克服一切阻力，即使在当今这个信息时代依然笔耕不辍。诗能够存续至今的真正原

---

① 〔德〕伽达默尔：《伽达默尔集》，严平编选，邓安庆等译，上海远东出版社，1997，第462页。

② 海子：《我热爱的诗人——荷尔德林》，《世界文学》1989年第2期。

因就在于其隐晦性。①

从读者的角度或从审美接受的角度来看，艺术能够产生持久的魅力也在于它始终处在暗处，它不时闪烁着光辉，但如同暗夜的闪电，瞬间照亮大地，随即又没入无边的幽暗之中。

现代文明科学主义流行，数量化、精确性成为人们追逐的目标，诸神远遁。人们"苟延残喘地寄生于任何阳光底下的文化"。②如何重拾昔日的神性和诗意？我们可以借助神话这一资源。神话有如一泓深泉，有如幽玄的"深渊"，它保全了世界的原始丰富性和全部的秘密。列维－布留尔认为原始民族的一切文学形式都具有神秘的特性。

对他们的思维来说，没有哪种直觉不包含在神秘的复合中，没有哪个现象只是现象，没有哪个符号只是符号；那么，词又怎么能够简单的是词呢？任何物体的形状、任何塑像、任何图画，都有自己的神秘力量……③

第二节　隐喻

"隐喻""metaphor"一词源自希腊词 metapherein。即 meta + pherein，meta（跨越、超过）和 pherein（携带、运送）。运送指一个对象的诸方面被传送或者转换到另一个对象。隐喻不仅包含着两

---

①　〔德〕杜尔斯·格林拜恩：《诗歌及其秘密》，贺骥译，《世界文学》2016 年第 1 期。
②　〔德〕尼采：《悲剧的诞生》，李长俊译，湖南人民出版社，1986，第 170 页。
③　〔法〕列维－布留尔：《原始思维》，丁由译，商务印书馆，1985，第 296 页。

种事物的转换、传送，而且蕴含着超越之意。

从修辞的角度上讲，隐喻是替换，用一种说法替换另一种说法。在亚里士多德那里，隐喻是一个词代替另一个词的现象，所以亚里士多德的隐喻观被后人概括为"替换论"。由于是一种替换，因此隐喻是一种可有可无的工具，它只是装饰和润色语言，增加语言表达力的一种工具。

隐喻是语言内部的一种机制，隐喻是一切语言的本质。德国语言学家赫尔德在《论语言的起源》一书中指出，诗作为人类最初的语言天生带有隐喻性。美国认知语言学家莱考夫（George Lakoff）认为所有的语言都有隐喻性。不论是语词还是语句、语篇都具有隐喻属性。不论是语义还是语音都具有隐喻功能。

海德格尔在考察语言时由声音符号或文字符号等表象语言追溯到作为本质的"道说"，"道说"的本质特征是在"澄明着和掩蔽着之际把世界端呈出来"。[①]"澄明"不是一味的"明"，而是如林中空地，既"明"且"暗"。而且从某种意义上讲，是"暗"中放出了光明。

> 与光明相对的是黑暗，黑暗只是对于光明及其特性和种类的一种模棱两可的状态：不再让光明穿透，并夺取、拒绝诸事物的可见性，它是不让穿透的东西，但在一种完全确定的意义上，不同于比如不透明的木墙那种不让穿透性。……黑暗是不透明的，因为它本身就是让穿透的一种方式，墙是不透明的，因为它根本没有（对于看的活动来说）让穿透的方式。而只有拒绝的东西才可能给出存在于可能性中的东西，黑暗拒绝可视性，而它也同样可以保持视觉：在黑暗中我们看见了众星（Sterne）。[②]

---

① 〔德〕海德格尔：《在通向语言的途中》，孙周兴译，商务印书馆，1997，第167页。
② 〔德〕海德格尔：《论真理的本质》，赵卫国译，华夏出版社，2008，第55页。

这种"明""暗"交织着的"澄明"类似于《老子》中的"袭明"，那是一种含藏着的明，掩蔽着的明。大道之言绝非概念可传达，也非一味的清晰明白能显示，而是"知其白，守其黑"（《老子》第二十八章）。所以老子从不直言"道"是什么，甚至在开篇就告诫人们"道可道，非常道；名可名，非常名"，老子采用"遮诠"和隐喻的手法去尝试接近"道"，这样才能克服主体的意见和专断，接近"存在"（"道"）。大道的显现总是极力避免直截了当的"明言"，总是被迫委婉地、隐晦地言说。"道说"总是"隐喻"。真正的隐喻总是存在一个形而上的本源，海德格尔甚至认为：隐喻只存在于形而上哲学的范围之内。进入"道说"过程中，语言只起到引导、暗示的作用，在"道说"的进程中，引导词只是给我们发出暗示，但没有给出答案。在海德格尔这里伴随着对语言的存在论思考，隐喻被引向了存在论。

从语言修辞的角度上讲，隐喻中的本体和喻体的关系是一前一后，一显一隐。隐喻的一彰一隐结构，使得隐喻呈现表层意指与深层意指的双层互动，表层意指是人们容易理解的内容，主要是字面意义或公共意识，深层意指是意象和隐喻的脉络，它有时与表层意指"相似"，并作为表层意指的精进；有时则与表层意指相反。"隐喻"的关键在"隐"，而且隐喻的"隐"并非将一个现成的东西预先"隐藏"起来，而是一种未完成的意义生成。

借助隐喻性，语言成了诗歌的形式。诗歌与隐喻同源，一个隐喻就是"微型诗歌"（poem in miniature）。从本质上讲，隐喻是一种诗学范畴。雪莱在《为诗辩护》中指出，诗是诗人以想象力的武器揭示宇宙中事物之间关系的最终结果，一般表现为隐喻形式。在诗学隐喻中，本体与喻体是有内在联系的，真正的隐喻是内嵌在语义之中的而不仅仅是一种修饰工具。海德格尔在论特拉克尔的诗句"驶入夜的池塘，驶入那片星空"时认为，"夜的池塘"并非星空的比喻，"夜空就其本质真实来说就是这个池塘"。当隐喻不是在比较两样东西，而是被用作不可拆分的整体时，它才是最有力的，这才是"活的隐喻"。"活的隐喻"带出人的丰富而迷茫的经验，这绝非一种修辞手段所能达成。

在现代社会，最擅长隐喻的人是诗人。在诗人看来，"逻各斯语言"已经失去了通达艺术本质的能力，更进一步是丧失了通达世界、通达存在的能力，只有"天才"才能够通过"莫可名状"的神秘体验获得艺术中所蕴含的至高真理。诗歌语言总是隐喻性的，诗人必须获得超越一般语词指涉的力量以便实现那种奇异的暗示，隐喻有如"激发联想的巫术"（波德莱尔语）。诗人运用语词的目的就是要唤起超越固化的语义，超出普通直觉之上的反应。在波德莱尔的《恶之花》中，语词的力量通过语句排列和彼此关联的意象产生暗示，突破了通常那种指示性语义的局限。"夜秘密地把花开放了，却让那白日去领受谢词。"[①]

浪漫主义的诗歌理论中十分重视隐喻。雪莱作《为诗辩护》，以诗来化解物质崇拜、金钱专政和机械思维的牵制。诗何以能够成为物质崇拜和科技理性的解毒剂呢？首先是诗歌的性质或动力——"想象力"；其次是诗歌的媒介——诗性语言，"诗人的语言主要是隐喻的，这就是说，它指明事物间以前尚未被人领会的关系，并且使这一领会永存不朽，直待表现这些关系的字句，经过悠久岁月变成了若干标志……"[②]

在西方现代美学和文学批评领域，隐喻更是成为关键词。与社会–历史批评不同，英美新批评代表人物布鲁克斯（Cleanth Brooks，1906–1994）将隐喻与诗歌语言画等号，借隐喻恢复人类对世界的

---

① 〔印〕泰戈尔：《新月集 飞鸟集》，郑振铎译，湖南人民出版社，1981，第97页。

② 〔英〕雪莱：《为诗辩护》，转引自缪灵珠《缪灵珠美学译文集》（卷一），中国人民大学出版社，1986，第249页。

生动感知。

隐喻相对概念语言为何受到诗人的青睐？因为它借助暗示将世界的整体性呈现出来，更能呈现世界的复杂性。概念揭示抽象共相，隐喻对应的是具体共相；概念借助分类，隐喻借助想象；概念组建事物之间的线性联系，隐喻构造事物之间的多点映射；概念表达以明确为要务，隐喻表达则模糊。苏珊·朗格指出：

> 任何不能化为推论式语言形式的东西都很难被容纳在概念里，因而也不可能向别人传达或交流（即严格意义上的交流）。然而幸运的是，我们的逻辑直觉能力或形式知觉能力比我们通常相信的要强得多，而我们的知识面又比我们交谈时所及的知识宽广得多。即使我们在语言运用中想为一个全新的事物（例如一种新的发明或新近才发现的事物）命名或是想表达一种无法用动词或别的连词来表达的关系时，也得诉诸隐喻。换言之，也得用另一种与它相似的事物或关系的名称来描述它或称呼它。隐喻的原理，也就是指说的是一件事物而暗指的又是另一件事物，并希望别人也从这种表达中领悟到是指另一件事物的原理。隐喻并不是语言，而是通过语言表达出一种概念，这一概念本身又起到表达某种事物的符号作用。由于它本身并不是推论性的，因此不会为了传达出这个概念而作出一番表述，但是它却构成了一种供我们的想象力直接把握的新概念。在某些时候，我们对于一种整体经验的把握就是借助于这种隐喻性的符号进行的。①

艺术品表现的是关于生命、情感和内在现实的概念，它既

---

① 〔美〕苏珊·朗格：《艺术问题》，滕守尧译，中国社会科学出版社，1983，第22页。

不是一种自我吐露，又不是一种凝固的"个性"，而是一种较为发达的隐喻或一种非推理性的符号，它表现的是语言无法表达的东西——意识本身的逻辑。[①]

第三节　神话隐喻

神话世界就是一个隐喻结构。布留尔指出：

> 原始思维是在一个到处都有着无数神秘力量在经常起作用或者即将起作用的世界中进行活动的……简而言之，看得见的世界和看不见的世界是统一的，在任何时刻里，看得见的世界的事件都取决于看不见的力量。[②]

神话讲述的总是具体事物，同时神话是神性的、神秘的叙述，它总是指向超越者。隐喻本身意味着"超越"，而诗的语言是形象的语言，同时又是超越性语言，它总是寻求确切意指之外的东西。于是神话、诗与隐喻便结伴而行。

"神话是诗，它是隐喻的。"[③] "如果隐喻是自我封闭的，并自诩'我就是我所要指涉的东西'，那它就会把超越者遮盖起来。这时，它就不再是神话性的，而是一种扭曲、病态之物。"[④]

---

① 〔美〕苏珊·朗格：《艺术问题》，滕守尧译，中国社会科学出版社，1983，第25页。
② 〔法〕列维-布留尔：《原始思维》，丁由译，商务印书馆，1985，第418页。
③ 〔美〕约瑟夫·坎贝尔、比尔·莫耶斯：《神话的力量——在诸神与英雄的世界中发现自我》，朱侃如译，浙江人民出版社，2013，第208页。
④ 〔美〕菲尔·柯西诺主编《英雄的旅程：与神话学大师坎贝尔对话》，梁永安译，金城出版社，2011，第44~45页。

神话与隐喻有着内在的关系，"最初的诗人们就用这种隐喻，让一些物体成为具有生命实质的真事真物，并用以己度物的方式，使它们也有感觉和情欲，这样就用它们来造成一些寓言故事。所以每一个这样形成的隐喻就是一个具体而微的寓言故事"。[①] "关于蜜蜂节由来的神话，据克·莱维－斯特劳斯看来，乃是关于蜜蜂由来的神话之隐喻。"[②]

荷马史诗便是由大大小小的隐喻构成的。从微观来看，神话的主角是神祇，神祇都与大自然密切相关并以突出的形象显示自身，如海神的三叉戟，所以神祇都是现成的隐喻。另外，神话世界是各种要素的复合，神话世界是一个整体的隐喻。

隐喻与神话更深层的联系在于神话思维，神话思维是隐喻性的。英国考古学家史蒂文·米琛（Steven Mithen）通过对史前文明特别是古代人类思维的研究，认为隐喻对人类心智的发展至关重要。从思维机制上讲，隐喻基于一种"生命一体化"的"交感"思维。原始人的意识中万物浑然一体。在早期神话中，隐喻基于万物一体的生命感受。把一切事物都看成与自己相类似的存在，具有与自己相似的感觉、情绪。对进入他们视野的全部宇宙以及其中的各个部分，他们都赋予生命，使之成为一种有生命的实体存在，于是宇宙及其各个部分都成了故事的主人翁。所以维柯说每一个隐喻都是具体而微的寓言故事，而寓言故事在希腊文里也叫神话。

神话思维的某些特征，是"原始"人尚未将自身同周围自然界截然分开并将自身属性移于自然客体所致；他们赋予自然客体以生命、人类的喜怒哀乐，使之从事自觉而适宜的经济活动、具有人的形貌、具有一定的社会体制，等等。据我们看

---

① 〔意〕维柯：《新科学》，朱光潜译，人民文学出版社，1987，第180页。
② 〔俄〕叶·莫·梅列金斯基：《神话的诗学》，魏庆征译，商务印书馆，2004，第95页。

来，这种"浑然不分"主要不是本能地感到自然界同一及对自然界本身的适宜性予以自我的认识所致，而正是不善于从本质上将自然界同人加以区分的结果。如果没有施之于周围自然界之幼稚的人格化，不仅见诸神话之普遍的拟人化，而且诸如拜物教、万物有灵、图腾崇拜、玛纳（美拉尼西亚语 mana 的音译，太平洋岛屿原住民信奉的一种神秘力量）、奥伦达（Orenda，北美易洛魁人的崇拜的某种神秘力量）等原始信仰以及自然客体同文化客体的"隐喻式"比拟，都是不可思议的。上述种种信仰清晰地反映于神话：万物有灵信仰反映于主宰精灵形象，图腾崇拜反映于既与人同形同性、又具兽形之双重属性的始祖形象，等等。所谓"隐喻式"比拟，则导致图腾分类，广而言之，导致神话的象征主义，导致诉诸拟动物、拟人说用语对宇宙加以表述，导致微观世界与宏观世界的混同（特别是导致空间关系与人体部位的类质同态）。①

生命一体化还体现为神话式的命名方式。维柯在《新科学》中将隐喻放置在诗性智慧下来理解。早期人类尚未将自身从外部世界分化出来，他们习惯"以己度物"。这种"以己度物"的思维方式首先体现在以自己的身体部位给事物命名。卡西尔认为空间直观是原始神话思维的基本要素，而空间直观往往采取"人身"直观的形式，"在神话思维的初期，微观宇宙和宏观宇宙的统一是这样被解释的：与其说是世界的各部分生成人，不如说是人的各部分形成世界"。② 人们以自己的身体为喻体，来描述其他事物。这实际上是一

---

① 〔俄〕叶·莫·梅列金斯基：《神话的诗学》，魏庆征译，商务印书馆，2004，第 175 ~ 176 页。

② 〔德〕恩斯特·卡西尔：《神话思维》，黄龙保、周振选译，中国社会科学出版社，1992，第 103 页。

种隐喻——人体隐喻（Metaphor of human body）。

隐喻一方面具有具象的形式，另一方面又借具象开启意义，是有限形式对无限意义的间接表现。因此，隐喻关涉世界的深层结构或者说整体结构。

中国道家哲学在探究世界的统一性或整体结构时设立"道"这一本体。老子对"道"这一本体的理解借助了"明"与"昧"这一对范畴。《老子》第四十一章：

明道若昧，进道若退……大音希声，大象无形，道隐无名。……

老子推崇"明"。"致虚极，守静笃。万物并作，吾以观复。复命曰常，知常曰明。"（《老子》第十六章）老子所说的"明"既非感官（视觉）上的清晰明白，所谓"耳聪目明"；也非认识主体借助一定的知识、理论对事物的烛照，包括我们常说的"理性之光"。道家所说的"明"是道体的显现方式，也是万物如其所是的呈现。庄子说："吾所谓明者，非谓其见彼也，自见而已矣。"（《庄子·骈拇》）"自见"即"道"的自我呈现，它与对象性的认知（"见彼"）相对立。

道的显现绝非被人的智能所能认知，万物本原的呈现也绝非人的知识所能限制，它们超出人的认识，远处"理性之光"之外，因此说"明道若昧"。"昧"，暗昧。《说文解字》："昧，昧爽，且明也。从日，未声，一曰暗也。"《说文解字》段注："昧爽，且明也。……昧者，未明也。爽者，明也。""昧"指示一种明暗交织的状态，或者说明暗同体。"明道若昧"的"若"，一般解释为"似""像"，"明道若昧"一般译为"光明的道好似暗昧"。但是，"若"也有"然"的意思，故可以将"明道若昧"理解为：明道的原本的样子即"昧"，道体的这种超越认识论意义的"明"，老子也称为"袭明"（《老子》第二十七章）。五代前蜀杜光庭解释"袭明"："密用曰袭，五善之行在于忘遣，忘遣则无迹矣，故云密用。密用则了悟矣，故谓之明尔。"宋代范应元《老子道德经古本集注》释袭明为："密传之明。"当代哲学家任继愈训"袭"为"隐蔽"。"'袭'，覆盖，掩藏，不露在外面。"① "袭"是遮蔽、含藏的意思。"明"是去蔽、显现的意思。"道"的"明"不是我们的感官和理性认识那样敞亮着的，相反，对于一般的认识而言，道是隐蔽着的。正是借此"隐蔽"，整全的"道"才不至于被肤浅的感官印象和偏狭的理性之光所遮蔽，才能保持其本体之"明"，才能使万物如其所是地"显现"（"明"）。老子主张"涤除玄鉴"，因为只有清除人的意见，才能接近超出主体认识的本原之明（"本明"）或者庄子所说的"天光"，万物才能不被私见、成见、意见所遮蔽，才能得以自然的显现，"发乎天光者，人见其人，物见其物"（《庄子·庚桑楚》）。"道"是既向外开放着又向内隐蔽着的、充满活性的张力场。"道"的"显现"（"明"），是一种既朝内"含藏"又朝外"绽开"的显现，是遮蔽着的"明"。② 道的"明"或者说道的"显现"是遮蔽与去蔽、隐藏与显现相互交织的一种状态，而这种状态正是"道"的存在方式。《老子》第三十六章以"微明"揭示这种张力场：

> 将欲歙之，必固张之；将欲弱之，必固强之；将欲废之，必固兴之；将欲取之，必固与之，是谓微明。

"微"是老子用来揭示道体的概念之一，"道体"具有"夷""希""微"等特性，它是尚未对象化的整体世界，是混沌；道体是尚未物质化的活性状态，是"恍兮惚兮"的状态。"微明"像石涛所

---

① 任继愈：《老子新译》，上海古籍出版社，1985，第118页。
② 姜金元：《〈老子〉中的"明"及其现象学阐释》，《襄樊学院学报》2007年第4期。

说的"混沌里放出的光明"（《苦瓜和尚画语录·絪缊章第七》）。

世界原本是隐显一体的。而且世界本质上是不以人的观念、思辨为转移的，是"自然"存在的。不论是自然界，还是社会，或者我们自身，无不充满着不可知的内容。世界原本就不是理性主义者武断地判定的那个样子。当我们习惯以概念思维追求定义的显明、确定之时，世界就表象化、知识化了。反之，当世界未被人的认知所分解，依然保守着它的整体性之时，世界就还有秘密；当世界没有被概念、原理所规约之时，世界就还有秘密。

谢林在《对人类自由的本质及与之相联系的对象的哲学探讨》一文中指出："在人类中最深的深渊和最高的天空，或者说是有两个中心。人的意志是隐蔽在永恒渴望中的、仅仅还在根据上存在的上帝的种子，是封闭于深处的神的生命闪光，当上帝把意志囊括于自然，他曾看到这一闪光。"[1] 海德格尔认为："惟当我们投身于存在之雷雨风暴中，我们才能够看到这种闪光。但在今天，一切都表明，人们只是在煞费苦心地驱除这种雷雨风暴。人们动用一切可能的手段来驱云逐雨，以获得雷雨风暴之前的安宁。但这种安宁并非真安宁。它只不过是一种麻醉，首先是麻醉了对思想的敬畏。"[2] 海德格尔时常用到"闪光"。正如老子的"道"是不能说的一样，秘密或神秘者也是不能说的。神是什么？神性是什么？人们似乎可以轻而易举地谈论它，好像谈论日常生活中的某个人物，某件东西。殊不知，在这种概念化、知识化的把握之际，诸神远遁。神话是什么？海德格尔认为，"根本上，神话因素还几乎没有得到思索，尤其是没有思索及这样一个角度，即：μῦθος［神话、传说］乃是道

---

① 转引自马丁·海德格《谢林论人类自由的本质》，薛华译，辽宁教育出版社，1999，第82页。

② ［德］海德格尔：《演讲与论文集》，孙周兴译，生活·读书·新知三联书店，2005，第247页。

说（Sage），而道说（Sage）乃是召唤着的带向闪现"。[1]

海德格尔在论及本真的语言和艺术生产时常用"闪现"（εἴκω）一词。在我们的经验中，闪现即幽暗中忽然闪亮又突兀熄灭。闪现意味着明暗不定，是事物的一种非稳定的状态。"闪光"是以暗昧为前提的，没有暗昧就没有闪光。

乔伊斯认为，艺术的功能就是成为"光芒的乍现"（epiphanies of a radiance）。"闪光"不是一味地暗昧，它是对"暗昧"的反抗和挣脱，但即便是对暗昧的挣脱，也并非割袍断义式的分离，在闪光瞬间的一"闪"中，暗昧如长流伴随着它。"闪光"不是持续的光亮，不是庄子所鄙视的"滑疑之耀"，而是明与暗的交织。

基于此，我们认为隐喻不仅是一种修辞，也不仅仅是一种思维方式，从根本上讲，隐喻是世界整体性的存在方式。

神话历来与隐喻结盟。荷马史诗中有大量的隐喻。神话世界是神秘的，神话世界的显示也是神秘的。神话是给不可知的实在世界的一种形式，神话所指的内容永远在它所讲的内容之外，因此神话的表达只能是想象性的映射，是一种最深沉的隐喻。所谓深沉的隐喻是相对一般性的比拟、比喻和寓言而言。神话隐喻不同于寓言。恩斯特·卡西尔在《符号形式哲学》中指出，人类文明的发展有三大里程碑：语言的产生—神话的繁衍—理性思维的发展。寓言介乎神话和理性之间，它一手承接神话，另一手携挽理智。寓言的寓体（即故事）往往连接神话，而寓言的本体（寓意）则连接理性思维。如《庄子·逍遥游》中的"鲲化鹏"源自上古的变形神话，但庄子对其进行了哲学改造，成为他阐发逍遥之旨的寓言故事。《庄子》一书虽然言多诡诞，有不少神话故事的踪迹，类似《山海经》，但在此，神话故事只是寓言说理的手段之一。实际上，神话

---

[1]〔德〕海德格尔：《演讲与论文集》，孙周兴译，生活·读书·新知三联书店，2005，第269页。

最本真的性质是隐喻，而非寓言。隐喻在隐蔽与揭蔽的张力中开启世界的秘密。神话是世界秘密的呈现。从某种意义上讲，神话与隐喻是同一的。神话呈现于形象世界，但神话世界的形象总是超越其自身而呈现隐秘之意，神话思维使整个现实转化为隐喻。

从语言表达上讲，隐喻源于语言的暗示性。维柯根据西方语言发展的历程将语言划分为三种：无声的语言（神的语言）、有声的语言（人的语言）和有声与无声混合的语言（英雄的语言），"神的语言是几乎无声的，或只稍微发点声音；英雄的语言开始时是有声与无声的平均混合……至于人的语言则几乎全是发音的，只是有时发音较轻或是哑口的。"① 各民族最早的语言是无声的，它们靠的是具体的事物或形象，"他们表达自己的方式就必然凭一些和他们心中观念有自然联系的某种姿势或具体事物"。② 原始人尚未建立起概念网络来组织抽象的世界，他们凭一些有生命但哑口无言的实体，借助想象来构思成事物的意象，并通过与这些意象有自然联系的具体事物来表达，这种语言是诗性的，"最初各民族都用诗性文字来思想，用寓言故事（指神话——引者注）来说话，用象形文字来书写"。③ 有声的语言则是约定俗成的，语言与事物失去了自然的联系，这种语言更能引发抽象的概念思维。因此，早期的语言更具隐喻功能。中国语言文字并没有遵循语言发展的一般路径，即从象形文字到拼音文字，而是始终保存了象形的特质，从这个意义上讲，汉字是隐喻性较强的文字。

神话的语言从来都是隐喻性的。诸神的语言不是直接告知世人的，而是暗示（Signs，Winke）和隐喻。

---

① 〔意〕维柯：《新科学》，朱光潜译，人民文学出版社，1987，第 207 页。
② 〔意〕维柯：《新科学》，朱光潜译，人民文学出版社，1987，第 197 页。
③ 〔意〕维柯：《新科学》，朱光潜译，人民文学出版社，1987，第 193 页。

　　诸神的符号既不是信号，也不是意指。它们的本己物远非呈现或者代表，而能够使任何事物都成为"陌生的"。它们一定被发现、一定被在惊奇中取得，像是抢劫，也像小偷。但是，这一取得首先是接受，这种接受允许它必须取得的东西被给出。神圣的符号，在最严格的意义上说，没有造成意义（make sense），但是，如果只是作为符号被取得，它已被接受，并且因此如果没有"被理解"，至少被翻译成了一种语言，即一种符号的语言。诗人的神圣化并不是源于神实际说出的语词的"意义"，好像神已经说一种和凡人所说的一般语言相同的语言似的，而是所说者作为符号的意义：作为神的符号（象征）的闪现。……正如未知之神在天空的蔚蓝里如其本然地（作为未知）显现一样，同样这位神（指诗人、半神——引者注）在诗歌的话语中呈现为未知的与显明的，未知的也就越发是显明的。[①]

　　神圣者从不直接地、直白地、一次性完成式地呈现。当世界的秘密被客体化和社会化之时，存在的秘密也就暴露于光天化日之下失去了保护。神圣者的显现犹如闪电，它在一瞬间照彻世界，旋即又没入无边的黑暗，暗夜是秘密的保护者。

　　希腊神话中，宇宙最初的混沌之神（卡俄斯）独自生下了黑夜之神厄瑞玻斯和黑夜女神倪克斯，厄瑞玻斯和倪克斯结合生下了光辉之神和白昼女神，还生下了睡、梦、死王等暗黑神祇。厄瑞玻斯和倪克斯都是原始神，在俄耳甫斯教的古神谱中，倪克斯是最初的本原。

---

① 〔法〕马克·弗罗芒－默里斯：《海德格尔诗学》，冯尚译，上海译文出版社，2005，第89页。

历代思想家都力避将原本幽隐、复杂的世界表层化、简单化。"暗夜"成了呵护世界秘密和精神的深度的处所。面对诸神远遁、理性之光遍照，荷尔德林歌颂"神圣的暗夜"，将诗人的职责理解为在神圣的暗夜中行走。在《面包和酒》一诗中：

> 在贫乏的时代诗人何用。
> 但是你说，他们如酒神的神圣祭司，
> 在神圣之夜巡遍一个个国土。①

暗夜联结着神秘、神圣。暗夜呵护着诗心。在《致诺伊弗尔》中，荷尔德林表达了自己钟情于诗的生命力，诗歌让他痴迷却又无法接近，尽管备受精神折磨，但他依然不愿借助理性、哲学逃离此地。"唉！从少年时起，世界就把我的精神逐入内心，我一直仍为此而苦恼。虽然有一个康复地，每一个以我的方式而失败的诗人能够带着尊严逃往那里——哲学。但是我不能离开初恋和青春的希望，宁愿一无所获地灭亡，也不与甜蜜的缪斯之乡分离，只不过是偶然将我流放到他乡。如果你知道一个妙方，把我尽快带往真理，请给我。我缺乏的与其说是力量，不如说是轻灵，与其说是理念，不如说是微妙的变化，是主调，不如说是跌宕有致的音调，是光明，不如说是阴影，而所有这一切出自一个原因：在现实生活中我过分回避平庸。如果你愿意，我是一个真正的书呆子。然而，如果我没有弄错，书呆子们一般都冷漠无情，而我的心却如此急于在月光下与人和物相交融。"②

黑夜开启了"深渊"。

《帕特默斯》：

---

① 〔德〕《荷尔德林文集》，戴晖译，商务印书馆，1999，第 458 页。
② 〔德〕《荷尔德林文集》，戴晖译，商务印书馆，1999，第 402 页。

在黑暗中居住着

山鹰，阿尔卑斯之子

无畏地行越深渊……①

德语的"深渊"（Abgrund）由前缀"Ab"（去除）和"Gr-und"（基础）构成。当我们放弃基础主义、本质主义的时候，精神的深度就依次展开。当我们放弃决定论的时候，精神的自由才能出现。"精神不仅仅来自上帝，精神还来自原初的，前存在的自由，来自 Ungrund（深渊）。"② 于是，隐喻把我们带到了世界的深处，不是某个时刻可以抵达的深处，而是"玄之又玄"的深渊。也只有在那里，世界的完整性才真正实现。

隐喻能给人带来创造性的喜悦，如云开见日。圣奥古斯丁说，事物越是被隐喻式的表达所掩盖，一旦真相大白，它们就越有吸引力。

神话与隐喻的联姻引起了许多文论家的注意。加拿大文论家弗莱十分关注神话与隐喻的同一性。他指出，"文学中的故事从历史上讲是由神话演变而来，神话主要是一些关于神祇的故事；神祇都是与大自然密切关联的人物，或伴随以象征性的形象，如朱诺（Juno）的孔雀，或海神（Neptune）的三叉戟。可见神祇都是现成的隐喻，因隐喻是一项'A 是 B'型的恒等陈述，把人与自然中的物体说成是一回事，尽管人与物互不相同。所以，我们在文学经验的源头找到神话和隐喻，这是同一本体的两个方面。"③ 神话世界不

---

① 〔德〕《荷尔德林文集》，戴晖译，商务印书馆，1999，第 479 页。

② 〔俄〕尼古拉·别尔嘉耶夫：《精神与实在》，张百春译，中国城市出版社，2002，第 35 页。

③ 〔加〕诺思洛普·弗莱：《神力的语言》，吴持哲译，社会科学文献出版社，2004，第 78 页。

是自然科学研究的外在空间，也不是心理学研究的内在世界，而是一个包含各种相互冲突的力量的世界，它只能借助隐喻来表达。弗莱认为其中的每一个事物都暗中意指其他事物，神话则是一门含蓄的通过隐喻表现同一的艺术。"隐喻表达的核心是'神'，是像太阳神、战神、海神，或诸如此类的使自然的一个方面与人的一种形式统一起来的存在。"①"在隐喻的语言中，将人类的思想和想象力统一起来的核心概念是众多的神，或多个人与自然统一的化身的概念。"②

弗莱试图从神话与隐喻的同一体中寻找现代文学批评的新的出路，即所谓"第三条路"。近代以来的文学研究主要从两条路径着手：一是文学的外部研究，从文学的社会环境等外部客观因素来确证文学自身的合法性；二是内部研究，将文学视为自我指涉的独立体，技术操作上重视文本细读。弗莱认为这二者恰恰是从两个极端来阐释文学现象，都不能很好地解决文学研究的问题，针对文学研究的困境，弗莱开辟出第三条路，从神话进入原型理论研究。弗莱归纳出贯穿整个西方文学的三种神话原型模式：神话原型模式、浪漫故事的结构模式和现实主义结构模式。神话世界是一个完全隐喻的世界，在浪漫故事的结构模式中原来神话中的隐喻逐渐转化为明喻，在现实主义结构模式中神话隐喻进一步演变为含蓄。

神话隐喻把我们带到人类生存的根源，利用神话隐喻可以帮助我们保持隐喻的活性，防止将隐喻变为单纯的表达方式或修辞手法。

①〔加〕诺思洛普·弗莱：《伟大的代码——圣经与文学》，郝振益等译，北京大学出版社，1998，第23页。

②〔加〕诺思洛普·弗莱：《伟大的代码——圣经与文学》，郝振益等译，北京大学出版社，1998，第26页。

第四节 神话象征

"象征"（symbol）一词源于古希腊文的"sumbolon"，本指一块木板或陶片分成两半，双方各执其一，以保证相互款待的信物。从词源学来说，象征是一种辨认手段，辨认一个被分割开的硬币或徽章的两半。象征原本的标识是指某一物替代另一物，但只有当它们重新拼凑构成一个整体的时候，它们才处于最高的蕴意状态和吻合阶段。广义的象征意思是代表他物的任何因素，"某一事物代表、表示别的事物"。[①]

象征具有鲜明的结构功能，象征往往是甲指向乙的二元构建，象征的主要功能是连接两个事物。"所谓'象征'，就是以甲为乙的符号。甲可以做乙的符号，大半起于类似联想。象征最大的用处，就是把具体的事物来替代抽象的概念……象征的定义可以说是：'寓理于象'。"[②] 这种意义上的象征，首先预设了某种抽象的"理"，然后再用一个具体的事物来标记。这就使得象征成为一种操作技巧。所以，朱光潜先生的这种"寓理于象"的象征观受到当时象征主义诗人的批判。

梁宗岱认为朱光潜象征定义的根本错误就是把文艺上的"象征"和修辞学上的"比"混为一谈。梁宗岱归纳了象征的两个特征：一是融洽或无间；二是含蓄或无限。"融洽是指一首诗底情与景、意与象底惝恍迷离，融成一片。"[③] 梁宗岱的"象征"观受到

---

① 〔美〕韦勒克、沃伦：《文学理论》，刘象愚等译，生活·读书·新知三联书店，1984，第 203 页。
② 朱光潜：《朱光潜全集》（第 2 卷），安徽教育出版社，1987，第 64~65 页。
③ 梁宗岱：《象征主义》，载《中国现代诗论》，花城出版社，1985。

法国象征主义的影响，强调象征与世界整体的隐秘联系，克服了象征的二元结构模式。这种象征是"活的象征"，而失去了与整体性世界的联系，失去了秘密的象征就是"死的象征"。这种死的象征在别尔嘉耶夫那里也称为"象征主义"（此处的象征主义是指与精神的实在性相对应的精神的客观化和僵硬化）。

我们习惯于在象征本体与象征客体、象征形象与象征意义、具体形象与隐含的意义这种二元结构中来理解"象征"。于是，业已分化的两个部分通过意识的作用将其"结合"（实际上是"拼接"）在一起。即便在熟练掌握辩证法的黑格尔那里象征也不过如此：象征一般是直接呈现于感性观照的一种现成的外在事物。黑格尔划分象征的两个要素——意义及意义的表现，或者说观念与形象表现。象征就在观念和形象表现之间搭建一种联系。"象征一般是直接呈现于感性观照的一种现成的外在事物，对这种外在事物不直接就它本身来看，而是就它所暗示的一种较广泛普遍的意义来看。因此，我们在象征里应该分出两个因素，第一是意义，其次是这意义的表现。意义就是一种观念……不管它的内容是什么，表现是一种感性存在或一种形象。"① 于是，象征变成了一种形象化的表达方式，是一种辅助性、附属性的表达。

这种象征在非艺术领域也许是合理的，因为它追求认识的明晰与便捷。然而在艺术领域，这种运用则是对象征的误用和滥用。艺术象征不是寓言，不是比拟，不是讽喻，艺术象征不是一种修辞手法，艺术象征要传递的是世界整体的体验，是对"不可说"的意义的超越性言说。本雅明在 1919 年的论文《论一般语言》中指出：

　　　　肯定地说，艺术语言只能从这种与符号理论的最深层关系

---

① 〔德〕黑格尔：《美学》（第 2 卷），朱光潜译，商务印书馆，1979，第 27 页。

来理解。……因为语言绝不仅仅是能交流物的交流，而且同时也是不能交流物的象征。[①]

可交流之物我们可以用明晰、精确的语言来交流，而不能交流之物则需用象征。

象征基于人类的连续性的经验。首先，连续性体现为人与世界的连续性，在生命一体化的场景中象征才是活的。其次，象征的两个部分原本是一体的，而不是机械组合的。苏珊·朗格指出："一个真正的符号，比如一个词，它仅仅是一个记号，在领会它的意思时，我们的兴趣就会超出这个词本身而指向它的概念。词本身仅仅是一个工具，它的意义存在于它自身之外的地方，一旦我们把握了它的内涵或识别出某种属于它的外延的东西，我们便不再需要这个词了。然而一件艺术品便不相同了，它并不把欣赏者带往超出它自身之外的意义中去，如果它们表现的意味离开了表现这种意味的感性的或诗的形式，这就意味着无法被我们掌握。"[②] 在艺术象征中，感性形式并不是工具性的存在，它就是目的，而所谓的意义并非独立于感性形式之外。"在观赏者看来，一件优秀的艺术品所表现出来的富有活力的感觉和情绪是直接融合在形式之中的，它看上去不是象征出来的，而是直接呈现出来的。形式与情感在结构上是如此一致，以至于在人们看来符号与符号表现的意义似乎就是同一种东西。"[③]

英语"symbol"有"符号"和"象征"两个含义。严格说来，只有在艺术中才有"象征"，其他的文化形式只是"符号"，这个意义上的象征相当于爱德华·萨丕尔的"指涉性的"（referential）

---

① 转引自刘北成《本雅明思想肖像》，上海人民出版社，1998，第306页。
② 〔美〕苏珊·朗格：《艺术问题》，滕守尧译，中国社会科学出版社，1983，第24页。
③ 〔美〕苏珊·朗格：《艺术问题》，滕守尧译，中国社会科学出版社，1983，第24页。

象征，或者说是卡莱尔所说的"外部的象征"，如十字架、国旗等，它们只是某种存在的事物的符号或指示物，不能带来意义的增殖。普通的符号和象征的区别在于，符号是直指性的，象征则是弥散性的，"符号的含义总是比它代表的概念的含义更少，而象征总是代表超出其自身明显和直接含义的东西"。①

卡西尔认为象征是感性形式与精神实质的浑融体，它将某种具有精神实质的内容意义与一个具体可见的感性形式联系起来。象征存在于神话、宗教、历史、语言、艺术、科学、技术等文化领域。但在神话和艺术中象征体现得最充分。

象征的基础则在神话。俄国思想家尼古拉·别尔嘉耶夫指出对于精神的秘密是不能制定概念的，"不能对这个秘密进行理性化，关于这个秘密只能有神话和象征"。②

首先，在神话中看得见的东西和看不见的东西是分不开的。

> 我们社会的迷信的人，常常还有信教的人，都相信两个实在体系、两个实体世界：一个是可见、可触、服从于一些必然的运动定律的实在体系；另一个是不可见、不可触的、"精神的"实在体系。这后一个体系以一种神秘的氛围包围着前一个体系。然而，原始人的思维看不见这样两个彼此关联的、或多或少互相渗透的不同的世界。对它来说，只存在一个世界。如同任何作用一样，任何实在都是神秘的，因而任何知觉也是神秘的。③

---

① 〔瑞士〕卡尔·荣格：《人类及其象征》，张举文、荣文库译，辽宁教育出版社，1988，第 32 页。

② 〔俄〕尼古拉·别尔嘉耶夫：《精神与实在》，张百春译，中国城市出版社，2002，第 35 页。

③ 〔法〕列维－布留尔：《原始思维》，丁由译，商务印书馆，1985，第 61 页。

其次，神话隐含着无限的秘密，象征是神秘之物的显现。神性的奥秘只有在象征性的表达中才能得到保护。当神性的奥秘恰如其分地显现时，我们就透过"面纱"隐约地窥见其奥府。因而其感性形式并不对应某种固定的对象，而是开放性、生产性的。伊凡诺夫说："象征……只有其含纳的意义不可穷尽时，只有当其蕴藉的伸延不被局限时，只有当其触角渗透到存在自身的隐在奥秘之深层时，它才是真正的象征；只有凭借暗示传导与感染召唤，把某种不可言传、不可声达的东西引发出来，把某种为那外在的词语无法等值地表达出来的东西显示出来，它才是真正的象征。象征具有多面性多义性并且其最后的深层意义总是模糊的。象征乃是某种具有不可分性质的单子——它正是以这种不可分性，区别于那也是复杂多层但却是可分解开的组织结构的讽喻、寓言或比喻……讽喻的蕴藉在逻辑上是有局限的，其内在状态是静止的，象征则有灵魂，具有内在的发展机制，它象生命一样生活着并不断地增生着。"①

美国作家、修道士托马斯·默顿（Thomas Merton，1915－1968年）指出，"真正的象征不仅仅是指涉其他事物。它自身之中就包含着一种结构，这种结构可以唤醒我们的意识，带领我们获得一种关于生命的内在意义和显示本身的全新认识。一种真正的象征会将我们带到圆的中心，而不是圆周上的另外一点，通过象征，人们有意识地带着情感与内在的自我，与别人、与上帝进行交流"。② "人不能完整地理解一个象征的意义，除非他在自身的存在之中觉悟。引起精神共鸣的象征不能仅仅被看作是一种普通的符号，而应被看作'圣礼'和'在场'。象征是指向主体的客体，我们被引入一种

---

① 转引自周启超《俄国象征派的"象征观"》，《外国文学评论》1992年第4期。
② 〔美〕约瑟夫·坎贝尔：《指引生命的神话》，张洪友等译，浙江人民出版社，2013，第242页。

远远超出主体和客体的更深层次的精神意识里。"①

坎贝尔认为神话最主要的功能是神秘主义功能（sociological function），"神话的神秘主义功能在于找到超越者，打开我们的心。指出那个我们千方百计去拥抱的终极奥秘，是超越所有人类思考与命名之外的"。② 透过具体事物开启终极奥秘，这就是神话象征。

最后，神话象征是隐秘的世界整体的呈现。

> 存在的终极奥秘是超越所有思考范畴的。就像康德说的，事物本身并不是东西。它超越有形，超过任何思考所及的事物。最好的事物是不能说的，因为它超越了所有思考。第二好的事物是被误解的，因为它隐含了那些无法被思考的事物。第三好的事物是人类在谈论的东西。而神话是指那些绝对超越的事物。③

在当下的生活中，有一个世界与神话象征有相似之处，这就是"梦境"。神话是人类集体的梦，梦是个人的神话。"神话可以上溯到原始时代讲故事的人和他的梦，还可以上溯到那些被自己的幻想弄得欣喜若狂的人。"④ "所有的神、所有的天堂、所有的世界都在我们心中。他们是放大的梦，所有的梦都是相互冲突的身体能量通过意象表现出来的形式。这就是神话。"⑤ 神话世界绵邈难觅，但梦

---

① 〔美〕约瑟夫·坎贝尔：《指引生命的神话》，张洪友等译，浙江人民出版社，2013，第243页。

② 〔美〕菲尔·柯西诺主编《英雄的旅程：与神话学大师坎贝尔对话》，梁永安译，金城出版社，2011，第182页。

③ 〔美〕约瑟夫·坎贝尔、比尔·莫耶斯：《神话的力量——在诸神与英雄的世界中发现自我》，朱侃如译，浙江人民出版社，2013，第69~70页。

④ 〔瑞士〕卡尔·荣格：《人类及其象征》，张举文、荣文库译，辽宁教育出版社，1988，第68页。

⑤ 〔美〕约瑟夫·坎贝尔、比尔·莫耶斯：《神话的力量——在诸神与英雄的世界中发现自我》，朱侃如译，浙江人民出版社，2013，第59页。

境常常不期而至，梦的经验与神话意识有诸多类似，我们可以借助类比来加以理解。

神话和梦的共同点之一就是采用整体象征的表达。另外，神话象征和梦境象征不同于用已知的符号规定已知的对象，而是指向未知的、不确定的东西。荣格继承弗洛伊德"潜意识"观念和对"梦"的解析方式，认为心灵不仅包括意识，还包括潜意识。他说，"肯定有许多事情我们并没有有意识地注意到，也就是说，它们仍深深地存在于意识的阈限之下。它们曾发生过，但它们被潜意识所吸收，而没有被我们有意识地注意到。只有在直觉或连续的冥思苦想后，最终才意识到它们的确发生过。尽管最初我们或许忽视了它们对情感和生命的重要性，但事后作为一种回想会从潜意识中涌现出来"。①

神话象征建立在人与世界的统一性之上，统一的纽带是情感联系。"随着科学认知力的成熟，我们的世界变得非人性化了。人类感到自己在宇宙中的孤独，因为他不再与自然有联系，并失去其与自然现象的感情上的'潜意识统一'。这些都在渐渐失去其象征内涵。打雷不再是愤怒的神的声音，闪电也不再是他复仇的发射物，河流不再有精灵，树林不再是人的生命本源，蛇不再是智慧的再现，山穴不再是恶魔的室窟。石头、树木，动物再不能与人类说话，人类也不再相信它们能听懂他的话。他与自然的联系消失了，象征的联系所提供的深奥的感情力量也消失了。"② 从某种意义上讲，神话消失了，也就意味着真正的象征也就消失了。

坎贝尔将象征定义为激发和指引能量的符号。"活的神话象征

---

① 〔瑞士〕卡尔·荣格：《人类及其象征》，张举文、荣文库译，辽宁教育出版社，1988，第3页。

② 〔瑞士〕卡尔·荣格：《人类及其象征》，张举文、荣文库译，辽宁教育出版社，1988，第75页。

最重要的意义在于唤醒并引导生命的能量。这一象征是释放和指引能量的符号。它不但能像他们现在所说的那样激活人，使人觉醒，而且能引导人，使人沿着这条路勇往直前。这一象征使你具有某方面的能力，而这一能力会引导你投身到社会群体的生活和意向中。但是，如果社会群体提供的象征不再起作用，而那些仍在起作用的象征也不再为这一群体所拥有，那么，单独的个体就会像一盘散沙，孤立且迷茫，这时我们面对的就是象征的病变（pathology of symbol）。"①

我们如今接受的神话能否从中吸取生命的能量呢？

在技术化、浅层化的背景下，我们认为象征有助于我们发现被知识遮蔽的领域。象征犹如"面纱"，它隐隐约约呈现世界。本雅明指出，"美的根本法则表现为，美只是表现在被遮掩的东西中。因此，美不单纯是表象。……面纱和需要遮掩的对象都不是美，被面纱遮掩着的对象才是美"。"艺术批评的任务不是揭开面纱，而是通过最准确地了解面纱，使自己面对美的真正概念，面对成为秘密的美的概念。"②

艺术与神话一样，在面对不可言说的东西时，它都不是采用武断的、虚假的透明性表述，而是借隐喻和象征去呈现神秘，神秘是艺术感染力的渊薮。对于文学艺术而言，神秘往往是保持与世界直接贯通的隧道。它需要防止认识或知识的一览无余的表白。伟大的诗歌都保有神秘，借助神秘实现与世界的全方位敞开。海德格尔认为真正的诗是思入存在之澄明，而存在是既"显"又"隐"。诗歌作为存在之真理的呈现，不可能是一味的展现，它须将存在的秘密

---

① 〔美〕约瑟夫·坎贝尔：《指引生命的神话》，张洪友等译，浙江人民出版社，2013，第81页。

② 〔德〕本雅明：《论〈亲和力〉》，转引自刘北成《本雅明思想肖像》，上海人民出版社，1998，第84页。

好好呵护。诗歌借助词语创建既"显"又"隐"的"存在","归根结底统摄着人的此之在的神秘本身（被遮蔽者之遮蔽）"。①

海子在《我热爱的诗人——荷尔德林》中说："做一个热爱'人类秘密的诗人'。这秘密既包括人兽之间的秘密，也包括人神、天地之间的秘密，在神圣的黑夜中走遍大地，热爱人类的痛苦和幸福，忍受那些必须忍受的，歌唱那些应该歌唱的。"②

艺术家和诗人是最能保守秘密的人，他们以自己的方式严守秘密。他们的活动本身就是秘密，他们任凭神灵附体，对创作活动并无主体意识。海德格尔认为艺术的本质是作为无蔽的真理的涌现，是大道之说，艺术让真理进入澄明之境。而"澄明"并非一味的敞开，而是隐与显、遮蔽与无蔽的一体化运作。一座古希腊神殿一方面默默地开启"世界"，同时又把"世界"置回"大地"，加以保藏。在"世界"与"大地"的纠缠中，"大地"更为本真，其敞开也是以掩蔽为中心。这里的"大地"一词并非作为星球的地球或表层空间，而是秘密的处所，是不可一味敞开的秘密。艺术作品正是借助其大地性或神秘敞开意义世界，同时又保守它的秘密，诗人则是"神秘"的守护者。

艺术和审美活动力图用非概念的方式接近丰富、神秘的意蕴。如何接近神秘呢？海德格尔指出，"绝不能通过揭露和分析去知道一种神秘，而是惟当我们把神秘当作神秘来守护，我们才能知道神秘"。③

在现代文化领域，科学主义流行，追求明确性，神秘离我们越来越遥远，诗性也越来越匮乏。尼采认为现代西方文化失去了神

---

① 〔德〕海德格尔：《路标》，孙周兴译，商务印书馆，2000，第223页。

② 海子：《我热爱的诗人——荷尔德林》，《世界文学》1989年第2期。

③ 〔德〕海德格尔：《荷尔德林诗的阐释》，孙周兴译，商务印书馆，2000，第25页。

话，失掉的神性，"苟延残喘地寄生于任何阳光底下的文化"。① 要想恢复诗性，神话是一个最重要的资源。如密尔顿所言，"神话是一个深不可测的海洋，无边无际，苍苍茫茫，在这里长度、宽度、高度和时间、空间都消逝不见"。② 神话有如一泓深泉，它保全了世界的原始丰富性，而真实的世界正是这种尚未被主题化的深渊或荒原。托马斯·曼在其《约瑟及其兄弟们》开篇说："岁月之井，深不可测，我们不是必须下降到深渊吗?"文学艺术就是下到世界的深渊，文学艺术都具有某种程度的神话性，因为神话一方面表达着，但同时又隐匿着，或者说神话是一种隐匿的表达。英国学者 K. W. 博勒指出："神话是一种具有隐含而非明言的绝对权威的记叙文。它们叙述超越尘世的事件或事态;但又基于尘世，所述事件发生的时间完全不同于人所经历的普通历史年代（并且多数发生在无法想象的很久以前）;这种记叙文中的主人公通常是神或别的非凡之物。"③

神秘性是神话最基本的功能。美国神话学家约瑟夫·坎贝尔认为，神话有四个基本功能，第一个功能便是神秘性，"借由神话的这个功能，你能觉察到宇宙的奇妙。你自己就是一个奇迹，你会在这种奥秘面前体会敬畏感。神话为人类开启了广阔的奥秘世界，让人类觉察到潜藏在万事万物之下的奥秘。如果神话的奥秘是透过各种事物显现出来的，那么宇宙就是一张圣图。你总可以经由现实世界的条件，直接追求超越的宇宙奥秘"。④ "神话谈论的是个人及所有其他事物的深层奥秘。它是一个谜，巧妙而恐怖，因为它改变了

① 〔德〕尼采:《悲剧的诞生》，李长俊译，湖南人民出版社，1986，第 174 页。
② 参见恩斯特·卡西尔《人论》，上海译文出版社，1985，第 93 页。
③ 〔英〕K. W. 博勒:《神话和神话学》，刘光耀译，载中国民间文艺研究会研究部编《民间文学理论译丛》（第一集），中国民间文艺出版社，1986，第 48 页。
④ 〔美〕约瑟夫·坎贝尔、比尔·莫耶斯:《神话的力量——在诸神与英雄的世界中发现自我》，朱侃如译，浙江人民出版社，2013，第 49 页。

你对事物的既定看法。然而它又非常吸引人，因为它是你的本性。"①

神话中的事物不同于理性时代人们心目中的事物，理性视界的事物是匀质的、因果性分布的，而神话中的事物是围绕一个密集的聚集点，以想象方式映射。约瑟夫·坎贝尔为我们提供了两个例子："在印度，我曾经看过一个红戒指绕挂在石头上，这个石头就成为神秘的化身。通常人类以一种特定的方式看待事物，也可以从神秘的角度看待事物。比如，这是一只手表，但它同时也是一个存在的事物。你可以摘下手表，划一个圈围住它，并在那个层面上看待它。这就是所谓的净化。……想想看，每件事物都应该是非常神秘的。于是表成为冥想的中心，成为可以辨识的存在奥秘中心，这类中心是无所不在的。现在这个表成了宇宙的中心。它是不停转动的世界中不动的一点。"②

象征和隐喻所具有的暗示是弥散性的，与我们人际交往中技巧性的暗示截然不同。人际交往中的暗示是有具体指示的内容，只不过不直接指示出来而已。神话和艺术中的暗示则有一个广大的伸展范围，它是将思想引向深渊的踪迹、曲径。海德格尔认为词语的基本特征就是"暗示"，这种"暗示"是澄明着的遮蔽，也就是"道说"。何谓"道说"，"也许就与让显现和让闪亮意义上的显示（zeigen）相同；但让显现和让闪亮乃以暗示方式进行。"③ 作为"道说"的语言不再是人的夸夸其谈，不是主体的自我表达，而是万物如其所是的展示，是世界自身的呈现，道说在"既澄明着又遮蔽着之际开放亦即端呈出我们所谓的世界。澄明着和掩蔽着之际把

---

① 〔美〕约瑟夫·坎贝尔、比尔·莫耶斯：《神话的力量——在诸神与英雄的世界中发现自我》，朱侃如译，浙江人民出版社，2013，第58页。
② 〔美〕约瑟夫·坎贝尔、比尔·莫耶斯：《神话的力量——在诸神与英雄的世界中发现自我》，朱侃如译，浙江人民出版社，2013，第85页。
③ 〔德〕海德格尔：《海德格尔选集》（下卷），孙周兴选编，上海三联书店，1996，第1052页。

世界端呈出来，这乃是道说的本质存在"。① 海德格尔的"诗"和"思"就是道说的方式。海德格尔对于美学都要依照西方对象性思维模式下的以概念的方式揭示本质提出怀疑。东方美学和文学理论并不追求欧洲的表象方式和概念体系，并不追求范畴及其精确、固定，而是在诗性的思中把握审美经验的整体性和模糊性。甚至中国古典美学的理论表示都是诗的方式，如唐代司空图的《二十四诗品》，除了二十四个标题具有些许范畴的意味，其主体则基本上是借助意象并置来暗示一种诗境。而诗境本来就是冥漠恍惚的，难以用理性的概念来界定。因此，从某种意义上讲，中国美学重视意象和暗示更能切近审美经验，更能让世界敞开。当美学和文论全盘欧化和理性化，语言的隐喻资源枯竭，明确的语言封闭了审美意义空间。

第五节　神话意象

不可见的神如何对人实施影响呢？为了让世人亲眼看到神，于是"道成肉身"，"道"不再是抽象的、超绝的，而是听得到，看得到，摸得到的实存。

"道成肉身"原本在基督教神学的语境中是指上帝化身成人，取了奴仆的形象，成为人的模样。

我们可以借"道成肉身"泛指超验者、绝对者以人们能感知的方式显现。对于众人而言，"神"难以亲近，"道"过于抽象，要想向人显示其意旨，就需要借助人们可以感知的形式。"只有具有形式的东西才能具有摄人心魄的魅力、使人进入狂喜出神的状态，

---

① 〔德〕海德格尔：《在通向语言的途中》，孙周兴译，商务印书馆，1999，第167页。

只有透过形式，永恒之美那闪电般的光芒才能闪现出来。"① "如果没有形式，一个人无论如何都不可能被深深迷住、被改变。而被改变正是基督教真正的源泉所在。使徒们就是被他们所见、所听、所触摸到的——被每一种表现为可见的形式所改变。"②

上帝的意旨主要体现在爱和真理。"道成了肉身，住在我们中间，充充满满地有恩典，有真理。"（《约翰福音》1：14）

一般所说的"真理"意指"符合"，即主观与客观、认识与实存事物相符合。然而，不同的思想家都宣称自己的学说就是真理，这些"真理"实际上往往都不过是自家认定的一种学说，一种意见，或者说只是基于某种立场对真理本身的一种言说。然而，"道可道，非常道"，进入言说尤其是理性的、逻辑的言说之中的"真理"就不再是真理本身了。真理本身是不能明言的，一经明言，真理就转换成意见。海德格尔从存在论的角度理解真理，认为真理是"澄明"与"遮蔽"的争执，显与隐的争执。真理蕴含着无尽的秘密，真理不能用技术化的语言言说，技术化的语言或者说被意见左右着的"人言"只会使真理曝光在光天化日之下，变成意见和教条。真理也就在这种"说明"中逃遁消失了。这也是怀疑论者对真理采取悬置态度的原因。

神为了显示自身，或者说真理为了显示自身，一方面得迁就人的接受能力，以"肉身"的形式显现。但是，道变成的肉身，熔铸了道的肉身，不是有限的躯体，而是显示神性、神秘的所在。圣保罗在写给提摩太的信中，论到基督"道成肉身"，称"伟大啊！敬虔的奥秘"。肉身是直观的，但这个肉身融入了"道"，"道""神"

---

① 〔瑞士〕巴尔塔萨：《神学美学导论》，刘小枫选编，曹卫东等译，生活·读书·新知三联书店，2002，第 37 页。
② 〔瑞士〕巴尔塔萨：《神学美学导论》，刘小枫选编，曹卫东等译，生活·读书·新知三联书店，2002，第 37 页。

在肉身中显现，因而令人感叹其虔敬的奥秘。肉身显示道的方式不是明言，不是固化的形式，而是活的形式，是暗示、隐喻。

早期人类没有建立概念系统，世界以具体事物的形式加以表现。当时也没有"神"的观念或"一般"的神，而是无数个具体的神，"水有罔象，丘有峷，山有夔，野有彷徨，泽有委蛇"。神话中的神的名称都是专名，还没有出现共名。

意象是人类最早的表达形式。美国认知语言学家乔治·莱考夫的意象图式理论认为，意象图式来自人身体的经验，意象图式存在于概念产生之前。神话意象是神话世界显现的唯一形式。神话意象都是隐喻性的，它不直言"意义"，只托出意象。这种表达在原始神话中最为鲜明，翻开世界各国的神话，我们会发现神话的表达几乎全部由各种各样的神话意象所充实。

神话思维是感觉力和想象力的活动，神话显示其意义的形式是神话意象。意象既是神话思维中的形式，也是神话表达的媒介。在神话的表达中，意象是枢机、关键。"所有的神、所有的天堂、所有的世界都在我们心中。他们是放大的梦，所有的梦都是相互冲突的身体能量通过意象表现出来的形式。这就是神话。神话是象征、隐喻意象的显现。"①

与一般意象相比较，神话意象是纯然的意象。在神话时代，人类的概念思维尚未形成，感性在思维形式中占绝对统治地位，神话意象是纯粹的意象。原始人类的思维尚未被概念、理念所冲淡，神话意象以鲜明的感性形式呈现出来。维柯认为，童年时代所形成的诗性意象是特别生动的，因为童年的记忆力最强，想象特别生动。

原始神话重视意象的一个重要原因，即他们将意象与本原事物相混同。在神话时代，主客尚未分化，思维与存在尚未分化，神话

---

① 〔美〕约瑟夫·坎贝尔、比尔·莫耶斯：《神话的力量——在诸神与英雄的世界中发现自我》，朱侃如译，浙江人民出版社，2013，第59页。

意象具有与事物合一的特点。布留尔认为："由于原始人的思维不把形象看成是纯粹的简单的形象；——对他来说是，形象是与原本互渗的，而原本也是与形象互渗的，所以，拥有形象就意味着在一定程度上保证占有本原。"[①] 卡西尔认为在原始人那里符号与客体是浑然不分的，"卡西勒竭力强调：客体之呈现于神话意象乃是作为'现象'，而非作为幻想；神幻现实之见纳于信仰，有异于美感意识；见纳于美感意识者，则是形象本身"。[②]

在卡西尔看来，"神话"符号的一个最基本的特点应是"存在"与"非存在"不分，或者更确切地说，在"神话"思维方式中，没有"非存在"（μηöν）的观念。一切都带有感性存在的特点，符号的世界就是真实的世界。……按其实质来说，可以看作是在人类初创阶段，思维与存在的分化处于原始的阶段，感性存在对抽象思维的统治和笼罩是到处可见的一种状态。这种状态，可以看作对符号的迷信，也可以看作是感性存在或思维形式的滥用。在这个阶段，一切符号都是直接的存在，都有实体性（substance body）。事物的"意象"（image）就是事物本身，事物的名字（name）也是事物本身，"名"、"实"不仅相符，而且相合。……因而这种思维方式，正是一切原始魔术和祭祀仪式的思想根源。在卡西尔看来，原始人的祭祀仪式，最初并非模仿活动，而是一种真实的实际活动，舞蹈者不是模仿神，他就是"神"。[③]

神话意象是隐喻性的，它总是指向超越者，神话意象借助超越

---

① 〔法〕列维－布留尔：《原始思维》，丁由译，商务印书馆，1985，第222页。
② 〔俄〕叶·莫·梅列金斯基：《神话的诗学》，魏庆征译，商务印书馆，2004，第48页。
③ 叶秀山：《思·史·诗——现象学和存在哲学研究》，人民出版社，1988，第18页。

者的提升，总是指向自己之外，引向奥府。"神话的意象总是指向超越者，让你感受到自己就像是驰骋在其奥秘之上。"① 神话意象是我们体验超越者或者奥秘的窗口，也是内在能量的"显现"，是奥秘的"闪现"。

弗莱将意象称为显灵点（point of epiphany），在《批评的解剖》中，弗莱将整个西方文学史的叙述结构分为三种模式和五种原型意象：古代神话模式、传奇模式（浪漫故事）和写实（现实主义或自然主义）模式。在这三种模式中，"神话可谓文学构思的一个极端，自然主义则是另一个极端，而二者之间是浪漫故事之广大区域"。② 神话意象在浪漫故事和现实主义文学中虽然也有所显现，但它主要出现在未经置换变形或非移用的神话中。未经置换变形的神话一般以神祇或恶魔为描写对象，他们呈现为两个对立的、用隐喻表现的整体性世界：一个是人们向往的世界，另一个是令人恐怖、厌恶的世界。与之对应的神话意象是"神启意象"和"魔鬼意象"。

在神启意象和魔鬼意象之间的是"类比意象"，它又分为三种：天真类比意象（传奇）、自然与理性类比意象（高模仿）和经验类比意象（低模仿）。这样神话意象就包括五种原型意象。当然，若细分，神话意象就丰富多彩了。

下面我们结合前面所讲的神话世界介绍几种神话意象。

神话意象是神话世界的呈现，前面我们提到神话世界中的那条纵向之"轴"，沿着这条轴有向上和向下两个进路，上升的意象有高山、大树、梯子、塔楼等。下降的意象有洞穴等。

伊利亚德列举形态各异的"世界之轴"神话意象。如"宇宙

---

① 〔美〕菲尔·柯西诺主编《英雄的旅程：与神话学大师坎贝尔对话》，梁永安译，金城出版社，2011，第45页。

② 〔加〕诺思洛普·弗莱：《批评的解剖》，陈慧等译，百花文艺出版社，2006，第151页。

山"（the cosmic mountain）的形象，印度的须弥山，日本的富士山，伊朗的荷拉布雷载山，美索不达米亚的"土地之山"，巴勒斯坦的盖里济姆山，还有中国的昆仑山等。这些山有的是现实中存在的，有的是神话虚构的，但它们都被想象成把人间与天国联系起来的世界的天梯。"世界之轴"上升之路的另一意象是"世界树"（或称宇宙树），世界树即贯通宇宙的神树，其根部扎进下方世界，其枝叶伸向上方世界。如北欧神话记述，世界最初是一棵巨大的梣树——世界树，它茂密的枝叶覆盖了整个天地。它托起整个宇宙。宇宙可分为三个层次，每层有三个世界，共九个世界。

上层：精灵之国亚尔夫海姆、诸神的国度亚萨园和火焰之国摩斯比海姆。

中层：人类的国度中庭、巨人的国度约顿海姆和华纳神族的家园华纳海姆。

下层：侏儒之国赛文夫海姆、海拉的死亡之国和冰雪世界尼夫尔海姆。

尤加特拉希由三根巨大的树根支撑着，在这三根树根的末端，分别有三眼泉水为其提供水分。地处冰雪世界的尼夫尔海姆中的那眼泉水称为海维格尔玛，一条毒龙尼特霍格盘踞其下，不停地噬咬着伸入泉水的巨大树根，企图咬断树根，毁灭世界。巨人国所在的约顿海姆的泉水为密密尔泉，由智慧巨人密密尔看守，凡喝了密密尔泉水的就会具有智慧，但这并非易事，巨人密密尔独自享用着智慧之泉，每当绚丽的晚霞映照泉面，巨人密密尔就用一只精致的角杯汲上一杯智慧的泉水。众神之王奥丁为了喝一口密密尔泉的智慧之水，奉献上了右眼。通往神国的那条巨根连接着一眼泉水称为乌达泉，乌达泉圣洁纯净，明亮透彻，把神国和整个宇宙树照耀得一片光明，山鸟的羽毛浸染泉水变得洁白如雪，后来人们就把这种动物称为天鹅。乌达泉由三位命运女神（乌达、维丹蒂和丝可特）守护着，她们每天用泉水灌溉宇宙树之根，使它长青不衰。三位女神还经营着人类的生命，其中年长的乌达从纺线轴上把生命之线纺织出来。维丹蒂则负责用手捻线，她捻出来的命运之线时而长时而短，时而美时而丑，所以人类的命运也各不相同，有的幸福，有的悲苦，有的长寿，有的短命。最年轻的丝可特的任务是手持一把剪刀，按照维丹蒂测量出来的生命线的长度，把它们一一裁剪，剪刀落处一个人的生命便画上了句号。

中国神话中也有这种"世界树"，张光直先生指出，在巫风习俗中，第二种通天地的工具是若干种树木。这也是萨满文化中常见的所谓"世界之树"或"宇宙之树"。在中国古代神话传说里关于神树的神话主要有扶桑的神话和若木的神话。这些都与沟通天地有关。

世界树意象表达了原始先民对超越境域的祈愿，它将世界分为三层，同时又将世界贯通，并引发人们向上的动能。《离骚》诗人远游中提及的"扶桑""若木"都是通往上界的天梯。

世界树意象以及其他类似的世界之轴意象都指涉超越的生存状态。伊利亚德认为世界树是从一个层面到另一个层面的品质上的突破。"树""山""鸟"等神话意象显示着人类超越自身的内在意愿。人类不能飞行，便把向上攀登当作能使自己肉体和象征上升往天堂的最简便的隐喻。

在世界之轴中，与世界树意象相对应的另一组意象是洞穴、坟墓、堕落等，这是凡尘世界与另一更低的世界之间关系的种种意象，它们构成世界之轴的相互联系的两极，世界树本身又包含上界与下界，如北欧神话中的世界树。"上界"往往与白昼、光明联系在一起，"下界"则与夜晚、黑暗联系在一起。"一棵参天大树是依靠下面的根部获得养分的，而由上升的形象所反映的强化意识若无它看不见的幽暗部分，便会变得无法理解，正是幽暗部分用他的心灵活动使得我们的意识变得更加开阔和多样化。"[1]

神话意象，指向天空和深渊，从而帮助人们拓展心灵的空间，领悟世界的奥秘。

神话意象在美学和文学批评中具有突出的作用，它开启审美意象的旅程。审美意象是一个充满意蕴的感性世界，同时也是一个充满秘密的世界。美国文论家雷纳·韦勒克与 A. 沃伦在《文学理论》一书中将隐喻与象征、神话、意象联系在一起。这种安排的背后有其理论依据。

"象征"与"意象"密切相关。意象的功能是象征性的。在审美活动以及人类隐秘的思维活动（如梦、潜意识等）中，起主导力量的并非概念和理性的思考，而是象征的意象。

弗莱的原型批评主要关注作为社会事实和交流模式的文学，象征就是一种可交流的单位，神话象征在人们的口耳相传中凝聚为"原型"。所谓原型"是一种典型的或重复出现的意象"。[2] 我们可以看到，这里神话、象征、意象的三位一体。而意象的并置往往构成隐喻。如庞德的《地铁车站》只有两行诗，诗人不借助任何联结谓词，而是将人群中的面孔和黑色树枝上的花瓣这两个意象并置在一起，构建一个隐喻结构。所以，韦勒克、沃伦将"意象""隐喻""象征""神话"四个范畴联系在一起来加以考察。

在上述四个术语中，我们是否只有一个所指呢？就其语义来说，这四个术语都有相互重复的部分，显然，它们的所指都属于同一个范畴。也许可以说，我们这样一个排列顺序，即意象、隐喻、象征、神话，代表了两条线的会聚，这两条线对于

---

① 〔加〕诺思洛普·弗莱：《神力的语言》，吴持哲译，社会科学文献出版社，2004，第258 页。
② 〔加〕诺思洛普·弗莱：《批评的解剖》，陈慧等译，百花文艺出版社，2006，第99 页。

诗歌理论都是重要的。一条是诉诸感官的个别性的方式，或者说诉诸感官的和审美的连续统一体，它把诗歌与音乐和绘画联系起来，再把诗歌与哲学和科学分开；另一条线是"比喻"或称"转义"这类"间接的"表述方式，它一般是使用换喻和隐喻，在一定程度上比拟人事，把人事的一般表达转换成其他的说法，从而赋予诗歌以精确的主题。①

从文学理论看，神话中的重要母题可能是社会的和超自然的（或非自然的，或非理性的）意象或画面、原型的或关于宇宙的叙述或故事、对我们永恒的理想中某一时期的事件的一种再现，这种再现是纲领性的，或者是带着末世情调的，或是神秘的、象征性的。②

我们认为这四个范畴并非平行的或并列的关系，其中的神话是中心或内核，以神话为核心分别关联到神话与隐喻、神话与象征、神话与意象等，并且隐喻与象征、隐喻与意象、象征与意象之间也彼此密切相关。"文学的意义与功能主要呈现在隐喻和神话中。"③

首先，从语义学的角度看，隐喻与象征十分近似，两者都是以类似对应物暗示另一事物，都属于矛盾表达，在张力和冲突中暗示意义。但隐喻更为深沉，更具有活性。象征和隐喻也有区别。象征强调对应关系，而隐喻意味着"转移"（transfer），倾向于指向一个别的东西。"隐喻追求的是特殊含义，象征寻求的是

---

① 〔美〕韦勒克、沃伦：《文学理论》，刘象愚等译，生活·读书·新知三联书店，1984，第 200 页。

② 〔美〕韦勒克、沃伦：《文学理论》，刘象愚等译，生活·读书·新知三联书店，1984，第 206～207 页。

③ 〔美〕韦勒克、沃伦：《文学理论》，刘象愚等译，生活·读书·新知三联书店，1984，第 209 页。

一般含义。概而言之，象征总是通过具体寻求抽象。"① 象征以有限形式对无限意义的间接表现，它具有隐喻性。象征之活力就在于其隐喻性。一个隐喻如果频繁使用往往会导致感觉的钝化，活性会降低。

其次，我们看看隐喻与意象的关系。原始人类的语言系统尚未建立起来，他们还没有抽象的词语，尚不具备概念判断的能力，神话思维有别于概念思维，以形象性为主，具体可感是其基本特性。但是，神话在保有形象性的同时又"超越"形象本身。神话思维的形式既具形象的生动具体，又有概念的形上色彩，神话思维既是具体事象又超出表象之外，神话思维是象征性思维，其思维元素是意象。

> 神话思维的成分确实不失为具体的，并与直接感觉、物体的可感属性相关联；而诸如此类成分则可成为形象同概念之间的中介，作为符号克服感觉与思辨的两者对立，并可成为重新组合所凭依者。②

这种形象与概念的融合正是隐喻的功能。隐喻始于具体意义的向上运动。亚里士多德提到隐喻具有"使……浮现眼前"的功能，隐喻是生动、形象的，它能唤起人们的一种联想并构成一种图像（image），仿佛"亲眼目睹"某件事物。但是"隐喻"不仅仅是"使事物活现在眼前"。新浪漫主义文论家约翰·米德尔顿·莫里认为，"精确的视觉意象"在隐喻中无关紧要，真正的隐喻是一种"解悟模式"。隐喻引导人们超然地观照形上世界，隐喻一方面是具体的、切身的，同时又是指向一般和普遍的，即其表现形式是具体

---

① 季广茂：《隐喻理论与文学传统》，北京师范大学出版社，2002，第175页。
② 〔俄〕叶·莫·梅列金斯基：《神话的诗学》，魏庆征译，商务印书馆，2004，第87页。

的，而其功能又是抽象的、玄学的、超越的。"metaphor"是从希腊词 metapherein 来的，即 meta + pherein。"pherein"的意思是"携带、运送"，"meta"的意思则是"跨越、超过"。在面对神秘、丰富的世界的时候，一般的语言难以奏效，一般的语言大多按照其表面的意思、字面的意思传递，其优势是保证了信息传递中的保值保真。但这种传送只是机械的传送，对于复义而言往往起不到作用，甚至会成为传达的障碍。隐喻则因其超越功能而得以接近世界的秘密。人们使用隐喻是因为隐喻能超越普通语言的限制，表达丰富的内容，"隐喻"是超越的传送。例如，坎贝尔认为《圣经》所载的耶稣生平乃是它教诲的意义的象征或隐喻。读它，你可不像读桑德伯格的《林肯传》那样，可以找到实际生平记录的细节。事实上，它跟实际发生在耶稣生命中的事情无关，而只跟这个生命的意义有关。……所有有关他们的生平事迹都是传说，都是要告诉你，他们的生活有什么意义。[①]

诗人不满足于一般的单义的传达，便借助隐喻将复义传达出来。鲁枢元先生提倡"超越语言"，艾略特在《四个四重奏》中提及要"超越诗歌"，都指向一种语言传达的超越维度——隐喻。

隐喻超越功能的发挥借助的媒介是形象与概念的结合体——意象。[②] 隐喻以"意象"呈现其意，坎贝尔认为，隐喻就是隐含其他意思的意象。

神、神性因其幽隐的意味不可明传，故借助意象。同理，诗歌的意蕴难以言表，故借助意象，艺术意象作为一种隐喻存在既具生动鲜明的感性又引人入超验领域。神话与诗歌一样，一般的语言表

---

① 〔美〕菲尔·柯西诺主编《英雄的旅程：与神话学大师坎贝尔对话》，梁永安译，金城出版社，2011，第 193 页。

② 〔美〕约瑟夫·坎贝尔、比尔·莫耶斯：《神话的力量——在诸神与英雄的世界中发现自我》，朱侃如译，浙江人民出版社，2013，第 78 页。

达难以接近其奥府，须得一种渗透性强的语言。"诗是一种隐喻的语言。……隐喻是上帝的面具，透过它便可以体验到永恒。"① 要想接近和体会神性的光辉和诗意的韵味，就必须使用隐喻，将其内在的世界映射出来。

隐喻不论是作为修辞手法，还是表达方式，或者思维手段，其关键是揭示了"言"与"意"之间的关系。语言相对于外部世界或人的内心世界而言都是贫乏的，在更多的时候是"言不尽意"。特别是对于原始人而言，其"意"是浑融的、具体的。这种浑融、具体的意义空间难以被分化的、抽象的符号显示。为了克服言意之间的矛盾，隐喻选择了"意象"。

中国古典美学在解决言意矛盾时采取的就是"立象以尽意"，因为"象"一方面是具体的、感性的，同时又是超越形象的，所谓"大象无形"。"象"是一种隐喻性符号，其中隐含神奇的信息。中国古典美学提倡"立象以尽意"，是因为"象"能传达更丰富的意义。"我们的思想大体上是议论的、文字的、线性的。意象所含的真实比文字要来得多。"② 借助意象来表达固然可以传达出比普通语言文字多得多的意义，但是，这种意义的扩充不是机械的、空间性的拓展，而是时间性的生成，它永不为自己设定疆域，它永远在上升的路上。所以"立象以尽意"是"不尽之尽"。中国古典美学中的"象外之象"是一个开放的过程。宗教和艺术领域，"拥有神秘体验的人会知道，所有对此体验的象征性表达方式都是错的。象征符号不能解释体验，它们只能提示这个体验"。③

----

① 〔美〕约瑟夫·坎贝尔、比尔·莫耶斯：《神话的力量——在诸神与英雄的世界中发现自我》，朱侃如译，浙江人民出版社，2013，第83页。

② 〔美〕约瑟夫·坎贝尔、比尔·莫耶斯：《神话的力量——在诸神与英雄的世界中发现自我》，朱侃如译，浙江人民出版社，2013，第84页。

③ 〔美〕约瑟夫·坎贝尔、比尔·莫耶斯：《神话的力量——在诸神与英雄的世界中发现自我》，朱侃如译，浙江人民出版社，2013，第83页。

隐喻语言既是形象的，又隐含着秘密，指向其形象之外。借此，诗歌便能传递"象外之象""言外之意"，能传递"神韵"。这种对具体表达形式的超越就是隐喻。真正富有意味的意象是隐喻性的，它不断开启世界的秘密，艺术家的工作就是揭示神秘的面纱，找到向超越者透明化的途径，但同时绝不会像普通认识活动或实践活动那样将意义固化、简单化。

> 问一位艺术家他作品的含义，这种情况是不允许再次发生的。重要的意象带给人们的领悟超越任何语言文字，也非任何语言文字所能诠释。如果它们没有向你言说，那是因为你所积蓄的力量还不足以去理解它们，而语言文字所能做的只是使你认识你已经理解了，这样一来，你理解的通道就完全被切断了。[①]

艺术不同于科学，它不是借概念的推演，而是在形象中揭示世界。但诗人艺术家的形象不是图像，不是对自然的模仿，而是要揭示世界的秘密，展示事物的神韵。正如海德格尔所言：

> 诗人之为诗人，并不是要描写天空和大地的单纯显现。诗人在天空景象中召唤那个东西，后者在自行揭露中恰恰让自行遮蔽着的东西显现出来，而且是让它作为自行遮蔽着的东西显现出来。在这种熟悉的现象中，诗人召唤那种疏异的东西——不可见者为了保持其不可知而归于这种疏异的东西。
>
> 惟当诗人采取尺度之际，他才作诗。盖由于诗人如此这般道说着天空之景象，即：诗人顺应作为疏异者的天空之现象，也就是不可知的神"归于"其中的那个疏异者。我们所常见的

---

① 〔美〕约瑟夫·坎贝尔：《指引生命的神话》，张洪友等译，浙江人民出版社，2013，第94页。

　　表示某物质景象和外观的名称是"形象"（Bill）。"形象"的本质乃是：让人看某物。相反，映象和模象已然是真正的形象的变种。真正的形象作为景象让人看不可见者，并因而使不可见者进入某个它所疏异的东西之中而构形。[1]

这种可见的形象中启示或暗示的不可见者的闪现，随起随灭，它突兀地将世界展现在人们面前，同时又立即消失在幽暗的掩盖中，但就是这惊鸿一瞥，它已然将人带到存在的近旁。

　　隐喻语言、意象是让人看不可见者，它具备"谜"一般的特点，具有不透明性，它弱化或者延迟了符号的指称性，让人们的注意力返回到符号，从而增强了符号自身的价值，从某种意义上讲隐喻语言是自足的语言。托多罗夫认为，与"透明的话语"相对，"存在着不透明的话语，它被'图形'和'形象'严密地掩盖着以至让人看不到它背后的任何东西；这是并不指称现实的自足语言"。[2] 艺术领域重要的不是思想、理念、感情，而是可感的形式。"一种感情在找到他的表现形式——颜色、声音、形状，或某种兼而有之之物——之前，是并不存在的，或是不可感知，也是没有生气的。"[3] 针对浪漫主义的直抒胸臆，象征主义提倡将抽象的情思化为有形的物象，为情感寻找客观对应物。

　　当然，隐喻并非不指称，而是以其特殊的方式指称，即不以概念而是以意象、图式来指称，是一种模糊而丰富的指称。隐喻的"意义"（意味）不是普遍性"语义"的，隐喻的意义是图景性、图像性的。正因如此，隐喻天然具有审美属性，隐喻的功能就是一

---

① 〔德〕海德格尔：《演讲与论文集》，孙周兴译，生活·读书·新知三联书店，2005，第210页。
② 转引自〔法〕保罗·利科《活的隐喻》，汪堂家译，上海译文出版社，2004，第201页。
③ 〔英〕叶芝：《诗歌的象征主义》，伍蠡甫主编《现代西方文论选》，上海译文出版社，1983，第55页。

种美学功能。隐喻就是一种不透明的话语，它的目的并不在于认识对象，隐喻也不是语义学的词义偏离，它旨在制造意象——审美意象——进而暗示一个整全的世界。冯·施莱格尔（1772～1829）将隐喻、象征视为诗学的核心，诗歌的目的在于恢复语言原处的图像性，隐喻充当重建感觉原有的视像的功能。隐喻构成了诗歌语言的本质，"诗歌语言的本质特点不是意义与声音的融合，而是意义与被唤起的一系列意象的融合。正是这种融合构成了真正的'意义的图像性'。……诗歌语言乃是维特根斯坦所说的语言游戏，在这种游戏中，语词的目的是唤起和激发各种意象。不仅意义与声音通过图像在相互关联中发挥作用，而且意义本身通过这种发展成意象的能力而成为图像性的东西"。①

一些理论家也充分利用隐喻的特性增强其理论的丰富内涵。如本雅明"一股脑地展示现实"（阿多诺对本雅明的评语），捕捉历史画面上最细微最不起眼的现实现象。"这种偏爱不是心血来潮的怪想，而是直接出自对他产生过决定性影响的世界唯一观，出自歌德对一种原始现象的实际存在的信念，即在表象世界中发现的一个具体事物，其'意义'（这个最歌德式的词在本雅明的著作中反复出现）和表象，词与物，理念与经验都会重合，对象越小，就越有可能在它身上以最集中的方式包含了其他万物。因此他极其兴奋地看到，两颗麦粒能够包容了整个犹太教舍玛，犹太教的精髓、最细微的精髓出现在最细小的东西上。换言之，本雅明最着迷的从来不是一种理念，而总是一种现象。"② 隐喻建立了一种联系，这种联系是感官能够直接感受到的，不需要解释、分析。本雅明关注的是直接展现的现象，是隐现出"意义"的事实，本雅明的思想用"隐喻陈述"代替抽象的、普遍性的、确定的结论，丰富了话语的思想空间。

---

① 〔法〕保罗·利科：《活的隐喻》，汪堂家译，上海译文出版社，2004，第289页。
② 刘北成：《本雅明思想肖像》，上海人民出版社，1998，第229页。

第五章

变形神话·神话变形

艺术活动不同于客观的认识活动，认识活动要遵从对象的规定性，艺术则创造性地改变一切。雪莱指出："诗使它触及的一切变形。"[①] 艺术参与现实的方式便是"变形"。

"变形"（metamorphosis）意为形态的变化。宽泛地讲，变形是一切事物演化的通则，化蛹成蝶，水蒸腾为气。但是，自然界的这些演化尚不能称为真正的"变形"，只有人类才有变形的能力，借助变形能力，人类才能超出其他生物。

人类的变形能力在艺术中得到突出的运用。中国凄美的"梁祝"故事借助化蝶慰藉了为爱所苦的灵魂，蒲松龄笔下的《促织》借变形展现了人世的悲苦。艺术中的变形不是以因果性和普遍规律为前提的演变，而是以想象力为依据的创生性的变形。在艺术活动中，变形指一种表现手法，通过夸张、黏合、幻化等方式在处理事物，引发事物脱离其常态，发生变形。即便是自然主义的艺术作品也会自觉或不自觉地对事物进行变形处理。日本学者岩井宽指出，"变形指的是主体失去了原有的存在状态。它不是存在状态的消亡，也不是存在容积的缩小，而是存在状态的质的变化。从正常范围

---

① 〔英〕雪莱:《为诗辩护》，载伍蠡甫、胡经之主编《西方文艺理论名著选编》（中册），北京大学出版社，1986，第 79 页。

看，它是难以理解的变态存在样式"。①

艺术变形的根源在神话。

第一节　变形神话

变形是神话和民间故事的基本主题。美国民俗学家汤普森在《世界民间故事分类学》中将"变形"定义为："一个人、一个动物或物体改变了自身的形状并以另一种新的形状出现，我们称之为变形。"②

神话世界就其本质而言是变形。在理性尚未发达的早期人类心目中，万物尚未获得固定的属性，事物可以自由地变换性状和功能。正如儿童的世界是变形的、幻化的世界。在儿童的眼中事物之间的区分尚未形成，事物之间的壁垒还没有建构起来。更重要的是，儿童能真诚地感受这种变形。

　　两把芭蕉扇做的脚踏车，麻雀牌堆成的火车，汽车，你何等认真的看待，挺直了嗓子叫"汪——""咕咕咕……"来代替汽笛。宝姊姊讲故事给你听，说到"月亮姊姊挂下一只篮来，宝姊姊坐在篮里吊了上去，瞻瞻在下面看"的时候，你何等激昂地同她争，说"瞻瞻要上去，宝姊姊在下面看！"甚至哭到漫姑面前去求审判。我每次剃了头，你真心地疑我变了和尚，好几时不要我抱。最是今年夏天，你坐在我膝上发现了我

---

① 〔日〕岩井宽：《境界线的美学——从异常到正常的记号》，倪洪泉译，湖北人民出版社，1988，第27～28页。

② 〔美〕斯蒂·汤普森：《世界民间故事分类学》，郑海等译，上海文艺出版社，1991，第10页。

腋下的长毛，当作黄鼠狼的时候，你何等伤心，你立刻从我身上爬下去，起初眼瞪瞪地对我端相，继而大失所望地号哭，看看，哭哭，如同对被判定了死罪的亲友一样。（丰子恺《给我的孩子们》）

丰子恺作品插图

变形神话即讲述神祇、人、动植物以及无生命的事物发生形体变化的神话。神话世界处处都是变形，变形是神话的基本主题，变形神话构成神话的基本类型。

变形神话首先是记述神祇的变形。神话中的神之为神，乃因为其神通广大，而神通广大的表现之一就是其能幻化变形，主神宙斯常常变化自身的形态，如中国小说《西游记》中的孙悟空。

希腊神话中，阿波罗看到小爱神丘比特正拿着弓箭玩，便不客气地警告丘比特说："喂！弓箭是很危险的东西，小孩子不要随便拿来玩。"丘比特有两支箭，一支金箭，一支铅箭，被金箭射中的人，心中会立刻燃起恋爱的热情。被铅箭射中的人，则会十分厌恶爱情。丘比特为了报复阿波罗的歧视，就向阿波罗射出了点燃爱情之火的金箭，阿波罗心中立刻对爱情有了强烈的渴望。这时候，河神女儿达芙妮（Daphne）从旁边经过，丘比特将铅箭射向达芙妮，达芙妮立刻变得十分厌恶爱情。被爱情之箭射中的阿波罗深深地爱上了达芙妮，对她表示爱慕。达芙妮厌恶地说道："走开！我讨厌爱情！离我远一点儿！"说着便逃进山谷。阿波罗穷追不舍，并拿出竖琴，弹出优美的曲子。达芙妮听到了这优美的琴声，被琴声迷住了，不由自主地循声而来。躲在石头后面弹琴的阿波罗立刻跳出来，要拥抱达芙妮。达芙妮见状拔腿就跑，阿波罗则在后面苦苦追赶，眼看阿波罗就要追上了，达芙妮急得大叫："救命啊！"河神听见了达芙妮的求救声，立刻用神力把她变成一棵月桂树，达芙妮的秀发变成了树叶，手腕变成了树枝，两条腿变成了树干，两只脚和脚趾变成了树根。意大利的雕刻家乔凡尼·洛伦佐·贝尼尼（Giovanni Lorenzo Bernini，1598－1680）的雕塑《阿波罗和达芙妮》展示了达芙妮变形的瞬间。

《阿波罗和达芙妮》

神话变形是隐喻性的，具有多种文化意义。以达芙妮化为月桂树为例，维柯认为阿波罗的追求是神的行动，他是个文明之神，试图教导和感染达芙妮，而达芙妮的逃跑是动物行为，因为她代表了原始时期在荒原中流浪的妇女。而她变成树的寓意则是人类因为神的训导开始了定居和财产的需求，并誓死保卫自己的领地。而这种私人的领地也成为家族父主们的埋葬场所，这种埋葬死者的行为一方面是为了安慰自己家族的灵魂，另一方面也是为了证明自己对土地的所有权。维柯认识到，宗教、婚礼与葬礼是所有异教民族都必然遵循的三种习俗，这三种习俗是人类三个头等重要的原则，正是在这三种基本原则的基础上人类开始建立了自己的社会文化和典章制度。

变形神话的另一形式是人与物之间的互换变形。

我们先看由动物变成人形。北美印第安苏族人认为动物与人之间可以变形转换。在他们的神话中记录了大量此类变形故事。"很久很久以前，世界上没有一点光明，太阳和月亮被一位住在山顶的老人藏在家里，乌鸦听到人们的抱怨，就想为这个世界做件好事。于是乌鸦趁老人的女儿喝水之际，变成一片细小的松针进入姑娘的肚子，幻化成了人形。十个月后，姑娘生出了一个白胖的男孩。一天晚上，老人和女儿都睡着了，男孩带着月亮和太阳从烟囱爬了出来，老人发现后，紧追不舍，孩子一路狂奔，跟头连连，最后把太阳、月亮抛上天空，现出原形飞走了。"[1] "年轻女子的爱犬变成人形，同女子交合，后来女子生下了五只小狗，经过一番周折，五只小狗都变成了人，他们长大后因为带着神灵的力量和狗的素质，成为部落中很好的武士。"[2]

与动物变成人形相反，人也可变成动物。古罗马诗人奥维德在《变形记》中记载了大量的人变形为动物的神话故事。黑格尔透过

---

[1] 高小刚:《图腾之下——北美印第安文化漫记》，生活·读书·新知三联书店，1997，第120～122页。

[2] 高小刚:《图腾之下——北美印第安文化漫记》，生活·读书·新知三联书店，1997，第123～124页。

这些故事发现其中隐含的价值判断——贬低动物性的东西，与对动物的崇拜相反。"从精神的伦理方面来看，变形对自然是抱否定态度的，他们把动物和其他无机物看成由人沦落而成的形象。"① 因在价值的阶梯上动物低于人，人变成动物一般都是被动的，是惩戒性的。如安徒生童话《野天鹅》中 11 位王子被恶毒的继母实施魔法变成了野天鹅。

不过在早期神话中人变成动物或者植物，并非都是被动的。中国神话典籍《山海经》中有大量这类的变形故事，如夸父逐日、精卫填海等。"夸父与日逐走，入日。渴，欲得饮，饮于河渭；河渭不足，北饮大泽，未至，道渴而死。弃其杖，化为邓林。"（《海外北经》）《列子·汤问》亦载：夸父追逐日影，追到隅谷，口渴难耐，将黄河渭水的水都喝完了还不解渴，将奔向北方大泽取水。未至，半道上干渴而死。弃其手中的武器，被尸体的肉和油浸渍过的地方长出一大片桃林。这种变形给人的不是悲惨的印象，而是悲壮的感觉，他是为追逐自己的梦想而死。

与后世作为惩罚手段或异化结果的变形不同，神话中的人与动物之间的变形往往是基于生命一体化的关联，基于世界万物之间的统一性。在原始神话中，人的主体性意识尚未独立，人与自然万物融为一体，事物之间尚未因其特殊的规定性而分隔开来，事物之间可随意转化、变形。在空间和时间上，万物生命休戚相关，构成不能打破的统一性，这就是神话的基本原理。卡西尔描述神话的世界说："对神话和宗教的感觉而言，自然变成了一个伟大的社会，一个生命的社会，在这个社会中，人还未被赋予一种突出的地位。人和动物，动物和植物，都是在同一个平面上的。"②

---

① 〔德〕黑格尔：《美学》（第 2 卷），朱光潜译，商务印书馆，1979，第 183 页。
② 〔德〕恩斯特·卡西尔：《神话思维》，黄龙保、周振选译，中国社会科学出版社，1992，第 202 页。

神话思维使那些在现代人看来彼此不相干的事物结合起来，融汇成一个无差异形态。在神话世界中万物互联互通，转化变形成为常态。卡西尔指出神话的真正基质不是思维而是情感，神话是情感的产物。原始人的情感趋向使得他的所有创造活动都染上了情感的色彩，他们信仰"有一种基本的不可磨灭的生命一体化（solidarity of life）沟通了多种多样形形色色的个别生命形式"。①

神话世界混沌初开，万物尚未固化定型，宇宙肇始，品物流形。

原始先民信仰万物有灵，在他们看来，不仅人有灵魂，日、月、山、河、树、木、花、鸟等无不具有生命和灵魂。而且，基于灵魂和生命的一体化，万物是彼此相通、相互转化的。泰勒认为灵魂能够进入另一个人的肉体或动物体内支配它们，甚至能进入在我们看来是无生命的物体内，影响它们。原始人相信人死后可以变成种种自然物。在万物互联的神话世界，任何事物之间都可以转换、变形，包括人与神（鬼）、人与动物、人与非生命物质、某物与另一物之间，诸如此类。《大荒西经》记载："有鱼偏枯，名曰鱼妇。颛顼死即复苏。风道北来，天及大水泉，蛇乃化为鱼，是为鱼妇。颛顼死即复苏。"蛇、鱼、人相互转化、相互组合，而且能死而复苏。

变形神话就变形的方式而言有化生性变形，有组合性变形。化生变形神话是比较原始的神话，它以"生命一体化"为基础。中国神话中的女娲溺亡化为精卫鸟、夸父弃其杖化为桃林等便属于化生性变形。

化生性变形有一种特殊主题——宇宙化生。"在许多宇宙起源说中，居于主导地位的为：世界即宇宙人体；这样一来，宇宙的各个局部则与人体各个部位相应，堪称宏观宇宙与微观宇宙两者同一的显示。"② 北欧神话中，主神奥丁杀死巨灵伊米尔，用伊米尔的尸

---

① 〔德〕恩斯特·卡西尔：《人论》，甘阳译，上海译文出版社，1985，第105页。
② 〔俄〕叶·莫·梅列金斯基：《神话的诗学》，魏庆征译，商务印书馆，2004，第229页。

体作为创造世界万物的材料，重建天地：以其肉造出大地，以其血造出海洋，以其骨骼造山岳，以其发造树木、花草，以其头颅造天宇，以其脑浆造云朵……阿兹特克人的神话中，诸神将地神之体分解为两部分，一半造天，一半造地，头发成为树木、花草，口、目成为河流、洞穴，两肩和鼻成为山岳和谷地。印度《梨俱吠陀》中记载：原始巨人布路沙的尸体化生为世界：由其头脑，产生月亮；由其眼睛，产生太阳；由其嘴巴，产生雷雨和火；由其呼吸，产生天风。由其肚脐，产生大气；头首为天，双足为地；由其两耳，产生四方，诸神制作，世界以成。中国神话中的盘古龙首蛇身，盘古临近死亡身体化为天地万物："气成风云，声为雷霆，左眼为日，右眼为月，四肢五体为四极五岳，血液为江河，筋脉为地里，肌肉为田土，发髭为星辰，皮毛为草木，齿骨为金石，精髓为珠玉，汗流为雨泽，身之诸虫，因风所感，化为黎甿。"（《绎史》卷一引徐整《五运历年记》）世界是拟人灵体所化，所以世界是神圣的。

组合性变形是变形神话的另一种变形方式。原始人类以感觉和情绪为基础，以想象为动力进行创造，把分离的和异质的事物或要素结合起来，创造出神奇的世界。

组合性变形在作为中华文化象征的龙的形象上体现得较为充分。龙是由多种动物拼合而成的神物。宋代罗愿在《尔雅翼》卷二十八《释鱼》中引用王符的说法，以为龙有"九似"：角似鹿，头似驼，眼似鬼，项似蛇，腹似蜃，麟似鱼，爪似鹰，掌似虎，耳似牛。

组合性变形反映了原始初民万物相连、人神相杂的世界观。从文化人类学的角度讲，早期的人类在"绝地天通"之前，人神混杂。中国远古东夷族流行巫术，人神杂糅，人和神时时沟通。《国语·楚语下》记载，少暤为东夷首领，以玄鸟（凤凰）为图腾。《左传·昭公十七年》云："少暤挚之立也，凤鸟适至，故纪于鸟，为鸟师而鸟名。"其时人神相杂，自由交流。只是到了颛顼的时候，人间与神界的顺畅交流被阻断了，只有巫师才能交接神灵。

中国著名神话学家顾颉刚认为这种人神杂糅大致有三种情况：其一，人与神混杂。"古人对于神和人原没有界限，所谓历史差不多完全是神话。人与神混的，如后土原是地神，却也是共工氏之子。"① 其二，人与兽混杂。"人与兽混的，如夔本是九鼎上的罔两，又是做乐正的官；饕餮本是鼎上图案画中的兽，又是缙云氏的不才子。"② 神话传说中的"禹"原本也是一种动物，流传到后来，成了人王。禹是一条虫，从理性思维的角度看固然可疑，但在神话的世界里，这是真实的。古时称南方民族为"闽"，为"蛮"，保存人与虫混杂的痕迹，而《随巢子》中禹化为熊，《吴越春秋》中禹娶九尾白狐的故事，也可视为人兽混杂的印记。其三，神与兽混杂。鲧化为黄熊即为神兽混杂。

人神混杂体现在神话形象塑造上就是组合神的形象。希腊神话以人为中心，人形的神像占主导地位。中国古代神话典籍《山海经》中记录的神的形象以自然神为主，南方民族的图腾物凤凰是以鸡为外形的神物。《山海经·南山经》："有鸟焉，其状如鸡，五采而文，名曰凤皇。首文曰德，翼文曰义，背文曰礼，膺文曰仁，腹文曰信。是鸟也，饮食自然，自歌自舞，见则天下安宁。"凤有五彩灿烂的外观，它的出现象征着安宁、吉祥。

神的形象以兽形、人兽组合型为主。中国的创世神伏羲、女娲的形象都是人首蛇身。中国上古神话中的凶神相柳也是人面蛇身。"相柳者，九首人面，蛇身而青。"（《山海经·海外北经》）也有人面鸟身的神："北海之渚中，有神，人面鸟身，珥两青蛇，践两赤蛇，名曰禺彊（禺强）。"（《山海经·大荒北经》）

---

① 顾颉刚：《古史辨》（第 1 册），上海古籍出版社，1982，第 100 页。
② 顾颉刚：《古史辨》（第 1 册），上海古籍出版社，1982，第 100 页。

敦煌藏经洞伏羲、女娲绢画

蛇在远古是灵物，《山海经》中记载有巫师"珥蛇""把蛇"的形象。"大荒之中，有山名曰成都载天。有人珥两黄蛇，把两黄蛇，名曰夸父。"（《山海经·大荒北经》）

夸父逐日

借助化生、组合等变形方式，神话创造出一个个光怪陆离的形象。《山海经》中记录了大量的此类形象，"人面的兽，九头的蛇，三脚的鸟，生着翅膀的人，没有头而以两乳当作眼睛的怪物……"（鲁迅《阿长与〈山海经〉》）在古埃及神话中，有丰富的人兽组合形象：战争女神塞赫麦特（Sechmet）长着狮子的头和女人的身躯，死亡之神阿努比斯（Anubis）是长着胡狼头的男子，智慧神托特（Thot）则是长着鹮头的男人。神话世界的诸多形象在现实世界中没有其客观对应形式，只能在想象的世界存在。

神话变形的产物就是各种神话形象。"形象乃是不容许再进一步的变形，它也只在转化完成后，才真正的展示出来。"[①] 后世看到的诸多神话形象只不过是神话时代流动的、绵延的世界的某些固化形态，有如暗流涌动的深渊中飞溅的几朵水花。"在那时期，变形被认为是所有生物共同的天赋，并且持续演化下去。通常那个时候的世界被视为是流变的，不只是人可以使自己变形成任何东西，而且他也有力量可以变化其他东西。在宇宙的流变中，某些形象特别凸显，那些特殊的变态形象被固定成永恒的。人类所执着的形象，乃成为创造生命的传统，一直被传述下来；而那并非任何动物的抽象物，不是袋鼠或鸵鸟，而是袋鼠也是人，或者是人而可以自由地变成一只鸵鸟。"[②]

原始人类为何要创造出怪诞的变形神话呢？变形神话的内在动力是什么呢？

希腊神话中的变形大多是策略式的变形，众神基于某种现实需要和策略的考虑，不希望让人看到他们的身影，便通过变形来隐身，也就是说，神之所以变形，是为了迷惑世人。例如在荷马史诗

[①] 〔英〕伊利亚斯·卡内提：《群众与权力》，黄汉青、陈卫平译，博学出版社，1982，第469页。

[②] 〔英〕伊利亚斯·卡内提：《群众与权力》，黄汉青、陈卫平译，博学出版社，1982，第470页。

中叙述特洛伊之战，诸神分别支持他们所属的战队，不过他们并非以自身的形象出现，而是幻化变形为动物和人。宙斯亲近阿喀琉斯，当阿喀琉斯受到委屈时，宙斯托梦给阿伽门农传递错误的信息，梦则幻化为阿伽门农最器重的顾问奈柳斯的儿子奈斯特的模样前去游说。而宙斯的弟弟海神波塞冬支持阿果斯人，他一会儿变成秃鹫，一会儿变成人形，到阿果斯人中间去给他们打气，出谋划策。特洛伊战争双方的交战处处有神的影子，从某种意义上是诸神之间的较量、争斗，诸神以变换形象的方式参与到战争中去。

特洛伊战争结束之后，奥德修斯返乡的途中充满艰辛，若不是智慧之神雅典娜的一路关照，奥德修斯早已葬身大海，而雅典娜帮助奥德修斯也是借助变形幻化。当奥德修斯回到陌生的故乡伊萨卡时，雅典娜再次出现，她先是变形为一个青年牧人，又变形为一个修长、美丽、典雅的女子。此时，已判明真相的奥德修斯佯装不知眼前的一切（回到了故乡，眼前的雅典娜），雅典娜终于揭开伪装，说"因此我的执拗的朋友，大骗子，心里总是在想阴谋诡计，甚至在他自己的故乡……我们两个都善于诈骗。在人世中，没有人能比得上你的深谋诡辩，而我的聪明才智是超乎众神之上的"。① 智慧女神的智慧似乎就体现在善于伪装变形，所以，奥德修斯对雅典娜说道，"女神，一个人无论多么有见识，很难一眼就认得你，因为你总是以各种形象出现"。② 为了帮助奥德修斯惩治趁他外出而骗吃骗喝的众多求婚者，雅典娜决定将奥德修斯的形貌加以改变："我要改变你的形貌，使得人们不认得你。我将枯萎你那柔软肢体的滑润皮肤，去掉你头上的棕发；我将给你一身褴褛衣服，使人望而生厌；我将使你那双美好的眼睛黯然无光：所有这些都是为了要使

---

① 〔古希腊〕荷马：《奥德赛》，曹鸿昭译，吉林出版集团有限责任公司，2010，第182页。
② 〔古希腊〕荷马：《奥德赛》，曹鸿昭译，吉林出版集团有限责任公司，2010，第183页。

那班求婚者，甚至你留在家里的妻和子，把你当作一个肮脏的流浪汉。"①

神不同于人的地方在于他具有超凡的能力，神像一个魔术师，能按照自己的意图在不同的场合显示不同的形象。宙斯把美丽的少女伊俄变形为雪白的母牛，以逃脱善妒的妻子赫拉的伤害。宙斯到人间视察，人们不愿意接待他，唯有一对贫寒的老夫妇费雷蒙和鲍西斯收留了宙斯和他的儿子。于是，宙斯将老夫妇的破屋变为金灿灿的神庙，把冷酷心肠的人们的居住之地变成了大海。宙斯还满足老夫妇两人的愿望，在他们死后，把丈夫变成了橡树，把妻子变成了菩提树。神这位魔术师能按照某种意图显示出不同的形象来。

在变形神话中有一类变形是与逃逸相关联的。在神话和民间故事中有大量为了逃避追捕或追杀而发生的变形。奥维德的《变形记》中记载：雅典公主普洛克涅（Procne）与色雷斯国王忒瑞俄斯（Tereus）结婚 5 年，因为想念妹妹菲洛墨拉（Philomela），她请求丈夫将她妹妹从雅典带到色雷斯。忒瑞俄斯看见菲洛墨拉之后垂涎于她的美色，将她软禁在密林深处，谎称普洛克涅已死，诱奸了菲洛墨拉并要求她不要声张。菲洛墨拉知道真相后发誓要将忒瑞俄斯的丑行公之于众，恼怒的忒瑞俄斯残忍地割掉了菲洛墨拉的舌头，并将她遗弃。无法说话的菲洛墨拉在雪白的麻纱布上织出了紫铜色的字样，将自己的悲惨遭遇描绘出来，以手势哀求仆人将其送给王后普洛克涅。普洛克涅摊开麻布，知道了丈夫的龌龊与残暴，决意报复。她杀了儿子，用其尸体做成大餐让丈夫忒瑞俄斯吃下。忒瑞俄斯意识到二人的报复诡计之后，抄起武器便要追杀姐妹二人。眼看这对姐妹就要被追上，绝望之际她们向诸神祈祷让自己变形以逃脱忒瑞俄斯的追杀。诸神将普洛克涅变成燕子，菲洛墨拉变成夜

---

① 〔古希腊〕荷马：《奥德赛》，曹鸿昭译，吉林出版集团有限责任公司，2010，第 185 页。

莺，使她们逃脱了忒瑞俄斯的魔掌。

英国作家伊利亚斯·卡内提指出，"为了逃逸而转化（变形），亦即为了逃避敌人而转化，是一种非常普遍的事，世界各地的神话和神怪故事，都可以找到这方面的例子"。[①] 卡内提将逃跑变形分为两类：直线型和循环型。所谓"直线型"是指一物追逐另一物，两者距离缩小，就在猎物要被逮住的一刹那，它发生变形成为另一种东西逃脱了。于是追逐会继续下去，或者更准确地说会重新开始。《西游记》中二郎神与孙悟空斗法，两者均通过变换法逃避对方的追捕。直线型变形的例子，卡内提列举了澳大利亚罗利亚族（Loritja）的神话：图腾祖先特库梯塔士（Tukutitas）以人的形象从地下冒出，悠游地生活，有一天，遭到一只巨型恶犬的追杀，他们拼命奔跑，唯恐速度不够快。为了弥补速度上的不足，他们分别变形为其他各种生物——袋鼠、鸸鹋、山鹰等。不过他们当中的每一位只能变成某一种动物，并且只要还在逃亡中，就要保持这种形象。

《奥德赛》记载：睿智的"海洋老人"普罗透斯是海豹的主人，每天他会和他的海豹们到沙滩上来一次。海豹先到，然后是普罗透斯。他仔细清点他的海豹群，然后躺在它们当中睡觉。特洛伊战争结束之后，斯巴达王墨涅拉俄斯返回故乡途中遇逆风，漂泊到普罗透斯居住地附近，在此被困数年，墨涅拉俄斯和他的同伴们仍然寸步难行，他非常绝望。普罗透斯的女儿埃多泰娅（Eidothea）同情墨涅拉俄斯一行，给墨涅拉俄斯出主意，指导他如何做才能捉住她的父亲——那个能占卜未来的人，并迫使他说出答案。她给墨涅拉俄斯和他的两个同伴提供海豹皮，并在沙滩上掘洞让他们三人钻进去，然后盖上海豹皮。三人忍着恶臭，耐心地等候，当海豹群

---

① 〔英〕伊利亚斯·卡内提：《群众与权力》，黄汉青、陈卫平译，博学出版社，1982，第430页。

爬上沙滩，他们便混迹于海豹群中。这时，普罗透斯从海里冒出，清点他的海豹，然后安心地躺在它们当中睡觉。墨涅拉俄斯和他的两个同伴趁机将睡梦中的海洋老人捉住，死死不放。普罗透斯使出浑身解数试图挣脱他们，他不断变形，先变成一头长毛林立的狮子，然后变成一条蛇，但他们还是牢牢地控制住了他。他又变成一头豹子，然后又变成一头公猪，但他们还是紧紧地抓住他不放。他又变成水，变成一棵枝繁叶茂的大树，他们还是不松手。在经历种种变形都无法挣脱束缚之后，普罗透斯终于缴械投降，恢复了自己原来的形象，回答了墨涅拉俄斯的问题。卡内提认为这是典型的循环型变形，每一次变形都在同一点上发生，并且每一次变形都是变成另一种形态，力图从另一个方面去突破，但最终又都徒劳无功。

这类逃逸变形隐含着人们试图突破自身限制的期待。从更广泛的立场上讲，神话变形更深沉的情感动因在于对生命有限性的突破。

> 又北二百里，曰发鸠之山，其上多柘木。有鸟焉，其状如乌。文首、白喙、赤足，名曰精卫，其鸣自詨。是炎帝之少女，名曰女娃，女娃游于东海，溺而不返，故为精卫。常衔西山之木石，以堙于东海。漳水出焉，东流注于河。（《山海经·北山经》）

我们略去其中的地理叙述——"又北二百里，曰发鸠之山，其上多柘木"和"漳水出焉，东流注于河"，这是一个经典的神话。关于这则神话的意义，后世多从主题思想的角度加以理解，人们大多关注的是精卫"填海"这一征服自然的举动，陶渊明的《读〈山海经〉》（其十）"精卫衔微木，将以填沧海。刑天舞干戚，猛志固常在"将精卫和刑天并置，突出其意志力。茅盾在《中国神话研究ABC》一书中认为，精卫与刑天是属于同型的神话，都是描写象征百折不回的毅力和意志的，都是属于道德意识的神话。袁珂先生也认为，精卫填海表现了遭受自然灾害的原始人类征服自然的渴望，以及其身上体现的坚定意志。从人们的理智上看来，填海工作当然是徒劳的，但从感情上看来，沧海固然浩大，然而小鸟坚韧不拔地想要填平沧海的气概却比沧海还要浩大，此其所以为悲壮，为值得赞美。有的则进一步挖掘其中的历史印记和文化象征意味，段玉明认为"精卫"即太阳鸟"金乌"，精卫填海实际上是一个关于太阳沉没的神话，其背后铭记的是商代覆灭的历史，并欲借此激发一种复国情绪。

如果我们尽力还原原始先民的神话世界，这则神话蕴含着初民的灵魂观和超越死亡的意愿。

原始人认为万物有灵，灵魂是不死的。灵魂不灭的观念的产生基于两类现象。其一，当灵魂抛弃肉体，肉体便失去了生命力，就会产生疾病、死亡等；另外，原始人在睡梦等现象中发现灵魂可以暂时离开肉体而独立活动。在柏拉图的灵魂观中还遗留着初民的灵魂思想："灵魂在取得人的形式之前，就早已离开人的身体而存在了，并且还是具有知识的。"[1] 灵魂在尚未堕入肉体之前，就已存在。"一个人未形成前大约就诞生了灵魂。这灵魂在天地间沉浮漫游，选择它所喜欢的女人作为自己萌芽的温床。"[2] 直至当代，依然有理论家认为死亡只是身体的消失，而灵魂不会消失，灵魂作为构成万物（包括人类）的基本粒子或能量，在人体消亡后会以另一种方式（如量子信息的方式）存活在世界上。"宇宙确实有超越的能量渊源……这个能量是生成万物的能量。神秘主义崇拜的就是这个

---

① 北京大学哲学系外国哲学史教研室编译《古希腊罗马哲学》，商务印书馆，1982，第220页。

② 迟子建：《迟子建文集》（第四卷），江苏文艺出版社，1997，第341页。

能量。"① 在原始初民那里，这个能量是弥漫宇宙的不朽的灵魂，正如庄子笔下的"气"，"通天下一气"，万物都是气的不同形态的呈现形式，人的生死也只是气两种形态，"人之生，气之聚也；聚则为生，散则为死"。奥维德在《变形记》中表达了宇宙间的"常"与"变"，灵魂是常在（时间上永恒而空间上遍在），只是变换了居所："所有的事物都在变化/但没有消亡。灵魂来来去去/居住于它想居住的地方，变换着居所，/从兽到人，从人到兽，但它/总是存在着。就好像融化的蜡/被新的印章盖上，尽管蜡的形状变化了，/不再是以前的形状，但是/它仍然是蜡，所以我说灵魂/始终不变，/尽管身体外形一直在变。"

灵魂可以依附于肉体而存在，也可以脱离肉体而存在。在原始人的世界里，人的肉体可以死亡，而灵魂生生不灭，并猜想：在可见世界之外，还有另一个世界——鬼魂。神话思考世界最早都与死亡和坟墓有关。

中国有"女尸化草"的神话。

> 又东二百里，曰姑媱之山，帝女死焉，其名曰女尸，化为䔄草，其叶胥成，其华黄，其实如菟丘，服之媚于人。（《山海经·中山经》）

这个故事讲的是华夏始祖炎帝女儿的神话。《帝王世纪》记载，远古时代有一个国王，名字叫少典，他的妃子叫女登，女登到华阳游玩时，在一条神龙的感应之下怀孕，生下一个孩子，这就是炎帝。炎帝牛头人身，是火师、火神（太阳神）。他发明了农业，被尊为神农。他还尝百草发现各种草药，是中国的药神。炎帝有个女儿，

---

① 〔美〕约瑟夫·坎贝尔、比尔·莫耶斯：《神话的力量——在诸神与英雄的世界中发现自我》，朱侃如译，浙江人民出版社，2013，第170~171页。

名叫女尸，正值貌美青春，尚未出嫁便死去了，死后变成一种美丽的蓄草，它的叶子层层相叠，它的花黄得晃眼，它的果实像菟丝子。这种草有神奇的魔力，谁吃了它就能让别人爱上自己，就如同丘比特的金箭。这是山鬼、巫山神女的原型。

在早期神话中，女尸化草隐含的是生命与死亡的纠葛。古人从春草年年绿、桃花年年开等自然现象中感受到循环的时间和生命的轮回和永恒，故女尸化草正是神话世界中生命不死的印记。《抱朴子·仙药》云："芝赤饵之一年，老者还少。"即表明蓄草（灵芝、芝赤）具有起死回生、延年益寿的功能。不论是女尸变形为蓄草，还是女娃变化为精卫鸟，都以美好的形态延续生命，对抗死亡。"在某种意义上，整个神话可以被解释为就是对死亡现象的坚定而顽强的否定。"[1] 而变形是超越有限生命的表现。《述异记》记载："昔炎帝女溺死东海中，化为精卫，偶海燕而生子，生雌状如精卫，生雄状如海燕。"女娃变形为精卫，精卫又生育后代，生生不息。

原始初民相信生命是可无限延续的，永恒的观念在原始人看来是很自然的事情。而"死亡"的观念是在后来才不得不接受的。在原始初民那里，借助共有的灵，一物可以转换成另一物，这就是变形神话的内在机制。"它（灵魂）能够离开肉体并从一个地方迅速地转移到另一个地方……它能够进入另一个人的肉体中去，能够进入动物体内甚至物体内，支配它们，影响它们。"[2] 卡西尔认为，"神话教导人们死亡并非生命的结束，它仅意味生命形式的改变，存在的一种形式变成了另一种形式，如此而已，生命与死亡之间，并无明确而严格的区分，两者的分界线暧昧而含糊，生与死两个词

---

① 〔德〕恩斯特·卡西尔：《人论》，甘阳译，上海译文出版社，1985，第107页。
② 〔英〕爱德华·泰勒：《原始文化：神话、哲学、宗教、语言、艺术和习俗发展之研究》，连树声译，上海文艺出版社，1992，第416页。

语甚至可以互相替代"。①

在原始人类那里，变形并不是一种手法，而是一种精神性的概念，一种信仰。在原始先民看来，万物是互通互联的生命体，不同的事物可以相互转化，变形成为神话世界万物显现的基本形态。正如恩斯特·卡西尔在比较神话思维与科学思维的区别时所言。

> 当科学思维想要描述和说明实在时，它一定要使用它的一般方法——分类和系统化的方法。生命被划分为各个独立的领域，它们彼此是清楚地相区别的。在植物、动物、人的领域之间的界限，在种、科、属之间的区别，都是十分重要不能消除的。但是原始人却对这一切都置之不顾。他们的生命观是综合的，不是分析的。生命没有被划分为类和亚类；它被看成是一个不中断的连续整体，容不得任何泾渭分明的区别。各不同领域间的界限并不是不可逾越的栅栏，而是流动不定的。在不同的生命领域之间绝没有特别的差异。没有什么东西具有一种限定不变的静止形态：由于一种突如其来的变形，一切事物都可以转化为一切事物。如果神话世界有什么典型特点和突出特性的话，如果它有什么支配它的法则的话，那就是这种变形的法则。②

变形也是神话对后世特别是艺术家产生吸引力的地方。神话的本质是变形，神话的魅力也在于其变形。诺贝尔文学奖得主伊利亚斯·卡内提一生从未终止过对神话的阅读，直到晚年他自问：究竟是什么让你对神话如此着迷？答案是"变形"。卡内提甚至将变形视为人的本质。"人是变形的动物，因为具备变形的本领，才变成

---

① 〔德〕恩斯特·卡西尔：《国家的神话》，范进等译，作家出版社，1991，第10页。
② 〔德〕恩斯特·卡西尔：《人论》，甘阳译，上海译文出版社，1985，第104页。

了人。"① 原始人类将这种变形的本领发挥到了无以复加的地步。神话变形对后世产生重大影响，变形作为一种手法或技艺在后世的艺术生产领域得到了集中体现。变形是艺术生产的基本规律，变形就是指作品中出现的艺术形象改变了对象原形的自然形态。所以，广义的变形是指艺术生产过程中对事物的形态加以改变的一种艺术手法。鲁枢元认为，"所谓变形，即文学艺术家在创作过程中对客观事物或社会现象的固有形态作出有意或无意的改变"。②

神话变形不单单是一种技法，它同时是一种世界观，变形意味着生命形态的诸多可能性。变形也意味着生命的完善。神话变形与现代艺术中技术手法的变形的区别在于，它不单是由一种形态转化为另一种形态，它首先是神明或神性的显现。其变形的动力不是人的虚构、想象，而是宇宙深处的奥秘。

随着机械时代的来临，社会角色的固化，人的变形能力渐渐流失。在现代分工以及"专业化"（Spezialistentum）的规制下，生命的空间变得越来越逼仄。卡内提曾哀叹，现代社会人类原有的"变形"能力逐渐消亡。我们看到的也许只是被动的、异化的变形，如卡夫卡《变形记》中的格里高尔变为甲虫。变形演化为一种负面的形象。面对强大的客体化世界和固化的生命形态，卡内提寄希望于艺术家，他把作家封为"变形的守护者"。

借助变形，人可以充分展示自己的诸多可能性，实现生命的升腾。默里·斯坦因在《变形：自性的显现》中对变形解释道：变形是对自我的一种完善，每次变化都朝向那个最理想的目标，都是一种进步，虽然每一次都存在欠缺。"变形中的人并不必然是引起我们的羡慕和唤起仿效的理想的人。他们是处在变形过程中的，因而

---

① 转引自 Sven Hanuschek：*Elias Canetti. Biographie*. S14。
② 鲁枢元：《创作心理研究》，黄河文艺出版社，1985，第67页。

常常是有欠缺的。他们在变成他们自己，而奇妙的是他们也在变成他们还不是的东西。"①

第二节　神话变形

从形态学的角度上看，"变形"作为形态的变化，涉及初始形态—中间形态—终止形态等过程，原初形态和变形是形态学的两极。

歌德在《植物变形记》一文中探讨了一年生开花植物各部分以最初级的器官子叶（kotyledonen）为发端，经过不断的变形而呈现各种不同的形态，生长、开花、结果，这就是植物的变形。他推测，形态各异的植物均源自一个共有的形态（gestalt），即"原初植物"。"变形"（metamorphose）一词也被直接概括为"同源说"，植物的同源即"叶子"（blatt），它是植物变形的基础，植物的生长即"叶子"的变形。在植物中，也许"叶子"还不算"原初"形态，歌德也意识到植物变形中的神性（gottheit），"叶子"也许不过是神性的代言人，神或神性才是"诸原初现象的原初现象"（Urphänomen der Urphänomene），其他各物，无论矿石、植物、动物、人，都不过是那个唯一的神的"反射"。从这个意义上讲，变形的"原始端"已经超越了"形"的范围，变形的原始或变形之源隐含在"神""上帝""道""隐德来希"之中。于是我们看到"变形"远远不是"形变"，它与"神"暗自相通，也可以说，一切"形"只是一种"象征"，它们借助个别的、有限的事物来启示普遍的、无限的本原和神性。

---

① 〔美〕默里・斯坦因：《变形：自性的显现》，喻阳译，中国社会科学出版社，2003，第15页。

歌德力图寻找各类事物的"原初现象"（urphänomen）或"类型"（typus），"叶子"是植物界的"原初现象"，星球、动物、人类以及人类的产物之一艺术品中也有这样的原初现象或原初形态。

艺术的"原初现象"是神话。神话是人类最初的创制，一切文化形式都源于此，而艺术与神话的亲缘性更紧密。

首先，神话原本就是艺术，或者与艺术并生，艺术在根源处与神话密切相连。其次，当艺术从神话母体中独立出来之后，仍然一直从神话中吸取营养，不论是思维方式，还是神话理念、母题，以及题材、形象。在论及希腊神话与西方艺术的关系时，马克思指出，"希腊神话不只是希腊艺术的武库，而且是它的土壤"。① 将此论断运用到更广泛的范围，可以推断，神话是艺术的"土壤"，也是艺术的"武库"。从时间的维度上考察，"土壤"具有发生学的亲近性，因而关系更密切；马克思将"土壤"与"母胎"视为近似的比况，"埃及神话决不能成为希腊艺术的土壤或母胎"。"土壤"（boden）和"母胎"（mutterschoss）均表示有机的联系。"武库"则是相对外在的，表现为后世对神话的运用。随着时代的发展，神话与艺术的关系也处在演变中。

一 艺术的土壤

"神话与人类相伴而生。换句话说，当我们追溯过去，找到关于人类物种起源的零星证据时，种种迹象表明，神话早已塑造着智人的艺术和世界。"② 远古时代的艺术都是关于诸神的，最早的艺术都是娱神的，以人为对象的艺术则是后起的。原始艺术

---

① 《马克思恩格斯全集》（第 2 卷），人民出版社，2012，第 711 页。
② 〔美〕约瑟夫·坎贝尔：《指引生命的神话》，张洪友等译，浙江人民出版社，2013，第 20 页。

（primitive art）具有神秘的实用功能，它不是为了单纯的审美，不同于后世"美的艺术"或"纯艺术"（fine art）。原始艺术始于神话、巫术。

在旧石器时代晚期，人类认识自然改造自然的能力十分有限，人们幻想借助虚构的力量来控制强大的外部势力，巫术开始出现，巫术是原始先民神话思维的表现。

在巫术仪式中伴随着原始歌舞。在原始初民那里，舞蹈是巫术的辅佐手段，能帮助其实现影响外界的巫术功能。泰勒指出，"跳舞对我们新时代的人来说可能是一种轻率的娱乐，但是在文化的童年时期，舞蹈却饱含着热情和庄严的意义，蒙昧人和野蛮人用舞蹈作为自己的愉悦和悲伤，热爱和暴怒的表现，甚至作为魔法和宗教的手段"。[①] 坎贝尔介绍过北美印第安黑足部落的水牛舞，这种舞蹈具有魔力，能让死者重生。

原始先民的世界中，神灵鬼怪密布，人们试图以幻想的方式达成与外部世界的协调一致，便有了巫术。英国人类学家马林诺夫斯基认为："一切巫术简单地说都是'存在'，古已有之的存在；一切人生重要趣意而不为正常的理性努力所控制者，则在一切事物一切过程上，都自开天辟地以来便以巫术为主要的伴随物了。"[②] 在弗雷泽所说的"个体巫术"时代，人人可直接与神沟通；"绝地天通"之后，通神的职能被巫觋专属。巫术则有它自己的"伴随物"，我国宗教学家吕大吉指出"它（巫术）的通常形式是通过一定的仪式表演，利用和操纵某种超人的神秘力量来影响人类生活或自然界的事件，以满足一定的目的。巫术的仪式表演常常采取象征

---

① 〔英〕爱德华·泰勒：《原始文化：神话、哲学、宗教、语言、艺术和习俗发展之研究》，连树声译，上海文艺出版社，1992，第269～270页。

② 〔英〕马林诺夫斯基：《巫术科学宗教与神话》，李安宅编译，上海文艺出版社，1987，第82页。

性的歌舞形式，并使用某种据认为赋有巫术魔力的实物和咒语。"①

汉语中，"巫"与"舞"同源，这也说明早期的舞蹈是巫术的组成部分，巫以歌舞事神。王国维："歌舞之兴，其始于古之巫乎?"（王国维《宋元戏曲史》）《山海经·海内经》载："帝俊生晏龙，晏龙是始为琴瑟。帝俊有子八人，是始为歌舞。"巫舞执行者往往手中秉持某种道具，"葛天氏操牛尾"（《吕氏春秋·古乐》）。1973年青海大通县上孙家寨马家窑文化（新石器晚期，距今约六千年）墓地出土舞蹈纹彩陶盆。盆内三组人，每组五人，每组之间以弧线纹、柳叶纹隔开。手牵手起舞，面向一致，头侧各有一斜道，似为发辫，身后有尾。有尾饰。《山海经·大荒西经》："西海之南，流沙之滨，赤水之后，黑水之前，有大山，名曰昆仑之丘。有神，人面虎身，有文有尾，皆白，处之。其下有弱水之渊环之，其外有炎火之山，投物辄然。有人戴胜，虎齿，有豹尾，穴处，名曰西王母。此山万物尽有。"《说文解字》云："古人或饰系尾，西南夷亦然。"《后汉书·西南夷列传》描述哀牢夷："皆刻画其身，象龙纹，衣着尾。"

原始巫乐是一种综合性的巫术活动，包括口中的念词（巫歌、咒语）、各种原始乐器的共奏齐鸣（巫术法器）和身体的狂热跳动（巫舞），即后代所说的诗、乐、舞三位一体。"神话就是歌本身。神话是一首富含想象力的歌，由身体的能量所激发出来的歌。"② 这种原始舞蹈蕴含着激越的情感，因而富有感染力。在原始舞蹈中已经具有鲜明的审美因素，原始人类已经在舞蹈中发现了那种他们能普遍感受到的最强烈的审美愉悦，譬如强烈的节奏感。德国艺术史家格罗塞（Ernst Grosse，1862 – 1927）注意到了原始舞蹈的审美价

---

① 吕大吉：《宗教学通论新编》，中国社会科学出版社，1998，第293页。
② 〔美〕约瑟夫·坎贝尔、比尔·莫耶斯：《神话的力量——在诸神与英雄的世界中发现自我》，朱侃如译，浙江人民出版社，2013，第39页。

值，他比较了现代舞蹈和原始舞蹈，认为现代舞蹈不过是一种退步了的审美的社会遗存物，"原始舞蹈才是原始的审美感情底最直率、最完美却又最有力的表现"。①

蔡元培 1918 年在《北京大学日刊》第 630～658 号发表了《美术的起原》一文，他将艺术分为动的艺术和静的艺术。舞蹈是动的艺术，绘画和雕塑则是静的艺术。神话艺术在绘画和雕塑中表现得更为直观。远古的绘画大体都具有巫术功能。

英国人类学家弗雷泽将巫术分为两种形式：一种是以"相似律"为基础的"模仿巫术"，这是一种以相似事项为代用品求吉或致灾的手段。例如在植物开花季节，青年男女模仿性交，以此促进植物的开花结果。在初民的心目中，植物再生的戏剧表演同真实的或戏剧性的两性交媾结合在一起，可以促进农作物的丰产。另一种是以"接触律"为基础的"接触巫术"，即通过接触某人的人体一部分或使用过的物体而施加影响。例如中国古代的人影禁忌，踩到某个人的影子就意味着对这个人的践踏。弗雷泽将两种巫术统称为"交感巫术"，因为它们都能通过神秘的感应对物体实施作用。

早期的动物岩画就是先民在狩猎活动中为了顺利捕获猎物而实施的一种巫术。原始人通过刻画动物被围猎或受伤的形象达到对这些动物的控制。这便是模仿巫术，在狩猎前模仿围猎杀死动物，便可在接下来的实际狩猎中顺利地控制动物。人们为了获得足够的食物，便举行此类巫术仪式。为了提高狩猎的成功率，人们得了解动物的形象、奔跑的姿态，并尽其所能地加以描绘，这便催生了原始艺术。此时的艺术从动机上讲并非为了审美或者说主要不是为了审美，而是为了借巫术围猎人们赖以为生的食物。可以说，艺术是巫术的伴生现象。

————————

① 〔德〕格罗塞：《艺术的起源》，蔡慕辉译，商务印书馆，1984，第 156 页。

形成于旧石器时代晚期的法国拉斯科洞窟岩画，其中有的野马身体被画上去的多支矛和箭所击中。古人类相信，在模仿猎杀画面上的野马之后，真正的野马便会被施以巫术，无处可逃。

法国拉斯科洞窟中的野马壁画
（约公元前 15000 至公元前 10000 年）

西班牙阿尔塔米拉洞穴的壁画同样诞生于旧石器时期。洞顶和洞壁描绘了众多动物的形象，其中有受伤半躺的野牛，仿佛刚刚经过一场紧张激烈的围猎，这头壮硕的野牛即将成为猎手们的战利品。

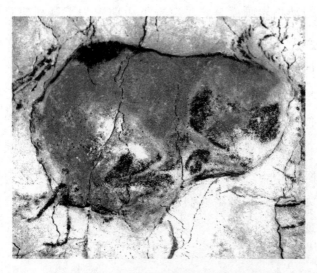

西班牙阿尔塔米拉洞穴中的野牛壁画

　　与后世的恣意猎杀动物不同，在原始初民心目中，动物既是食物，又是与自己性命攸关的生命，他们只是在获取生存必需的资源的时候才有限度地猎杀动物。在原始狩猎民族那里，为了生存必须杀生，然而这杀死的又是与他们有一体关系的动物，他们感激那些作为食物的动物，并心存愧疚。他们在不杀动物时要举行某种仪式。坎贝尔介绍说：在猎人出发猎捕动物前，他会到山顶上画一幅它要捕杀的动物图像。猎人画图的那片山顶，必须是清晨第一道阳光照到的地方。当太阳升起时，猎人和他的同伴早已等在那里准备举行仪式。当第一道阳光照到动物的画像时，猎人会射出一支箭，穿透阳光，插在动物画像上，这时旁边的女人会举起手大声呼啸。接着猎人便出发去打猎了。他最终射在动物身上的部位，一定要和他射在动物画像上的部位完全一致……这大概就是鲁迅在界定"神话"时所说的先民怀信仰敬畏之心"歌颂其威灵致美于坛庙"，这些图绘于圣地的画像便是艺术。稍晚的时代，人们也常将神灵的形象和故事图绘于坛庙。王逸《天问序》："屈原放逐，忧心愁悴，彷徨山泽，经历陵陆，嗟号昊旻，仰天叹息，见楚有先王之庙及公卿祠堂，图画天地山川神灵，琦玮僪佹，及古贤圣、怪物行事，周流罢倦，休息其下，仰见图画，因书其壁，呵而问之，以渫愤懑，舒泻愁思。"《天问》中有大量的神话传说，也许是对"神画"（神性绘画）的语言叙述。根据学术界研究，《山海经》最初也是述图之作。

　　坎贝尔在谈到面对原始洞穴艺术的感受时说："你会不想离开那里。你走进一间画满彩色动物的硕大无比的房间，就好像走进一间大教堂。……庙堂是心灵活动的空间和世界。当你走进一间教堂时，你是进入一个充满精神影像的世界。它是你精神生活的发源地，就像教会的本部（mother church）。周围所有的物品都彰显着精神价值的意义。在一间教堂内，雕像具有神人同形的外貌。上帝、耶稣及圣徒都具有凡人的外形。在印第安人的洞穴中，所有的形象都以动物的外貌出现，但它们是同一件事。外在形象是次要的，所传递的信息才是重要的。洞穴壁画所传递出的信息，表现出一种短暂人生相对于永恒力量的关系，这种关系必须在那个特殊地点才能体验到。"①

此类图画固然有具体感性形式、生动的形象，但重要的并不在此，而是传递出神秘的信息，引导人们进入神秘的经验世界。它首先是神话，其次是艺术。英国历史学家、美学家科林伍德将"巫术的艺术"称为"半艺术"。准确地说，神话构成艺术的土壤。谢林指出，"神话乃是任何艺术的必要条件和原初质料"。②

> 神话乃是尤为庄重的宇宙，乃是绝对面貌的宇宙，乃是真正的自在宇宙、神圣构想中生活和奇迹迷现的混沌之景象；这种景象本身即是诗歌，而且对自身来说同时又是诗歌的质料和元素。它（神话）即是世界，而且可以说，即是土壤，唯有根植于此，艺术作品始可吐葩争艳、繁茂兴盛。③

基于神话与艺术之间的联系的一种追溯，原始艺术在先民眼中实际上是一种真诚的信念，是一种崇拜的对象，远不是后世的作为自由想象的艺术。真正的艺术或者说美的艺术是基于神话但同时又超越神话而独立的。"只有靠这种自由性，美的艺术才成为真正的艺术……"④ 克罗齐指出，"只有当他不再相信神话，并把神话当作隐喻，把诸神的庄严世界当作一个美的世界，把上帝当作一个崇

---

① 〔美〕约瑟夫·坎贝尔、比尔·莫耶斯：《神话的力量——在诸神与英雄的世界中发现自我》，朱侃如译，浙江人民出版社，2013，第110~111页。
② 〔德〕谢林：《艺术哲学》，魏庆征译，中国社会出版社，1996，第64页。
③ 〔德〕谢林：《艺术哲学》，魏庆征译，中国社会出版社，1996，第64页。
④ 〔德〕黑格尔：《美学》（第1卷），朱光潜译，商务印书馆，1979，第10页。

高的意象来使用时，神话才能变成艺术"。[①] 在列维－斯特劳斯看来，艺术存在于科学知识和神话思维或巫术思想的半途之中。当巫术艺术中实用功能渐渐退出主导地位，而艺术形式（声音、节奏、色彩、线条）以及由此而来的审美愉悦开始逆袭超过巫术功能和神秘信息时，艺术就渐渐走向自身。

当对神灵的虔敬渐渐转化为审美形式感的自得和愉悦之际，艺术便从神话的胎衣中诞生，走向独立。

二 艺术的武库

随着艺术的发展，原始艺术渐渐从神话母体中独立分化出来，神话与艺术的关系发展为新型母子关系。神话是文学艺术的源泉和资源，离开了母体的艺术也渐渐独立，艺术对神话也有反作用，"产生于原始时代的各种艺术形式，一方面总是摆脱不了作为整个社会文化思想的神话观念的制约和影响，而另一方面，它们也总是在受到这种制约和影响的同时，以自己的发展去丰富和充实着以往的神话观念，促进和加速着神话的发展"。[②] 但在艺术的发展进程中，神话对艺术的影响是主导性的，神话总是或隐或显地影响着艺术家和艺术作品。

神话作为一个民族文化的开端，会在后续的文化生产中不断演化变形。在后续的历史进程中，科学、哲学、历史学、语言学等文化形式渐渐走上了叛逆的道路，与神话分道扬镳，甚至反目成仇，而艺术则始终与神话相伴相依。神话是艺术的"原型"，并在历史演进中不断裂变、分形。后世艺术的故事、角色、主题、意象都不过是神话的替代、变形。神话则是艺术的"原型"。

---

① 〔意〕克罗齐：《美学原理 美学纲要》，朱光潜译，外国文学出版社，1983，第294页。
② 武世珍：《神话与审美》，《西北师大学报》（社会科学版）1982年第3期。

"原型"（archetype）即原初的形式或模型。原型相当于柏拉图的"形式"（eidos，也译为"相"或"理念"），在柏拉图看来，"形式"是一切具体事物的最高模型，可见世界的事物都是对形式的模仿。瑞士心理分析学家荣格将"原型"用来说明他的"集体无意识"理论。荣格在论述人的心理结构时指出，意识不能创造意识自身，意识是从未知的深渊中涌出的，影响意识活动的是无意识。荣格将无意识分为"个体无意识"和"集体无意识"，其中"个体无意识"是由个人的后天经验中被压抑、被遗忘的内容积淀而成，"集体无意识"则是心理结构中最隐秘的部分，是个体无法意识到的人类精神的"深渊"，它积淀着人类所有的经验和生命能量。要验证集体无意识就必须借助它的外化形式——"原型"。"原型"是集体无意识的先天存在形式。"原型"表现出来的形态就是"原始意象"（primardial image）。"原始意象"是同原始初民最隐秘的生命能量融合在一起的象征性的形象，是具有突出结构功能的形式，可以演化出无数的具体形象。在荣格看来，原型的最典型的表达是神话。神话是关于隐秘的神灵的不自觉的叙述，它最切近原始初民的心理结构。

加拿大文论家弗莱着眼于单个作品与文学整体、文学传统的关系提出原型批评，他认为"原型"是在文学中反复出现的基本结构单位，原型可以是意象，也可以是主题、人物、情节、母题，还可以是结构形式。在弗莱看来，文学发展的演变规律的线索在于原型的"置换变形"（displacement），不同时期不同文化背景的作者在呈现原型时，都会做一些置换变形以达到其写作的目的。

弗莱将文学作品分为两大类：虚构型和主题型，虚构型以人物和故事为主，主题型以传达某种寓意为主。弗莱以亚里士多德提出的书中人物与普通人的水平比较为标准将虚构型划分为五种基本原型意象：神话（人物的行动力量绝对高于普通人，并能超越自然规律）、浪漫故事（人物的行动力量相对高于普通人，但服从自然规律）、高模仿（模仿现实生活中其水平略高于普通人）、低模仿（模仿现实生活中的普通人）、反讽（作品中人物的水平低于普通人）。在《批评的解剖》中从文学发展演变的角度描述了以神话为起点的循环模式：神话—浪漫故事—高模仿（悲剧、史诗）—低模仿（喜剧、现实主义）—反讽，然后再回到神话。

这五种基本原型意象中，神话为一极，反讽为另一极，浪漫故事、高模仿、低模仿都是神话的置换变形。

弗莱还从语言演进和循环的角度描述了神话回归的趋势。依照维柯的看法，人类文化史可划分为三个时代：神的时代、英雄的时代和人的时代，这三个时代循环往复。弗莱认为每一个时代都有一种与之相适应的语言和写作方式及文体。这样就有三种语言、三种文字表达、三类文体。

第一阶段的语言出现在前柏拉图时期，特别是在荷马史诗时期，此时的语言是"诗体的"语言，以隐喻为基础，旨在揭示人与万物一体化中的能，这是一种具有魔力的语言。同时，在这一阶段，由于尚未形成抽象的概念，所有的词都是具体的，"这些词汇都牢牢地和那些与形体变化过程或具体客体有关联的物质形象拴在一起"。[①] 与第一阶段语言相对应的文体是"诗歌体"或"寓意文体"，神话是诗体的代表。

第二阶段始于柏拉图，此时主体与客体渐渐分开，语言演变为社会精英的个性化表达，这种语言以文化为主，其基础由"隐喻"渐渐演变为"转喻""类比"，"即从表达存在于人与自然之间的生命或力量或能的同一性的意思（'这就是那'），逐渐变成表示转喻的关系（'这指的是那'）。具体地说词汇是'表达'思想的，是内

---

① 〔加〕诺思洛普·弗莱：《伟大的代码——圣经与文学》，郝振益等译，北京大学出版社，1998，第 23 页。

心现实的外在表露。但是这个现实不仅仅是'内在的'。种种思想表明还存在着一个'高高在上的'超凡世界，只有思想能与之进行交流，只有词语能将它表达出来。于是转喻的语言就成了，或倾向于变成为类比的语言，即对于不能很直接地用词语表达出来的那部分现实进行文字摹拟。"[1] 在第二阶段，无所不在的人与自然同一性的能转化为一个超验的"上帝"或"理念"。同时，随着人类智力活动的进步，抽象能力的增强，人们形成了抽象的理性概念，演绎推理开始得到运用，"逻各斯"（logos）取代了"密托斯"（mythos）。从柏拉图开始西方语言便从隐喻性语言进入概念性语言阶段，概念性语言自此占统治地位。亚里士多德在《形而上学》中轻蔑地谈到神话般的思维方式，并认为诗歌和隐喻的语言比概念语言、辩证语言低劣。自从辩证语言、逻辑语言占据西方文化的主体地位，语言中原先具有的魔力渐渐消失了。与第二阶段语言相对应的文体是连续性散文。

语言的第三个阶段开始于 16 世纪，进入此阶段之后主体与客体彻底分开，与"主体"相对应的是客观的外部世界，语言的主要功能是描述这个对象化的世界及其规律，归纳法渐渐取代演绎推理，科学认识成为文化的重心，与之相适应，通俗的描述性语言占据了主流。

弗莱认为语言的每一个阶段各有其优点也各有其局限。就我们目前所处的第三阶段的描述性语言而言，它以及与之相适应的科学的发展使"客观世界"以前人无法想象的丰富多彩呈现在我们的面前，其通俗的描述也增加了被描述对象的透明度。然而，在丰富的

---

[1] 〔加〕诺思洛普·弗莱：《伟大的代码——圣经与文学》，郝振益等译，北京大学出版社，1998，第24页。

现实对象和"真实"面前，"人们有一种奇怪的不安"①，早期语言中所蕴含的丰富"意思"随着诸神的远遁而消失了，"原有的表示魔力的意思，表示由词语释放出的可能的力量的意思，都消失了"②，即便在诗歌中也是如此。

弗莱认为从荷马到现代，我们或许走过了一个巨大的语言循环，"在荷马时代，词语使人联想到事物，而在我们现在的时代则是事物呼唤词语。而且我们就要开始另一轮循环了，因为我们现在似乎又一次面对一个主体与客体都共有的能，它只能通过某种形式的隐喻来加以文字表达"。③

弗莱执着于文学和神话两者之间相近，把文学融于神话。弗莱将文学艺术与自然周期紧密相连，与一定的神话及种种形象和体裁的原始型相对应，自然生活中也存在四个阶段。

第一，朝霞、春、出生——关于英雄出生的神话，关于复苏和复生的神话，关于幽暗、严冬、死亡的肇始和消泯的神话。增补的人物——父亲和母亲。酒神颂歌、游咏诗歌及抒情诗之原始型。

第二，中午、夏、结亲、凯旋——关于尊奉为神、圣婚、进入天堂的神话。人物——伴侣和未婚妻。喜剧、牧歌之作、田园诗、长篇之原始型。

第三，落日、秋、死亡——关于衰落、神祇之死、强制以身相殉与献祭、英雄的孤立无援等的神话。人物——背叛者和女妖。悲剧和哀诗之原始型。

第四，黑暗、冬、逆境——关于黑暗势力得逞的神话，关于洪

① 〔加〕诺思洛普·弗莱：《伟大的代码——圣经与文学》，郝振益等译，北京大学出版社，1998，第40页。

② 〔加〕诺思洛普·弗莱：《伟大的代码——圣经与文学》，郝振益等译，北京大学出版社，1998，第45页。

③ 〔加〕诺思洛普·弗莱：《伟大的代码——圣经与文学》，郝振益等译，北京大学出版社，1998，第32页。

水灭世和混沌复返的神话，关于英雄和神祇亡故的神话。人物——巨灵和妖婆。讽刺之作的原始型。

神话－原型批评理论认为神话是人类最古老的形式，其他模型是神话的置换变形，整个艺术和文学活动可以说都是神话的变形，借用鲁迅先生的书名，文学是基于神话的"故事新编"。文学艺术对神话原型的改写可以是多方面的。包括以下几个方面。

第一，神话意识的吸纳。包括对宇宙奥秘的敬畏与感激，这是神话的最核心的功能，"神话将唤醒并保持个体对宇宙神秘之处的敬畏与感激，不是惧怕它，而是认识到自己参与其中，存在的神秘也是他自己最内在的神秘"。①

第二，神话形象的重现。坎贝尔提到印度的瑜伽艺术时记述道，当一位艺术家以学徒的身份，通过多年的认真修炼，最终成为一位大师并得到认可，受托建一座寺庙或塑一座神像时，他首先要在内心构思这座寺庙的轮廓或神像的形象。的确存在以这种方式建成整座城市的传说，圣贤的帝王会在梦境中看到要修建的寺庙或城市的整体轮廓，如同得到启示一般。……艺术工匠准备塑造一尊神像时，比如说守护之神毗湿奴，他首先要了解所有相关的经文文本，在思想中产生这座神像的标准手势、姿态、比例等。然后他会静下心来，在心中逐个音节默念这个神的名字。如果幸运的话，在适当的时候，这个神的形象就会浮现在他心灵之眼的面前，这就成为他艺术创作的模型。

第三，神话题材的采用。神话的题材是艺术的源泉。希腊神话构成希腊艺术的武库，甚至整个西方艺术的武库。在西方的绘画和雕塑中，自古至今神话一直是艺术家的经典题材。中国绘画中也有以《楚辞》等神话为题材的作品。

---

① 〔美〕约瑟夫·坎贝尔:《指引生命的神话》，张洪友等译，浙江人民出版社，2013，第200页。

第四，神话主题的发挥。艺术的基本主题几乎都可以在神话中找到其原型。比如"寻找父亲"的主题。在神话史诗中常有这样的故事：当英雄诞生时，他父亲已死或在其他某个地方，然后英雄开始寻找他的父亲。如《奥德赛》中奥德修斯的儿子特勒马科斯（Telemachus）。奥德修斯离家奔赴特洛伊战场时，特勒马科斯刚刚出生，当他20岁的时候，雅典娜化装成塔菲安人的酋长来到他的面前，对他说："去找你的父亲。"为了给特勒马科斯信心和勇气，雅典娜说完话瞬间消失得无影无踪，特勒马科斯知道有一位神与他同在。坎贝尔认为"寻找父亲"的故事实际上是寻找自我，发现父亲，就是发现你自己的人格特质与命运。

"神话告诉你在文学及艺术背后的东西，神话教导你认识自己的生活，神话是一个伟大的、令人兴奋的、丰富人类生命的主题。"① "神话的主题都是永恒的、普遍的，这些主题不仅贯穿历史，而且还涵盖了人类居住的所有地方。"②

第五，神话故事模式的重演。神话提供了经典的情节模式和叙事类型，它们在后世的叙事文本中一再重演。例如奥德修斯的故事形成英雄行为的三部曲：出发—完成—返回。在英雄冒险行为的第一阶段，英雄会离开他熟悉而有控制力的领域，进入一个没有保护的全新领域。经过一系列的考验，最终完成任务胜利返回。

荣格认为艺术家无所谓创造，其创作不过是神话原型的复制。此话虽然有些偏激，但也反映了一个基本事实：神话作为原型被后世一再复制，我们简单回忆一下西方艺术史、文学史便会获得这个印象。整个古希腊罗马艺术都被神话所滋养。中世纪文学和绘画则

① 〔美〕约瑟夫·坎贝尔、比尔·莫耶斯：《神话的力量——在诸神与英雄与世界中发现自我》，朱侃如译，浙江人民出版社，2013，第26页。
② 〔美〕约瑟夫·坎贝尔：《指引生命的神话》，张洪友等译，浙江人民出版社，2013，第20页。

被基督教神话象征系统所占据。文艺复兴时代艺术家的灵感也常常来自神话，波提切利、米开朗琪罗等艺术家的作品都能看到神话的印记。15～17世纪诗歌中的形象许多都来自希腊神话、《圣经》神话这个武器库。这种情况可能到了18、19世纪现实主义文学才有些许改变，对自然的模仿、对现实生活形态的关注超过了对神话的关注。但即便如此，神话依然在暗中流动。"达·笛福既然彻底摒弃传统神话乃至传统题材，则势必在鲁滨逊小说中提出某种乌托邦式的图式；而这种图式本身则同神话创作有某些近似……鲁滨逊确以自己双手创造了周围世界，类似神话中的'文化英雄'；而他在岛上的所作所为，则成为相应神话的结构。换言之，'鲁滨逊记'不仅基于虚假的种种前提，因而可同神话相比拟；如借助于隐喻式的说法，可称之为'资产阶级神话'。就叙事结构而论，这种小说也具有神话性。"① 至于浪漫主义、新浪漫主义和象征主义则重续神话前缘。卡西尔在评价浪漫派时指出："18世纪的思想家在神话中仅仅看到一堆乱七八糟的粗俗迷信——看到最晦涩、最荒谬、最具幻想的观念的杂烩。作为法国启蒙运动哲学家对立面的德国浪漫派，拒斥和批驳了这种观点。他们在神话中看到了一种完全不同的东西——一种强大的和难以摆脱的建构性力量——这就是人类文化生活、诗歌、艺术、宗教、历史的基础。"② 浪漫主义将神话看作诗歌的核心，并将神话视为理想的生活世界，以对抗资产阶级的平庸。"浪漫主义派对神话形象的运用不同于古典主义派，他们并非将神话形象用作程式化的诗歌语言。神话幻想或准神话幻想，有助于浪漫主义派创造一种为神秘、离奇、诡异、超验所充溢的氛围，并将其置于同生活现实相对立的地位，视之为同卑俗平庸相对立的崇高诗篇，或视为魔幻之力可渐次左右人类命运的领域，或视为耳

---

① 〔俄〕叶·莫·梅列金斯基：《神话的诗学》，魏庆征译，商务印书馆，2004，第301页。
② 〔德〕恩斯特·卡西尔：《符号·神话·文化》，李小兵译，东方出版社，1988，第191页。

濡目染的生活冲突之所系的光明和黑暗两种力量的争衡。"① 浪漫诗人梦回希腊，那里诗人用古老的法器唤醒森林的精灵，让百兽甚至岩石翩翩起舞。20 世纪神话复兴与现代主义美学是相伴而生的。翻开西方现代派作品，神话成为作家创作的重要资源。詹·乔伊斯、弗·卡夫卡、托·斯·艾略特等作家自觉运用神话进行创作，艾略特认为对他影响最大的一部著作是弗雷泽的《金枝》。"神话不仅是文学赖以发展的质料，还是艺术家灵感的源泉，神话思维影响到作家的创作过程，神话还为作家和美学家提供意象和样本。"②在诗学领域相应地有神话 – 原型批评等理论诞生。

当然，作家、艺术家运用神话原型，并非绝对被动，并非简单改编和"重复"，这其中也凝聚着艺术家本人的生命体验。在《英雄的旅程》中记录了柯西诺与坎贝尔的一段对话。

　　柯西诺：你之所以致力于让那些老旧的故事重生，为的就是让它们在我们的生活里重生吗？

　　坎贝尔：不是，我只是想提供一些关于古老的故事里包含着什么原型的信息。我所做的一切，都只是为了点出在我们的传统里，真正的缪斯领域何在。而真正的艺术家又该怎样去掌握它们。我在舞蹈里就看过这样的事（如玛莎·格雷厄姆和坎宁安的舞蹈），在雕塑家或画家的作品里也看到过。他们是不会把一个既有的原型照搬下来的。他们会用他们的生活经验去印证、体验一个原型，然后忘了它，再用一种新的语言把它移译出来。我还记得，在 20 世纪 40 和 50 年代的时候，我看过两三个艺术家的作品，都是在老调重弹。他们是使用了一些原型，但却只是在照抄。艺术不应该是那个样子的。艺术家所必

① 〔俄〕叶·莫·梅列金斯基：《神话的诗学》，魏庆征译，商务印书馆，2004，第 306 页。
② 〔俄〕叶·莫·梅列金斯基：《神话的诗学》，魏庆征译，商务印书馆，2004，第 121 页。

须做的是把原型移译为活的当下，一种体现在行动中或内在体验里的活的当下。①

坎贝尔认为，艺术家的任务就是把永恒的奥秘透过当代生活的脉络呈现出来。他提到他妻子、舞蹈家珍·厄尔曼如何把神话的素材恰到好处地转化为舞蹈的例子，并指出艺术家应该积极从神话中吸取精华并融进自己的生命，他说，"神话系统是一个常数，你在其中可以领悟到的既是你自己的内在生命，也是历史的曲折变形。要怎样才能让外在的世界与内在的世界交汇，这在今日当然是艺术家的任务。"② "当你以艺术家的心灵深入到神话里去，就能够把一些东西从里面带出来。"③ 在诸神远遁的时代，艺术家承担着创造出新神话的任务。"神话必须被保留下来。而能够把神话留存下来的人，必然是艺术家。艺术家的使命是将这个环境和世界以神话方式表达出来。……古代制造神话的人，在今天相当于艺术家。"④ 坎贝尔在神话中发现了深刻影响艺术的神奇力量，"我将神话视为九位缪斯女神的故乡，它可以激发艺术、诗词的灵感，将神话视为一首诗，而个体是诗的一个角色，这就是神话交给我们的"。⑤

---

① 〔美〕菲尔·柯西诺主编《英雄的旅程：与神话学大师坎贝尔对话》，梁永安译，金城出版社，2011，第 216～217 页。
② 〔美〕菲尔·柯西诺主编《英雄的旅程：与神话学大师坎贝尔对话》，梁永安译，金城出版社，2011，第 209 页。
③ 〔美〕菲尔·柯西诺主编《英雄的旅程：与神话学大师坎贝尔对话》，梁永安译，金城出版社，2011，第 212 页。
④ 〔美〕约瑟夫·坎贝尔、比尔·莫耶斯：《神话的力量——在诸神与英雄与世界中发现自我》，朱侃如译，浙江人民出版社，2013，第 116 页。
⑤ 〔美〕约瑟夫·坎贝尔、比尔·莫耶斯：《神话的力量——在诸神与英雄与世界中发现自我》，朱侃如译，浙江人民出版社，2013，第 76 页。

结　语

凤凰涅槃

神话是人类文明的源头，是一切文化的伟大"开端"。真正伟大的"开端"是不会成为过去式的。尽管随着人类的发展，人类智力水平进一步提高，神话渐渐退出人类生活的中心，呈现"去神化"的趋向，但作为伟大的"开端"，神话不可能真正消失得无影无踪，它会以隐蔽的方式存在于现存的各种文化形态中，并不时回归人们的意识中来。

进入近代社会，启蒙主义将神话视为落后愚昧。技术理性的进一步发展，导致世界的实证化、线性化。主体哲学的思维框架和主题化、精确化的表达方式，理性主义的世界图景构成现代人的生活景观，这种世界图景是主客二元思维模式下，将世界设定为主体的对象，是与人的生存相外在、相对立的现成的事物的总体。现象学家胡塞尔认为，用"科学世界"来取代人们一直沉浸其中的"生活世界"，会产生欧洲人生存意义的危机。在这种世界图景中，神性、意蕴没有存在的空间和条件，这个过程也就是马克斯·韦伯所说的"世界的祛魅"。

业已"祛魅"的世界严格说来不再是"世界"，它只是将主体有限的认识加以对象化，将丰富性的世界加以图像化，将具有纵深的世界扁平化。在近代主体哲学的思维框架下把世界当作一个客体来审视，以求得类似于自然科学知识的精确知识，"世界"被约化为一幅被主体所观察到的图像，主体所能把握的知识。同时，人作为"主体"也从原本共属的世界中独立出来，成为置身世界之外的客观的观察者，人和世界被主客二元思维模式分割在两个不同的领域，人成了游离于世界之外的"无家可归者"。在海德格尔看来，"无家可归"正是现代人的一种生存状况。

"哪里有危险，哪里就有拯救。"面对世界的图像化、对象化，浪漫主义率先举起回归神话的旗帜。德国浪漫主义奠基人之一冯·施莱格尔在《关于神话的演说》一文中表明神话对于文学的意义，并提出了创造新神话的任务："我们的诗，我断言，缺少一个犹如神话之于古人那样的中心，现代诗在许多本质的问题上都逊于古代诗，而这一切本质的东西都可以归结为一句话，这就是，因为我们没有神话。但是，我补充一句，我们几乎快要获得一个神话了，或者毋宁说，我们应当严肃地共同努力，以创造出一个神话来，这一时刻已经来临。"① 德国浪漫主义诗人荷尔德林深感"神话状态"的丧失对诗意和美学的损害，力图创造出一种全新的神话。

进入 20 世纪，神话迎来了"复兴"，或者说"再神话化"。梅列金斯基指出 20 世纪是神话复兴的世纪，神话的复兴当然最突出地反映在文学艺术中，而其理论根源于哲学和文化思潮。海德格尔认为世界的没落，其突出表现就是诸神的逃遁。有感于现代世界的没落处境，海德格尔力图恢复"世界"的原本，他多次提到"神""诸神"，海德格尔视世界为天、地、人、神的四重奏，"天、地、神、人之纯一性的居有着的映射游戏，我们称之为世界

---

① 〔德〕施莱格尔：《浪漫派风格——施莱格尔批评文集》，李伯杰译，华夏出版社，2005，第 191 页。

(Welt)。"[1] 神、神性在"世界"中占据重要地位。这个神性主导的世界是真理发生的场所或过程，同时也是艺术的本源所在，也是美学的开端。

当我们将目光回溯到那个伟大的"开端"，就可能克服文化形式在其演进历程中难以避免的偏狭和固化，从而让更多的"可能"敞开。返回是为了开新。"致虚极，守静笃，万物并作，吾以观其复。夫物芸芸，各复归其根。"（《老子·第十六章》）在文明的进程中，我们常常需要借助作为绝对者（神、上帝、道等）的本原来审视各种文化现象的局限，不让某种偏狭的意见占据心灵阻塞创造性。尼采在《悲剧的诞生》中写道："……每一种文化只要它失去了神话，则同时将失去其自然而健康的创造力。只有一种环抱神话的视界才能统一其文化，只有靠着神话的力量才能将想象的力量及阿波罗的梦幻从紊乱混杂之中解放出来。"[2]

神话的复兴从哲学的层面讲是修复人的完整性，将科技主义遮蔽的神性敞开。"生命或灵魂，都已破破碎碎，得重新用一种带胶性观念把它粘合起来，或用别一种人格的光和热照耀烘炙，方能有一个新生的我。"[3] 这个带胶性的观念就是神或神性。美国哲学家科克尔曼斯（Joseph Kockelmans）指出："如果我们未曾把这些关于这一复杂现象的所有见解整合到一个全面的人的概念中去，并说明人的神话存在模式（mythical mode of being）与他的根本存在模式（primordial mode of being）如何具体相关，我们就永远不能抵达对神话现象的真正理解。"[4]

从美学的角度上讲神话的复兴是恢复意义世界的丰富性、复杂

---

① 〔德〕海德格尔：《海德格尔选集》（下卷），孙周兴选编，上海三联书店，1996，第1180 页。

② 〔德〕尼采：《悲剧的诞生》，李长俊译，湖南人民出版社，1986，第 174 页。

③ 沈从文：《烛虚》，《沈从文全集》（第 12 卷），北岳文艺出版社，2002，第 27 页。

④ 胥志强：《论现象学的神话观》，《民族文学研究》2019 年第 3 期。

性。没有神性的世界是一片荒芜，正如没有心灵的世界是一片荒芜。审美和艺术活动不仅是社会的镜子，还应深入人性的渊薮，探究其秘密。艺术不单单承担着认识的功能，它还应该启示宇宙的奥秘。艺术创作不是简单的模仿，也不是肆意的想象虚构，还应该像"精神魔术"，在虚寂中让世界的精微之物聚集。世界不仅有秩序、逻辑，还应有混沌、神妙，对于美而言，后者更为根本。

在世界上许多地方都流传着不死鸟的传说，欧洲的菲尼克斯（Phoenix）、俄罗斯的火鸟（Firebird）、埃及的太阳鸟（Benu）、美洲的叶尔（Yel）、阿拉伯的安卡（Anka）和中国的金乌或凤凰，不死鸟的特点是周期性（500 年或 1460 年等）地死而复生。根据希腊神话，不死鸟生活在阿拉伯半岛的一口枯井附近。当黎明来临之时，便在晨光中沐浴，唱着美妙的歌，太阳神也驻足聆听这动听的歌声。每当不死鸟濒临死亡之时，它便用芬芳的树枝来筑巢，然后在火焰中燃烧。当它呼出最后一口气，便有一只新生的不死鸟从火焰中飞出。

神话经历了去神话化，如今在艺术领域已有复兴之象，神话在人类生活的其他方面也应有其功效。

参考文献

邓安庆：《思辨与浪漫——谢林哲学的内在精神及其张力结构》，
　　《德国哲学》（第 14 辑），北京大学出版社，1995。

丁山：《中国古代宗教与神话考》，上海文艺出版社，1988。

顾颉刚：《古史辨》（第 1 册），上海古籍出版社，1982。

季广茂：《隐喻理论与文学传统》，北京师范大学出版社，2002。

李永斌、郭小凌：《阿波罗崇拜的起源与传播路线》，《历史研究》
　　2011 年第 6 期。

李永平：《荷尔德林：重建神话世界》，《山东社会科学》2013 年第
　　3 期。

李泽厚：《美的历程》，文物出版社，1989。

梁宗岱：《象征主义》，载《中国现代诗论》，花城出版社，1985。

刘北成：《本雅明思想肖像》，上海人民出版社，1998。

《鲁迅全集》（第 8 卷），人民文学出版社，1981。

《马克思恩格斯选集》，人民出版社，2012。

《茅盾说神话》，上海古籍出版社，1999。

孙作云：《中国古代神话传说研究》，河南大学出版社，2003。

武世珍：《神话与审美》，《西北师大学报》（社会科学版）1982 年
　　第 3 期。

颜翔林：《神话的美学探询——西方神话美学札记》，《湖南师范大

学社会科学学报》2009年第1期。

叶秀山：《思·史·诗——现象学和存在哲学研究》，人民出版社，1988。

袁珂：《再论广义神话》，《民间文学论坛》1984年第3期。

张俊：《形而上学传统中的荣耀之光——巴尔塔萨神学美学视域中的先验美学谱系》，《外国美学》（第20辑），江苏教育出版社，2012。

张世英：《美感的神圣性》，《北京大学学报》（哲学社会科学版）2015年第3期。

张园：《谢林神话学说的现代性突围》，《求是学刊》2010年第3期。

朱狄：《原始文化研究：对审美发生问题的思考》，生活·读书·新知三联书店，1988。

〔美〕阿兰·邓迪斯主编《西方神话学论文选》，朝戈金等译，上海文艺出版社，1994。

〔英〕爱德华·泰勒：《原始文化：神话、哲学、宗教、语言、艺术和习俗发展之研究》，连树声译，广西师范大学出版社，2005。

〔英〕安德鲁·兰：《神话与神话学》，佘仁澍摘译，《云南民族学院学报》（哲学社会科学版）1988年第3期。

〔法〕保罗·利科：《活的隐喻》，汪堂家译，上海译文出版社，2004。

〔德〕杜尔斯·格林拜恩：《诗歌及其秘密》，贺骥译，《世界文学》2016年第1期。

〔德〕恩斯特·卡西尔：《人论》，甘阳译，上海译文出版社，1985。

〔德〕恩斯特·卡西尔：《神话思维》，黄龙保、周振选译，中国社会科学出版社，1992。

〔德〕恩斯特·卡西尔:《语言与神话》，于晓等译，生活·读书·新知三联书店，1988。

〔美〕弗朗兹·博厄斯:《原始艺术》，金辉译，贵州人民出版社，2004。

〔德〕格罗塞:《艺术的起源》，蔡慕辉译，商务印书馆，1984。

〔德〕海德格尔:《林中路》，孙周兴译，上海译文出版社，1997。

〔德〕海德格尔:《路标》，孙周兴译，商务印书馆，2000。

〔德〕海德格尔:《在通向语言的途中》，孙周兴译，商务印书馆，1997。

〔英〕K. W. 博勒:《神话和神话学》，刘光耀译，载中国民间文艺研究会研究部编《民间文学理论译丛》（第一集），中国民间文艺出版社，1986。

〔瑞士〕卡尔·荣格:《人类及其象征》，张举文、荣文库译，辽宁教育出版社，1988。

〔法〕列维-布留尔:《原始思维》，丁由译，商务印书馆，1985。

〔法〕列维-斯特劳斯:《野性的思维》，李幼蒸译，中国人民大学出版社，2006。

〔英〕麦克斯·缪勒:《比较神话学》，金泽译，上海文艺出版社，1989。

〔德〕尼采:《悲剧的诞生——尼采美学文选》，周国平译，生活·读书·新知三联书店，1986。

〔俄〕尼古拉·别尔嘉耶夫:《精神与实在》，张百春译，中国城市出版社，2002。

〔加〕诺思洛普·弗莱:《批评的解剖》，陈慧等译，百花文艺出版社，2006。

〔荷〕斯宾诺莎:《神、人及其幸福简论》，洪汉鼎、孙祖培译，译林出版社，2012。

〔美〕苏珊·朗格:《艺术问题》,滕守尧译,中国社会科学出版社,1983。

〔意〕维柯:《新科学》,朱光潜译,人民文学出版社,1987。

〔古罗马〕西塞罗:《论神性》,石敏敏译,香港汉语基督教文化研究所,2001。

〔德〕谢林:《艺术哲学》,魏庆征译,中国社会出版社,1996。

〔俄〕叶·莫·梅列金斯基:《神话的诗学》,魏庆征译,商务印书馆,2004。

〔美〕约翰·希克:《上帝道成肉身的隐喻》,王志成、思竹译,江苏人民出版社,2000。

〔美〕约瑟夫·坎贝尔:《指引生命的神话》,张洪友等译,浙江人民出版社,2013。

〔美〕约瑟夫·坎贝尔、比尔·莫耶斯:《神话的力量——在诸神与英雄的世界中发现自我》,朱侃如译,浙江人民出版社,2013。

图书在版编目（CIP）数据

神话美学与艺术／姜金元著. -- 北京：社会科学
文献出版社，2021.4
（文澜学术文库）
ISBN 978 - 7 - 5201 - 8230 - 0

Ⅰ.①神…　Ⅱ.①姜…　Ⅲ.①神话 - 研究　Ⅳ.
①B932

中国版本图书馆 CIP 数据核字（2021）第 065983 号

· 文澜学术文库 ·

神话美学与艺术

著　　者／姜金元

出 版 人／王利民
组稿编辑／恽　薇
责任编辑／高　雁
文稿编辑／张金木

出　　版／社会科学文献出版社（010）59367226
　　　　　地址：北京市北三环中路甲 29 号院华龙大厦　邮编：100029
　　　　　网址：www. ssap. com. cn
发　　行／市场营销中心（010）59367081　59367083
印　　装／三河市尚艺印装有限公司

规　　格／开 本：787mm × 1092mm　1/16
　　　　　印 张：19.5　字 数：250 千字
版　　次／2021 年 4 月第 1 版　2021 年 4 月第 1 次印刷
书　　号／ISBN 978 - 7 - 5201 - 8230 - 0
定　　价／89.00 元